코리안 디아스포라의 집단적 기억과 재영토화

저자

임채완 전남대학교 정치외교학과 교수, 세계한상문화연구단 단장, 정치사회학 박사
선봉규 전남대학교 세계한상문화연구단 연구교수, 정치학 박사
이장섭 전남대학교 세계한상문화연구단 연구교수, 경영학 박사
박경환 전남대학교 지리교육학과 교수, 지리학 박사
전형권 전남대학교 세계한상문화연구단 연구위원, 정치학 박사

전남대학교 세계한상문화연구 5차 총서 4
코리안 디아스포라의 집단적 기억과 재영토화

2014년 12월 25일 초판 인쇄
2014년 12월 30일 초판 발행

지은이 | 임채완 · 선봉규 · 이장섭 · 박경환 · 전형권
펴낸이 | 이찬규
펴낸곳 | 북코리아
등록번호 | 제03-01240호
주소 | 462-807 경기도 성남시 중원구 사기막골로 45번길 14
우림 2차 A동 1007호
전화 | 02-704-7840
팩스 | 02-704-7848
이메일 | sunhaksa@korea.com
홈페이지 | www.북코리아.kr
ISBN | 978-89-6324-366-5 (93300)

값 20,000원

* 이 총서는 2010년도 정부재원(교육과학기술부 인문사회연구역량강화사업비)으로 한국연구재단의 지원을 받아 연구되었음(NRF-2010-413-2013S1A5B8A01055017).
This work was supported by the National Research Foundation of Korea Grant funded by the Korean Government(NRF-2010-413-2013S1A5B8A01055017).

전남대학교 세계한상문화연구 5차 총서 ④

코리안 디아스포라의 집단적 기억과 재영토화

Korean Diaspora: Collective Memory and Reterritorialization

임채완 · 선봉규 · 이장섭 · 박경환 · 전형권

북코리아

| 총서를 펴내며 |

이 연구총서는 전남대학교 세계한상문화연구단이 2010년도 한국연구재단 대학중점연구소지원사업에 선정된 "민족분산과 지구적 소통으로서 디아스포라 연구"라는 연구과제 중 제1단계 "동북아시아 민족분산과 문화영토"에 해당된다. 이 책의 내용은 3년간의 연구과정 중 제2차년도에 수행한 1년간의 연구결과를 엮어 출판한 것이다. 향후 중점연구는 제2단계 3년간 "동북아시아 디아스포라의 초국가적 성격", 제3단계 3년간 "디아스포라 공동체와 지구적 소통"이라는 연구주제로 총 9년에 걸쳐 수행된다.

본 연구단이 수행한 중점연구 제1단계는 근 · 현대 동북아 디아스포라 공동체에 대한 역사적, 문화인류학적 연구를 통해 이산의 경로와 문화영토를 학문적으로 재현하는 데 초점을 두었다. 이를 위해 근 · 현대 동북아 디아스포라(한인, 중국인, 일본인)들이 분산과정에서 형성한 디아스포라 이주루트(Diaspora Route)를 계보학(Genealogy)의 관점에서 지도화(Mapping)하고, 이주과정에서 형성된 그들의 경험과 기억을 '개별적 기억', '집단적 기억과 영토의 재구성', '(축제와 민속에 나타난) 문화의 재구성'이라는 세 가지 측면에서 접근하였다.

구체적으로 중점연구 제1단계 3년간의 연구수행 과정을 살펴보면, 1년차는 동북아 민족 이산자들의 개별적인 월경 경험과 기억을 구술생애사 채록 등의 다양한 방법으로 자료를 수집하였다. 2년차는 1년차에서 연구한 디아스포라 민족분산에 관한 개인적 기억에 이어, 공간적 이동과정에서 경험한 집단적 기억을 재현하는 데 목적을 두었다. 즉 이주자들이 거주국(Host Country)에서 어떻게 터를 잡고 재영토화했는지에 대하여 집거지 연구를 통해 조명하였다. 3년차는 동북아 디아스포라 공동체가 비교적 잘 보존된 연구대상 지역을 중심으로, 문화영토의 관점에서 축제와 민속문화자원을 수집하여 민속학적으로 해석하는 작업을 진행할 것이다. 이 책은 이러한 연구결과를 토대로 이산의 땅에서 동북아 디아스포라 공동체 문화가 어떻게 집단적으로 향유되고 재현되고 있는지를 탐구할 것이며, 3년간의 연구과정에서 수집된 문헌자료와 구술채록 등 연구 성과물을 아카이브 시스템으로 구축하여 후속연구에 유용한 자료를 제공할 것이다.

제1단계 1차년도 총서는 『코리안 디아스포라: 이주루트와 기억』, 『화인 디아스포라: 이주루트와 기억』, 『일계인 디아스포라: 초국적 이주루트와 글로벌 네트워크』 등 총 3권으로 출판되었다. 이번에 출판되는 2차년도 총서는 『코리안 디아스포라의 집단적 기억과 재영토화』, 『화교 디아스포라의 집단적 기억과 재영토화』, 『일계인 디아스포라의 초국적 공간이동과 재영토화』 등이다. 향후 3차년도 총서도 총 3권으로 출간될 예정이다.

제1단계 2차년도 연구는 "근 · 현대 해외한인, 화인, 일계인의 공간적 치환과 재영토화"라는 주제로 1년차에서 연구한 디아스포라 분산에 관한 개인적 기억에 이어, 공간적 이동과 재영토화 과정에 대하여 집거지 연구를 통해 조명하였다. 이를 위해 본 연구소는 중점연구 1팀(해외한인연구팀), 중점연구 2팀(해외화인연구팀), 중점연구 3팀(해외일계인연구팀)으로 나누어 한 ·

중 · 일 3국 디아스포라의 새로운 정착지로의 공간적 새배치인 재영토화 과정과 공간적 이동(spatial displacement)이라는 현상을 비교 분석하였다.

연구방법으로서는 문헌연구를 바탕으로 국외지역으로는 중국, 일본 및 동남아 화교권 국가인 싱가포르, 말레이시아, 그리고 국내지역으로는 인천과 부산 차이나타운, 서울 동부이촌동 일본인타운 등을 현지 방문하여 설문조사와 인터뷰를 실시하였다. 중점연구 세부팀별로 연구성과 및 자료수집 결과는 다음과 같다.

첫째, 한인팀은 중국 길림성의 금풍촌 마을과 아라디 마을을 방문하여 조선족의 이주과정, 이주경로, 정착지에서의 생활 및 사회관계, 조선족 마을의 특성 등에 대하여 구술조사를 실시하였다. 금풍촌 조선족회관에서 4명의 조선족 노인을 대상으로 금풍촌에 조선족이 이주하게 된 배경과 과정, 그리고 정착지에서의 생활상을 채록하였다. 조사과정에서 조선족 노인회장으로부터 조선족 마을의 곳곳을 촬영해 놓은 사진 30여 장을 제공받았다. 장춘시에서는 길림조선문보사를 방문하여 한정일 부사장으로부터 길림성의 조선족과 길림신문의 역할에 대하여 구술을 채록하였다. 또한 길림신문사에서 출판한 중화인민공화국 창건 60주년 「길림신문」 창건 25주년 특별기획 "60주년에 만난 60인"이란 자료를 수집하였다. 러시아 지역은 연해주의 블라디보스토크, 우수리스크, 미하일로프카, 순야센, 크라스키노, 포시예트 등지를 방문하여 총 8명의 구술자료를 채록하였으며, 이주 관련 사진 및 편지 등을 수집하였다. 아울러 『고려극장의 역사』, 『고려사람』, 『고려신문』 등 도서 및 신문자료와 집단적 기억에 관한 기념 자료들을 수집하였다. 일본 지역은 도쿄와 오사카를 현지 방문하여 코리아타운 관련 사진 및 자료, 디아스포라적 삶과 경험에 관한 상징물들을 수집하였다.

둘째, 화인팀은 싱가포르와 말레이시아를 방문하여 동남아 화교 및 화교 집거지 공간에 대한 현지조사를 수행하였다. 싱가포르 차이나타운(牛车水), 土生(Peranakan)박물관, 싱가포르 呂氏公會, IMAGES OF SINGAPORE(박물관), 말레이시아 johore baru 차이나타운, 말레이시아 johore baru 古廟, 말레이시아 쿠알라룸푸르 차이나타운, 陈氏书院, 觀音寺, 中華大會堂, 關帝廟, 仙四師爺宮 등 화교화인 집거지를 방문하여 화교의 집단적 기억 관련 상징물을 수집하였다. 특히 1950년대에 이주한 1~2세 화교들을 대상으로 구술조사를 실시하여 말레이시아 화교(王相寧, 郭挺水, 聞绥岳) 3명, 싱가포르 화교(安煥然, 陈秋平, 鄭桂珠) 3명 등 총 6명의 구술자료를 채록하였다.

국내에서는 대표적인 화교 집거지인 인천 차이나타운 현지조사를 실시하였다. 인천 차이나타운은 인천 개항장 터에 세워진 한중문화관, 공화춘, 중화루, 청일 조계지 경계계단, 청국영사관 옛터에 자리 잡은 화교중산학교 및 전통문화의 집단적 기억을 공유하는 義善堂 등 인천 화교의 집단기억들이 집중되어 있는 선린동, 북성동 일대 차이나타운 거리와 건물 등 94장의 사진자료를 수집하였다. 또한 인천 화교(孫德俊, 曲昌新 등 3명)대상의 구술자료를 채록하였다. 부산에서는 화교들이 집중적으로 거주하고 있는 동안 화인 패밀리타운과 부산 차이나타운을 방문하여 93건의 사진

자료를 수집하였다. 또한 부산 화교협회장, 화교소학교 및 중학교 교장 등 4명의 화교를 대상으로 구술자료를 채록하였다.

셋째, 일계인팀은 일계인 집거지(시즈오카 현 하마마츠 시, 군마 현 오이즈미 마치)를 중심으로 현지조사를 수행하였다. 문헌자료 수집은 주로 일계인 이주 관련 자료가 보관되어 있는 JICA(일계인해외이주자료관), 도쿄 재일한인역사자료관을 방문하여 일계인 집거지 형성 관련 자료를 수집하였다.

구체적으로는 JICA를 방문하여 요네바야시 과장을 면담하였으며, 해외일계인협회 니시야마 센터장을 면담하였다. 일계인 공동체 및 단체 관련 인터뷰 조사로는 일계인 NPO법인 ABC JAPAN 하시모토 히데키치 이사장, NPO 도요하시 브라질협회 오카와 유키요 씨를 면담(포르투갈어 인터넷 방송과 일본어 강좌방송 운영)하였다. 아이치 현 도요하시 시에서는 다문화공생국제과 와카코 나오히로를 대상으로 외국인 생활문제에 대하여 인터뷰 하였으며 총 11명의 구술 채록, 100여 장의 사진 촬영, 10건의 문헌자료를 수집하였다.

국내 재한일본인 집거지 조사로는 서울재팬클럽(JSC), 자스타(JASTA: Japanese Students Abroad), 일본문화원, 일본무역진흥기구(JETRO), 동부이촌동 등을 방문하여 재한일본인 11명의 구술 채록, 일본문화원에서 재한일본인 관련 문헌자료 수집, 서울재팬클럽(JSC) 무료발행 팸플릿 및 일본관광신문, 재한일본인 명함 등 총 30건의 자료를 수집하였다. 또한 자스타(JASTA) 발행 일본 관련 신문자료, 서울 일본인 교회 관련 신문기사, 교회 소식 자료, 동부이촌동, 일본인 단체 사무소, 일본인 경영 음식점 등을 방문하여 재한일본인 관련 사진 90장을 수집하였다.

끝으로 이 총서가 발간되기까지 물심양면으로 지원해주신 모든 분들에게 감사드린다. 먼저 중점연구사업의 일환으로 동북아 디아스포라 연구를 수행할 수 있도록 지원해주신 한국연구재단 관계자, 연구단이 주최한 각종 국내 및 국제학술대회에 참석하여 기탄없는 토론으로 도와주신 국내외 디아스포라 전문가 및 학자, 연구성과 확산에 아낌없이 지원해주신 언론방송 관계자 분들께 진심으로 감사드린다. 또한 이른 아침부터 밤늦게까지 불철주야로 연구단의 불을 밝히고 연구에 전념해준 공동연구원, 연구교수, 연구보조원들에게 감사드린다.

2014년 12월 용봉골에서

전남대학교 세계한상문화연구단장 임채완

| 추천사 |

글로벌시대 디아스포라는 모국과 거주국을 매개하는 주요 행위자로 부상하면서 국제사회에서 국가의 영향력을 확대해나가는 데 유용한 자원으로 활용되고 있다. 특히 디아스포라는 다문화적이고 다언어적인 특성을 가지고 있어 각 국가들은 이들과의 네트워크를 형성하여 자민족의 경제 · 문화 영토를 세계로 넓혀가고 있다. 이와 같이 정치, 경제, 문화 등 다양한 차원에서 디아스포라의 잠재적 가치가 확인되면서 학계에서도 이들에 대한 학문적 탐구가 확산되고 있다.

이러한 시기에 국내외적으로 디아스포라 연구의 선도적 역할을 수행하고 있는 전남대학교 세계한상문화연구단은 동북아지역에서 상호 떼려야 뗄 수 없는 관계를 형성하고 있는 한국, 중국, 일본의 디아스포라들의 집거지 형성 과정과 새로운 정착지에서 경험한 기억들을 어떻게 재현하고 있는지를 규명하는 3권의 연구총서를 발간하게 되었다. 이에 재외동포 업무를 주관하는 책임자로서 임채완 단장과 연구단 소속 연구교수 및 연구원들에게 이 책의 출판에 대해서 심심한 축하를 보낸다.

총 3권으로 발간된 이번 총서는 『코리안 디아스포라의 집단적 기억과 재영토화』, 『화교 디아스포라의 집단적 기억과 재영토화』, 『일계인 디아스포라의 초국적 공간 이동과 재영토화』 등으로 구성되어 있다. 이번 총서는 근 · 현대 동북아 디아스포라(한인, 화인, 일계인)가 당대 역사의 질곡 속에서 어떻게 터를 잡고 재영토화되었는지, 정착과정에서 겪은 디아스포라의 집단적 기억과 문화정체성을 학술적으로 규명하는 데 초점을 두고 기획된 것으로 보인다.

동북아 디아스포라의 집거지와 민족정체성에 관한 이번 연구총서는 코리안, 화인, 일계인 등 3개국 디아스포라의 민족 집거지 형성과 특성에 대해 상세히 기술하고 있다는 점에서 학문적 의의와 가치가 있다고 사료된다. 또한 디아스포라들이 새로운 정착지에서 겪은 디아스포라적 삶과 경험에 관한 집단적 기억을 어떠한 방식을 통해 재현하고 공유하고 있는지에 대한 다양한 사례를 제시하고 있어 디아스포라 연구 영역을 한 단계 상승시킬 것으로 평가된다.

이 총서는 무엇보다도 디아스포라들이 새로운 정착지에서 소수자로 살아가면서 어떻게 자신들만의 터전을 형성하고 생활하고 있는지에 대해 기록하고 있다는 점에서 다문화사회 한국에 많은 시사점을 제공한다. 현대 한국 사회는 외국인 이주노동자 및 외국 국적 동포들이 증가하면서 경기도 안산시를 비롯하여 전국 각지에 외국인 밀집 거주지가 형성되고 있다. 그동안 우리 사회는 외국인 이주노동자들을 공동체의 구성원으로 받아들이려는 노력을 해오고 있으나 여전히 외국인 이주노동자에 대한 거리감이 존재하고 있다.

특히 외국인 밀집 거주지역에서는 이주노동자들이 지역 주민들과 협력 관계를 형성하면서 살아가고 있지만, 한편으로는 거주지역 내 쓰레기 문제나 치안 문제, 그리고 취업기회의 박탈감 등으로 이주노동자와 지역 주민 간의 갈등이 표면화되고 있다. 이러한 맥락에서 3 권의 총서는 외국인 이주노동자에 대한 우리 사회의 인식론적 패러다임을 변화시키고, 이들이 한국 사회에 안정적으로 적응 · 정착하는 데 필요한 다양한 방안들을 모색하는 데 기여할 것으로 생각된다. 끝으로 이번 총서가 외국 국적 동포 및 외국인 이주노동자에 대한 법적·정책적 지원방안을 수립하는 정부기관 및 유관기관, 그리고 시민단체들에게 널리 활용될 수 있도록 추천하며, 전문 연구자들 및 후속 세대 또한 학문적 탐구에 유용한 자료로 활용되기를 희망하는 바이다.

2014년 12월

재외동포재단 이사장 조규형

| 서 문 |

2013년 9월 현재 외교부 자료에 의하면, 재외동포는 181개국 7,012,492명이다. 각 지역별로 보면, 동북아시아(중국, 일본)에 3,466,632명(49.4%), 북미지역(미국, 캐나다)에 2,297,425명(32.8%), 독립국가연합(CIS)를 포함한 유럽지역에 615,847명(8.8%), 남아시아태평양지역에 485,836명(6.9%), 중남미지역에 111,156명(1.6%), 중동지역에 25,048명(0.4%), 아프리카지역에 10,548명(0.2%)이다. 특히 중국, 일본, 러시아 연해주 등 동북아지역에 전체의 50%에 가까운 재외동포들이 거주하고 있는데, 이는 한반도와 가깝다는 지리적 인접성과 함께 일본 제국주의 식민지배의 직접적 영향 하에 있었기 때문이다.

중국의 동북 3성(길림성, 흑룡강성, 요녕성) 지역, 일본의 오사카와 도쿄, 러시아 연해주 등은 강제적이든 자발적이든 코리안 디아스포라들에 의해 새로운 공간이 형성되었던 지역이다. 코리안 디아스포라에 의해 형성된 새로운 공간, 즉 민족집거지는 오늘날에 이르기까지 정치 · 경제 · 사회적 변동에 의해 형성과 소멸, 그리고 새로운 집거지 형성이 반복되고 있다. 이들 지역은 거주국의 배타적인 소수민족정책에도 불구하고 현재까지도 민족공동체를 형성하여 한민족으로서의 문화적 특질과 정체성을 유지, 계승하고 있다.

전남대학교 세계한상문화연구단은 2010년 한국연구재단 대학중점연구소지원사업에 선정되어 "민족분산과 지구적 소통으로서 디아스포라 연구" 주제로 총 3단계 9년에 걸쳐 연구 프로젝트를 수행하고 있다. 제1단계에서는 "동북아시아 민족분산과 문화영토" 라는 주제로 연구를 수행하고 있으며, 이 총서는 제1단계 2차년도 연구주제인 "근 · 현대 해외한인의 집단적 기억과 재영토화"를 학문적으로 규명하는 데 초점을 두고 있다.

구체적으로 이 총서의 목적은 동북아시아지역에 거주하고 있는 코리안 디아스포라들이 거주국(host country)에서 어떻게 터를 잡고 공동체를 형성하여 재영토화되었는지 집거지 연구를 통해 조명하는데 있다. 아울러 새로운 정착지에서 경험한 코리안 디아스포라의 집단적 기억이 어떻게 재현되고 있는지 역사적 기념물, 공간, 의례 등을 살펴보는 데 있다. 이러한 목적을 달성하기 위해 연구팀은 중국 길림성 길림시, 러시아 연해주, 일본 도쿄와 오사카 등을 중심으로 집거지 형성 및 집단적 기억에 관한 기초자료를 수집하고 구술사료를 채록, 정리하였다.

이 총서의 구성은 크게 다음과 같이 6개의 장으로 이루어진다.

제1장은 이 책의 목적과 연구내용, 그리고 연구대상과 연구방법에 대해 상세히 기술하였다. 제2장은 동북아시아 코리안 디아스포라의 재영토화와 집단적 기억의 재현을 연구하기에 앞서 민족집거지와 집단적 기억에 관한 이론적 내용을 간략히 검토하였다. 아울러 코리안 디아스포라의 주요 민족집거지 현황에 대해 간략히 살펴보았다. 제3장은 중국 길림성 길림시에 거주하고 있는 조선족을 중심으로 그들의 집거지 형성을 살펴보고, 거주국에서의 집단적 기억이 어떻게 재현되고 있는지를 기술하였다. 제4장은 러시아 연해주에 거주하고 있는 고려인을 중심으로 우정마을과 고향마을을 통해 어떻게 재영토화되었고, 연해주에서의 디아스포라적 경험과 기억이 어떻게 재현되고 있는지를 기술하였다. 제5장은 일본 오사카

와 도쿄에 거주하고 있는 재일코리안들을 중심으로 코리아타운의 형성 과정을 살펴보고, 재일코리안의 집단적 기억이 어떻게 재현되고 있는지를 기술하였다. 제6장은 동북아시아 코리안 디아스포라의 재영토화 및 집단적 기억의 재현에 대한 연구결과를 요약하고, 이 책의 한계와 향후 연구과제에 대하여 간략히 서술하였다.

끝으로 해외 현지조사과정에서 유익한 정보 제공과 자료수집에 도움을 준 여러분들에게 깊은 감사의 마음을 드린다. 기초자료 수집 및 정리에 많은 시간을 할애해 준 전남대학교 세계한상문화연구단의 모든 연구조교들에게도 고마움을 전한다. 그리고 이 총서를 출간해 주신 북코리아 이찬규 사장님과 편집진 여러분께도 깊은 감사의 말씀을 올린다.

2014년 12월

공동 저자 일동

| 차 례 |

표 차례

그림 차례

사진 차례

제1장 머리말

1. 연구의 목적

헬드(D. Held)가 적절히 지적했듯이, 지구화는 경제적 자유화뿐만 아니라 정치, 경제, 사회, 문화, 커뮤니케이션 등 전 세계적 규모의 전환 과정이며, 이 과정을 가속화시키고 있는 강력한 요인 중 하나가 바로 국제이주이다.[1] 이러한 맥락에서 인간의 이주는 단순히 물리적, 공간적 이동만을 의미하지 않는다. 다시 말해, 디아스포라는 고유의 전통문화와 풍습, 고유의 신앙과 의례체계, 음식과 언어 등 자신의 고유한 사회문화적 정체성과 함께 인간의 고유 권리 또한 갖고서 새로운 지역으로 이동한다.[2] 디아스포라는 정착지의 새로운 문화접촉의 과정에서 적응의 어려움을 겪게 되고 동시에 특정지역에 민족집거지(ethnic enclaves)를 형성한다.

한민족의 국제이주는 19세기 중엽 이후부터 러시아의 연해주를 시작으로 중국의 만주, 일본, 사할린, 하와이 및 미국, 멕시코를 포함한 중남미 지역으로 확산되었다. 1948년 정부수립 이후 1962년 한국의 해외이주법 제정과 1965년 미국의 이민국적법 개정으로 미국으로 이주가 본격화되었으며, 이후 독일을 중심으로 한 유럽, 호주, 아프리카 등 전 세계 곳곳으로 이주, 정착하고 있다.

2013년 9월 현재 외교부 자료에 의하면, 재외동포는 181개국 7,012,492명이다. 각 지역별로 보면, 동북아시아(중국, 일본)에 3,466,632명(49.4%), 북미지역(미국, 캐나다)에 2,297,425명(32.8%), 독립국가연합(CIS)를 포함한 유럽지역에 615,847명(8.8%), 남아시아태평양지역에 485,836명(6.9%), 중남미지역에 111,156명(1.6%), 중동지역에 25,048명(0.4%), 아프리카지역에 10,548명(0.2%)

---

1 이충훈, "민족자결에 근거한 '시민권' 효용 잃어… 이주민의 '재민족화' 경향 지적", 『교수신문』, 2006.1.1., 교수신문 홈페이지(http://www.kyosu.net/news/articleView.html?idxno=9022, 검색일: 2013년 12월 3일)

2 김경학 외, 『귀환의 신화: 해외 인도인의 이주와 정착』 서울: 경인문화사, 2005, p.1.

이다.[3] 특히 중국, 일본 등 동북아지역에 전체의 50%에 가까운 재외동포들이 거주하고 있는데, 이는 한반도와 가까운 지리적 특수성과 함께 일본 제국주의의 식민지배의 직접적 영향하에 있었기 때문이다.

중국의 동북 3성(길림성, 흑룡강성, 요녕성) 지역, 일본의 오사카와 도쿄, 러시아 연해주 등은 강제적이든 자발적이든 코리안 디아스포라들에 의해 새로운 공간이 형성되었던 지역이다. 코리안 디아스포라에 의해 형성된 새로운 공간, 즉 민족집거지는 오늘날에 이르기까지 정치 · 경제 · 사회적 변동에 의해 형성과 소멸, 그리고 새로운 집거지 형성이 반복되고 있다. 이들 지역은 거주국의 배타적인 소수민족정책에도 불구하고 현재까지도 민족공동체를 형성하여 한민족으로서의 문화적 특질과 정체성을 유지, 계승하고 있다.

이 연구의 대상인 중국조선족과 재일코리안, 그리고 러시아 연해주 고려인은 무엇보다 한민족 디아스포라의 역사라 할 수 있다. 이들 디아스포라는 각각 거주국에서 규모의 차이는 있지만 집거지를 형성하고 있으며, 이를 통해 한민족의 고유한 전통문화와 정체성을 유지하면서 살아가고 있다. 중국조선족은 길림성 연변조선족자치주를 중심으로 흑룡강성, 요녕성 등에 집중 거주지를 형성하고 있으며, 최근에는 베이징, 칭다오 등 중국 내륙의 대도시 및 한국, 미국, 일본 등 글로벌 이주를 통해 새로운 집거지를 형성하고 있다. 재일코리안은 오사카 이쿠노쿠 코리아타운과 도쿄의 신오쿠보 코리아타운 등 대도시를 중심으로 집거지를 형성하면서 살고 있다. 러시아 연해주 고려인은 1990년대 초반 중앙아시아지역 국가들의 독립 선언 이후 정치, 경제, 사회적 변동으로 고려인들의 '마음의 고향'인

---

3 외교부 홈페이지(http://www.mofa.go.kr/travel/overseascitizen/index.jsp?menu=m_10_40, 검색일: 2013년 10월 20일) 이 통계자료는 해외에 주재하는 재외공관(대사관, 총영사관, 분관 또는 출장소)에서 작성, 보고한 공관별 재외동포현황(2012.12.31. 기준)을 정리한 것으로서 주재국의 인구관련 통계자료, 한인회 등 동포단체 조사자료, 재외국민등록부 등의 공관의 민원 처리기록, 직접조사 등을 근거로 산출한 추산치이다.

연해주로 재이주하여 살아가고 있다.

그러나 이들 집단은 거주국의 민족정책과 주변 환경에 따라 상당부분 다른 경로의 삶을 살아왔다. 중국조선족은 중국의 소수민족자치 정책에 기반하여 독자적이고 전통문화 생활이 비교적 잘 보존되어 있으며, 이들은 국민정체성과 민족정체성이 다른 이중정체성을 가지고 있는 것이 특징적이다. 재일코리안은 일본의 식접적인 식민통치의 경험과 차별적이고 배제적인 외국인정책으로 정부와 갈등 상황이 지속되고 있으며, 자신들의 정체성을 유지하고 권리를 주장하기 위한 사회운동에 적극 참여하기도 했다. 그러나 최근에는 한국의 경제적 성장과 한류 등의 영향으로 한국 국적 취득 및 일본 귀화도 동시에 증가하고 있어 민족정체성이 유동적이고 복잡하게 혼재되어 있는 양상을 보이고 있다.[4] 러시아 연해주 고려인은 1937년 중앙아시아로의 강제이주와 배타적인 민족정책으로 거주이전의 자유를 상실하고, 민족교육이 금지되어 민족어를 상실한채 살아야만 했다. 1953년 스탈린의 사망으로 자유로운 이주가 가능해졌고, 1990년대 초반 중앙아시아 국가들의 독립 선언 이후 고려인들이 연해주로 재이주하여 새로운 정착촌을 형성하고 있다.

이 책의 목적은 동북아시아지역에 거주하고 있는 코리안 디아스포라들이 거주국(host country)에서 어떻게 터를 잡고 공동체를 형성하여 재영토화 되었는지 집거지 연구를 통해 살펴보고자 한다. 아울러 새로운 정착지에서 경험한 코리안 디아스포라의 집단적 기억이 어떻게 재현되고 있는지 역사적 기념물, 공간, 의례 등을 조명하고자 한다. 이를 통해 동북아시아 지역에 거주하고 있는 코리안 디아스포라의 민족집거지 및 정체성의 특성을 밝혀내고자 한다.

4 최영진, "환동해권의 소수민족 정책과 정체성: 재외한인의 사례", 『한국민족문화』 45, 2012, p.2.

2. 연구의 범위 및 방법

이 책에서 다루고자 하는 연구대상은 중국 길림성 조선족, 일본 오사카와 도쿄의 재일코리안, 러시아 연해주 고려인들이 거주하고 있는 민족집거지와 집거지내에 존재하는 기념물 및 공간, 의례 등이다. 이 책의 주요 연구대상은 다음과 같다.

먼저, 코리안 디아스포라의 민족집거지 형성 및 공간적 특성에 관한 분석은 중국조선족 민족집거지는 길림성의 아라디마을과 금풍촌, 재일코리안 민족집거지는 오사카 이쿠노쿠 미유키도오리와 도쿄 신주쿠쿠 신오쿠보, 러시아 연해주 고려인 민족집거지는 미하일로프카 우정마을, 순얏센 고향마을 등을 중심으로 살펴보고자 한다.

한 민족이나 한 사회 혹은 사회 집단이 공통으로 겪은 역사적 경험은 그것을 직접 체험한 개개인의 생애를 넘어 집단적으로 보존, 기억되는데 이를 집단 기억(collective memory)이라고 한다. 집단 기억은 구성원이 그 집단에 대해 소속감을 느끼게 하는데 필수적이다. 이러한 기억을 통해 구성원은 집단의 구성원으로서의 정체성을 지니며 살아갈 수 있다. 그러나 우리

표 1.1 연구 대상

구분	연구 대상
중국 조선족	- 길림성 아라디마을, 금풍촌 - 연변지역내 집단적 기억의 상징 기념물(기념(비)탑, 기념관 및 자료관, 박물관 등) 및 의례 행사
재일코리안	- 오사카 이쿠노쿠 미유키도오리, 도쿄 신주쿠쿠 신오쿠보 - 오사카 및 도쿄지역내 집단적 기억의 상징 기념물(기념(비)탑, 기념관 및 자료관, 박물관 등) 및 의례 행사
러시아 연해주 고려인	- 연해주 미하일로프카 우정마을, 순얏센 고향마을 - 연해주지역내 집단적 기억의 상징 기념물(기념(비)탑, 기념관 및 자료관, 박물관 등) 및 의례 행사

는 항일독립운동이나 해방 전쟁, 차별철폐 운동, 강제이주 등 당시의 기억을 지니고 있지 않다. 우리는 할아버지나 할머니, 아버지나 어머니의 기억을 통해 당시의 기억들을 물려받고 있으며, 역사적으로 주요한 사건을 기념하기 위해 건립한 다양한 기념물을 통해 과거를 배우고 있다.

이러한 맥락에서 이 책은 코리안 디아스포라의 삶과 경험에 관해 민족집거지내에 건립된 역사적 기념물-기념비(탑), 기념관, 박물관 등과 의례행사들을 대상으로 집단적 기억이 어떻게 재현되고 있는지를 살펴볼 것이다. 이러한 집단적 기억의 재현을 통해 코리안 디아스포라의 정체성의 특성을 밝혀보고자 한다.

이러한 연구목적을 달성하기 위해 이 책에서 동원된 연구방법을 제시하면 다음과 같다.

첫째, 문헌연구이다. 동북아시아 코리안 디아스포라의 민족집거지 형성과 역사적 상징물에 대한 도서, 논문, 사진 등을 수집 · 발굴하여 코리안 디아스포라 민족집거지의 형성 과정과 공간 구조, 그리고 집단적 기억의 특성을 규명하는데 기초자료로 활용하고자 한다.

둘째, 현지조사연구이다. 중국 조선족에 대한 현지조사는 2012년 2월 6일부터 12일까지 길림성 길림시 아라디마을과 금풍촌을 방문하여 집거지와 집단적 기억의 상징에 관한 자료를 수집하였다. 러시아 연해주 고려인에 대한 현지조사는 2012년 2월 13일부터 20일까지 블라디보스토크, 우수리스크, 크라스키노, 미하일로프카, 순얏센 등을 방문하여 고려인 정착촌과 디아스포라의 경험을 상징하는 역사적 기념물을 조사, 수집하였다.

셋째, 구술사(oral history)연구이다. 코리안 디아스포라들이 민족집거지 형성과정에서 겪은 지위불일치와 심리적 스트레스, 그리고 정착지에서 새롭게 맺게 되는 주류민족과의 사회관계 양상 등을 살펴보고자 한다.

이 책은 근 · 현대시기 동북아지역 코리안 디아스포라의 재영토화의 과정을 살펴보고, 이러한 재영토화 과정에서 경험한 집단적 기억이 어떻게 재현되고 있는지를 중심으로 정리하였다. 이 책은 총 여섯 개의 장으로 구성되어 있다.

제1장은 이 책의 목적과 연구내용, 그리고 연구대상과 연구방법에 대해 상세히 기술하였다.

제2장은 동북아시아 코리안 디아스포라의 재영토화와 집단적 기억의 재현을 연구하기에 앞서 민족집거지에 관한 이론적 내용을 간략히 검토하였다. 아울러 코리안 디아스포라의 주요 민족집거지 현황에 대해 간략히 살펴보았다.

제3장은 중국 길림성 길림시에 거주하고 있는 조선족을 중심으로 그들의 집거지 형성을 살펴보고, 거주국에서의 집단적 기억이 어떻게 재현되고 있는지를 기술하였다.

제4장은 러시아 연해주에 거주하고 있는 고려인을 중심으로 우정마을과 고향마을을 통해 어떻게 재영토화 되었고, 연해주에서의 디아스포라적 경험과 기억이 어떻게 재현되고 있는지를 기술하였다.

제5장은 일본 오사카와 도쿄에 거주하고 있는 재일코리안들을 중심으로 코리아타운의 형성과정을 살펴보고, 재일코리안의 집단적 기억이 어떻게 재현되고 있는지를 기술하였다.

제6장은 동북아시아 코리안 디아스포라의 재영토화 및 집단적 기억의 재현에 대한 연구결과를 요약하고, 이 책의 한계와 향후 연구과제에 대하여 간략히 서술하였다.

제2장 민족집거지와 코리안 디아스포라

1. 민족집거지의 형성

이주가 한 국가와 사회에 미치는 영향은 이주과정의 후기 단계인 영구히 정주하면서부터 나타난다. 이러한 결과는 이주자를 받아들이는 국가와 사회의 행동에 따라서 상이한 양상을 보여준다. 하나의 양상은 거주국 사회에서 이주자의 정주에 개방적 태도를 견지하여 이들에게 시민권을 부여하고 문화적 다양성을 수용함으로써 소수 민족 공동체 형성이 가능하게 한다는 것이다. 다른 양상은 이주자의 정주라는 현실을 인정하지 않고 시민권과 제반권리를 이들에게 부여하는 것을 거절하며 문화적 다양성을 거부함으로써 종족적 소수자(ethnic minorities)[1]를 만들어내는 것이다.[2] 이러한 맥락에서 디아스포라는 거주국 사회에서 종족적 소수자로서의 지위를 가지며, 이로 인해 비국민으로 배제되거나 차별의 대상이 된다. 이러한 차별과 배제는 거주국 사회에서 중심이 아닌 주변에서, 특히 특정한 공간에 분리되어 거주하게 된다.

디아스포라는 자발적이든 강제적이든 공간적 치환 과정에서 상실감, 분리감, 그리고 무력감 등 외상(trauma)을 경험하게 된다.[3] 또한 디아스포라는 특정 공간에 집단적으로 거주함으로써 민족 공동체적 의식, 정체성(identity)을 확인하고 유지하며, 일자리 · 주거 · 모국(homeland) 등에 관한 정보를 스스로 공유하게 된다. 이는 결과적으로 소수민족 집단으로서 디아스포라가 국가와 사회의 차별에 따른 심리적 혼란과 불안정성을 극복하기 위하

---

1 종족적 소수자는 다음과 같이 정의된다. 1) 사회적으로 구성된 표현형의 특징들(신체적 특징, 인종)을 기반으로 하여 지배적인 집단에 의해 거주국 사회에서 종속적 지위를 부여받은 사람들; 2) 언어, 전통, 종교, 역사 및 경험을 공유한다는 믿음을 기반으로 어느 정도의 집단적 의식(또는 공동체를 이루고 있다는 느낌)을 가진 사람들이다. Stephens Castles and Mark J. Miller, The Age of Migration, The Guilford Press, 2009, p.35; 한국이민학회 옮김, 『이주의 시대』 서울: 일조각, 2013, p.77에서 재인용.

2 한국이민학회(2013), pp.76-77에서 재인용.

3 한성미 · 임승빈, "소수민족집단체류지역(Ethnic Enclave)으로서의 옌볜거리의 장소성 형성 요인 분석," 『한국조경학회지』 36(6), 2009. p.82에서 재인용.

여 상호 네트워크로 구성된 하나의 '민족집거지(ethnic enclaves)'[4]를 형성하게 된다.

소수민족의 집단적 거주지역인 민족집거지는 디아스포라들에게 공간적 치환 및 환경변화에 따른 심리적 충격을 완화시키고 대안적인 경제구조를 부여하며, 문화적 전통 보존을 촉진함으로써 디아스포라의 경험에 중요한 역할을 한다. 또한 민족집거지는 새로 정착한 사람들에게 이주로 인한 충격을 완화시킴으로써 그리고 다양한 시설과 편익을 제공함으로써 새로운 장소에 적응하고 조화할 기회를 부여하기도 한다.[5]

디아스포라들이 모국을 떠나 새로운 정착국가에서 특정 장소에 집중 거주하는, 즉 민족집거지의 형성은 다양한 요인에 의해 이루어진다. 우선, 그 장소가 역사적이고 장소 특수적인 조건으로 인해 외국인들에 대한 문화적 · 경제적인 진입 장벽이 낮기 때문이다. 다음으로 이주자들이 모이면서 그들의 사회경제적 네트워크가 그 장소에 뿌리내리며 그를 바탕으로 더 많은 이주민들을 유인하기 때문이다.[6] 그리고 거주국 사회에서 인종 · 민족별 선입견에 기반을 둔 차별적인 관행, 예컨대 주택시장에서 이주자들이 집을 구할 때 가격과 이용 가능성, 요구 자격, 정보 등에 대해 차별을 겪고 결국 특정 도시 공간에 집중 거주하게 된다.[7]

이렇게 형성된 소수민족의 집거지는 군집인자와 군집화의 기간에 따라 크게 세 가지 유형으로 나눌 수 있다. 첫째, 정착촌(colony)은 소수민족집

---

4 로버트 박(Robert Park, 1952)은 민족공동체를 "고유한 문화 형태를 보존하고 삶에 대한 개별적이고 독특한 개념을 유지하려는 분리된 사람들의 모자이크"라고 설명한다. 한성미 · 임승빈(2009), pp.82-83.

5 Abrahamson, 1996; Kramer 1970; Lyman 1974; Gordon 1964; 한성미 · 임승빈(2009), pp.82-83에서 재인용.

6 고민경, "초국가적 장소의 형성: 이태원을 중심으로 바라본 서울의 세계화," 서울대학교 지리교육과 석사학위 논문; 박배균, "초국가적 이주와 정착에 대한 공간적 접근: 장소, 영역, 네트워크, 스케일의 네 가지 공간적 차원을 중심으로," 최병두 외, 『지구 · 지방화와 다문화공간』 서울: 푸른길, 2011, p.78에서 재인용.

7 임석회, "전문직 이주자 현황과 지리적 분포 특성," 최병두 · 임석회 · 안영진 · 박배균 공저, 『지구 · 지방화와 다문화 공간』 서울: 푸른길, 2011, p.224.

단의 입국기지에 해당하는 지역으로, 디아스포라 집단이 거주국에 문화적으로 동원될 때까지 이곳에 일시적으로 거주하는 유형이다. 둘째, 소수민족집거지(enclave)는 디아스포라 집단이 기능적 이유로 군집화를 선택한 경우로 여러 세대에 걸쳐 존재하는 민족적 집중지역을 말한다. 특히 소수민족집거지는 배타성이 강한 문화와 종교를 가진 민족집단일수록 주거격리를 선호한다. 셋째, 빈민가(ghetto)는 주류집단의 방해와 차별로 여러 세대 이상 존속하는 소수민족 집주지역으로서 외부적 요인에 의하여 장기간 지속되는 격리지구를 말한다.[8]

2. 코리안 디아스포라의 민족집거지 개관

2013년 9월 현재 외교부 자료에 의하면, 재외동포는 181개국에 걸쳐 7,012,492명이 거주하고 있다. 거주자격별로 지역 분포 현황을 살펴보면 〈표 2.1〉과 같다.

표 2.1 재외동포 주요 거주자격별 지역 분포 현황(2013년 현재)

지역 \ 거주자격		재외국민				외국국적(시민권자)	총계
		영주권자	일반 체류자	유학생	계		
중국	선양(동북3성)	0	39,092	6,138	45,230	1,607,500	1,652,730
	칭다오	0	76,113	7,504	83,617	205,000	288,617
	베이징	0	82,089	27,840	106,929	186,900	293,829
	광저우	0	50,798	2,731	53,529	108,300	161,829
	상하이	72	35,445	5,569	41,086	100,200	141,286

8 장윤수, 『재외한인 집거지역 사회경제』 서울: 집문당, 2005, p.106에서 재인용.

지역	거주자격	재외국민				외국국적(시민권자)	총계
		영주권자	일반 체류자	유학생	계		
일본	오사카	153,430	11,442	2,856	167,728	0	167,728
	도쿄	95,851	43,995	12,392	152,238	0	152,238
	고베	56,010	2,647	686	59,343	0	59,343
	나고야	49,405	3,960	744	54,109	0	54,109
	요코하마	26,817	12,406	1,808	41,031	0	41,031
미국	로스앤젤레스	117,639	74,236	15,856	207,731	352,107	559,838
	뉴욕	51,225	100,460	26,090	177,775	161,370	339,145
	시카고	33,706	24,450	10,703	68,859	160,328	229,187
	샌프란시스코	35,042	61,383	8,907	105,332	77,485	182,817
	애틀랜타	35,800	65,200	12,000	113,000	67,200	180,200
	워싱턴DC	36,278	17,507	9,201	62,986	111,305	174,291
	시애틀	82,832	8,445	3,513	94,790	73,881	168,671
	휴스턴	59,516	32,114	11,778	103,408	62,117	165,525
	호놀룰루	3,969	1,328	703	6,000	40,603	46,603
캐나다	토론토	34.443	6.334	9.283	50.060	62.998	113.058
	밴쿠버	18,400	11,735	8,073	38,208	42,565	80,773
브라질	상파울루	18,547	2,020	452	21,019	27,449	48,468
러시아	모스크바	76	2,485	1,110	3,671	75,212	78,883
	블라디보스톡	71	276	105	452	40,559	41,011
	유즈노-사할린스크	25	36	7	68	24,700	24,768
호주	시드니	46,709	24,655	10,989	82,353	31,464	113,817
우즈베키스탄		0	2,331	201	2,532	171,300	173,832
카자흐스탄		110	1,738	89	1,937	103,546	105,483
영국		10,728	13,169	13,464	37,361	7,388	44,749
독일		7,056	10,943	6,853	24,852	8,922	33,774
필리핀		785	55,974	31,316	88,075	27	88,102
베트남		0	83,668	2,330	85,998	2	86,000
인도네시아		814	38,401	664	39,879	405	40,284
아프리카		2,348	7,077	1,020	10,445	103	10,548

먼저, 중국에 거주하고 있는 코리안 디아스포라는 총 2,573,928명이며, 연변조선족자치주가 있는 동북 3성 지역(길림성, 요녕성, 흑룡강성)에 전체의 64.2%에 해당하는 1,652,730명이 거주하고 있다. 최근에는 개혁개방 정책의 영향으로 중국내 대도시와 연해지역으로 재이주하는 경향을 보이고 있다. 대표적으로 베이징, 칭다오, 광저우, 상하이 등에 885,561명이 거주하고 있다. 또한 1980년대 후반 조선족의 한국 친척 방문을 시작으로 1992년 한국과 중국 간의 수교가 이루어지면서 한국으로의 이주가 본격화 되었다. 2013년 현재 안전행정부 자료에 의하면, 한국 거주 조선족은 55만여 명에 이른다.[9] 이들은 주로 서울특별시와 경기도 등 수도권 지역에 집중 거주하고 있다.[10]

일본에 거주하고 있는 코리안 디아스포라는 총 892,704명이며, 오사카와 도쿄 등 일본의 주요 대도시에 집중 거주하고 있다. 오사카지역에는 주로 올드커머들이 집중 거주하고 있는데, 이쿠노쿠지역을 중심으로 167,728명이 살고 있다. 도쿄지역에는 152,238명이 거주하고 있는데, 이들 중 대부분은 뉴커머들이다. 이외에 고베, 나고야, 요코하마 등에 약 15만 명이 넘는 재일코리안들이 정주하고 있다.

미국에 거주하고 있는 코리안 디아스포라는 총 2,091,432명이며, 이들 중 절반에 가까운 사람들이 로스앤젤레스와 뉴욕에 집중적으로 거주하고 있다. 또한 시카고, 샌프란시스코, 애틀랜타, 워싱턴DC, 시애틀, 휴스턴, 호놀룰루 등에도 많은 코리안들이 거주하고 있다.

독립국가연합(CIS)지역에 거주하고 있는 코리안 디아스포라들은 러시아에 176,411명, 우즈베키스탄에 176,411명, 카자흐스탄에 105,483명이 살고 있다. 또한 중남미지역에 거주하고 있는 코리안 디아스포라는 브라

9 안전행정부 홈페이지(http://www.mospa.go.kr, 검색일: 2013년 12월 9일).

10 서울연구원의 자료에 의하면, 2012년에 서울시 거주 외국인 근로자는 총 15만 명이며, 전체 근로자 중 86.9%인 13만 명이 조선족인 것으로 조사되었다. 『뉴시스』, 2013.8.26.

질에 49,511명, 아르헨티나에 22,580명, 과테말라에 12,918명, 멕시코에 11,364명 등 총 111,156명이 거주하고 있다.

최근 코리안 디아스포라들이 이주하는 지역은 호주와 동남아시아 지역이다. 이 두 지역은 교육, 사업, 이민 등의 목적으로 이주하게 되었다. 호주에 거주하고 있는 코리안 디아스포라는 총 156,865명이며, 시드니지역에 전체의 72.6%에 이르는 113,817명이 집중 거주하고 있다. 동남아시아지역에는 필리핀에 88,102명, 베트남에 86,000명, 인도네시아에 40,284명, 싱가포르에 20,330명, 태국에 20,000명, 말레이시아에 14,000, 인도에 10,397명 등이 거주하고 있다. 중동지역에는 총 25,048명이 거주하고 있는데, 아랍에미리트에 9,728명, 사우디아라비아에 5,145명, 카타르에 1,958명, 쿠웨이트에 1,521명, 알제리에 1,275명, 이집트에 1,011명이 살고 있다.

〈표 2.1〉에서 살펴볼 수 있듯이, 세계 181개국에 거주하고 있는 코리안 디아스포라는 거주국의 주요 대도시 지역에서 민족집거지를 형성하여 살아가고 있음을 알 수 있다. 구체적으로 코리안 디아스포라가 거주하고 있는 세계 주요 지역의 민족집거지를 도식화해보면 〈그림 2.1〉과 같다.

여기에서는 이 책의 연구대상인 중국조선족, 재일코리안, 러시아 연해주 고려인을 제외한 코리안 디아스포라들이 집중적으로 거주하고 있는 주요 민족집거지에 대해 살펴보고자 한다.

첫째, 중국 다음으로 재외동포들이 많이 살고 있는 미국은 크게 로스앤젤레스, 뉴욕, 시카고, 샌프란시스코, 애틀란타, 워싱턴DC 등에 민족집거지가 형성되어 있다. 특히 로스앤젤레스는 55만여 명의 재미동포들이 살고 있는 만큼 미국에서 가장 큰 코리안타운을 형성하고 있으며, 단일 지역 규모로 볼 때 세계에서 제일 큰 코리아타운이기도 하다.[11] LA 코리아타

11 로스앤젤레스는 미국에서 인종이 가장 다양한 곳이다. USC 대학 연구에 따르면 2012년 현재 로스앤젤레스 카운티에 거주하는 순수 백인은 27%에 불과하며, 중남미계인 라티노가 48%로 최다 인구

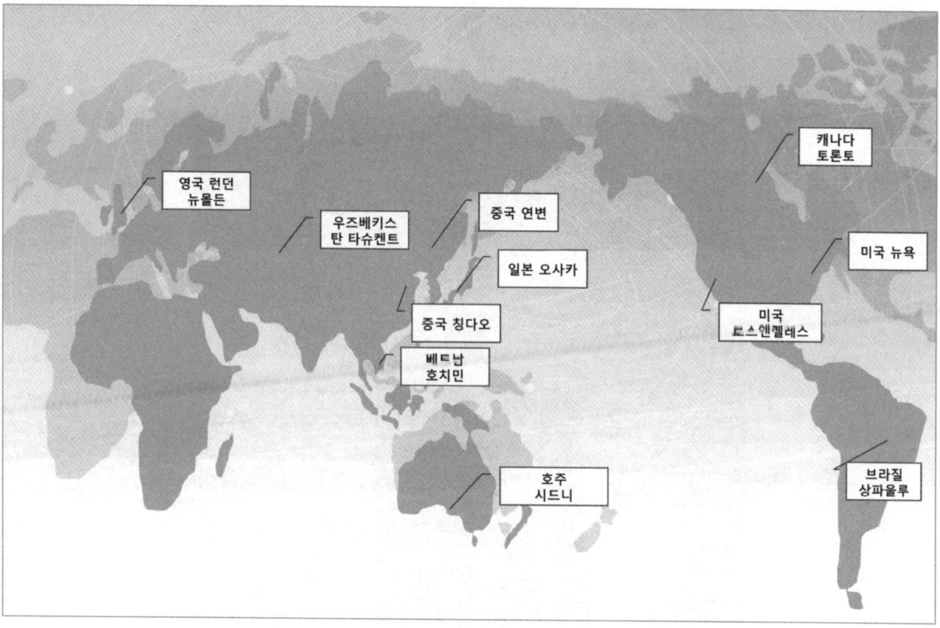

그림 2.1 코리안 디아스포라의 주요 민족집거지 현황

운은 동쪽으로 LA다운타운을, 서쪽으로는 베벌리힐스(Beverly Hills)와 센트리시티 등과 접하고 있다. LA 코리아타운의 핵심지역은 동서로 달리는 슈러 블록의 축인 윌셔 블러버드(Wilshire Bl.)와 올림픽 블러버드(W. Olympic Bl.)이다. 윌셔 블러버드에는 사무용 빌딩이 즐비하게 있으며, 올림픽 블러버드에는 각종 소매점들이 차지하고 있다.

LA 코리아타운은 한국적 요소가 두루 갖추어져 있으며, 재미동포들의 비즈니스의 근거지가 되고 있다. 1992년 '흑인폭동'에서 가장 많은 약탈과 불법적 행위들이 이뤄진 장소이기도 하지만, 다운타운과 베벌리힐스 등과 인접해 있는 등 LA의 노른자위 지역이어서 교통이 편리한 등 여러모로 이점이 많다. 2000년대에 들어선 이후로는 코리아타운에 두 가지 흐름이 두

를 차지하고 있다. 한국, 중국, 필리핀, 베트남 등 아시아계는 14.5%, 흑인은 9.3%이다. 『연합뉴스』, 2013.11.13.

사진 2.1 LA 코리아타운

드러지고 있다. 하나는 코리아타운 일원에서 히스패닉 인구가 급증하고 있다는 점이다. 또 하나는 서서히 도시 재개발이 한편에서 진행되고 있다는 것이다. 이 같은 변화로 인해 코리아타운은 '부활하는 도심 속의 도시' 같은 이미지와 1960~70년대의 낡은 도시 이미지, 둘 다를 갖고 있다. 코리아타운은 과거 일제시대 미주 한인 독립운동의 중심지이기도 했던 만큼 재미동포들에게는 이민 역사의 출발점과 같은 역할을 했던 곳이다. 또 코리아타운을 중심으로 동서남북에 고루 흩어져 사는 한인들이 꼭 비즈니스가 아니더라도 자주 찾게 되는 구심점 역할을 담당하고 있다. 최근에는 서울과 LA를 오가는 한인 숫자가 크게 늘어나면서 서울의 한 부분일 정도로 한국과 유행이나 시대 흐름이 동조화하는 경향이 있다. 또 미국 내 'K-pop'

이나 한국 음식 등 한국 문화, 즉 'K-Culture' 확산의 전진기지로써도 주목받고 있다.[12]

둘째, 코리안 디아스포라의 캐나다 이주는 미국으로의 초기 한인 이민과 같이 개신교 선교사들이 이민의 산파역할을 하였다. 일반적으로 구한말 선교사들은 종교 외에도 교육, 의료 등의 사업을 통해 민심을 얻었다. 캐나다 선교사들은 자신들의 목회와 선교역할을 분담하기 위해 조선인을 목회자로 양성할 필요를 느끼게 되었다. 그래서 유망하고 젊은 조선인들을 캐나다로 유학을 보내게 되었는데 이것이 캐나다 이주의 시작이었다. 1935년과 1946년 사이에는 제2차 세계대전의 여파 등으로 유학생이 끊어졌다가 2차 세계대전이 끝나면서 캐나다 교회는 전후 복구 지원 프로그램의 일환으로 유학 후원을 재개했고, 1950~1960년대에는 더 많은 학생들이 캐나다로 이주하게 되었다. 1960년대 중반까지 정착한 한인들은 주로 목사, 의사, 학자들이 대부분이라 1960년대 후반부터 입국하기 시작한 '거주자' 이민자들과는 특성이 매우 달랐다. 1965년 당시 캐나다의 한인 인구는 70여 명으로 추정되고 한인사회는 토론토에 중심을 두었다. 1967년에 캐나다로의 이민문호가 한인에게 열리면서 한국에서 직접 이주하는 사람들의 수가 증가하였다.

한인의 공식적인 이민은 캐나다 정부가 이민백서에 따라 이민을 지역별 할당제(quarter system)에서 점수제(merit system)로 바꾸면서 본격화되었다. 그 이전에는 아시아에서는 홍콩과 일본만이 이민쿼터를 받았었다. 한인 이민은 1973년에 서울에 주한 캐나다 대사관이 개설되면서 가속화되었고 1976년 캐나다 이민법의 개정으로 삼촌, 형제 등 친척이민이 단절되기까지 한인 인구는 급격히 증가하였다. 1974년부터 1976년까지 한인 인구는 9,449명으로 급증하였고, 특히 1974년에는 4,331명이 이민을 와서 단일

---

12 http://www.lifeinus.com/Travel/1421, 검색일: 2013년 12월 11일.

년도로는 최고를 기록하였다. 그 후, 1980년부터 1991년까지 12년간 캐나다에 이민 온 한인수는 2만 명에 육박했다. 캐나다에 이민 온 한인들은 대부분 몬타리오 지역, 특히 토론토에 정착했다. 그 이유는 몬타리오주가 이민 노동력을 흡수할 수 있는 산업시설을 많이 가지고 있기 때문이다. 밴쿠버와 같은 서부 도시로 이민을 온 사람도 직업과 사업기회를 찾아 토론토 지역으로 재이주하는 경우가 늘어나면서 토론토가 캐나다 한인사회의 중심지로 성장할 수 있었다.[13]

토론토 코리아타운은 2013년 현재 113,058명이 거주하고 있으며, 제1한인촌, 제2한인촌, 해방촌 등 3개의 타운으로 구성되어 있다. 이중 가장 큰 것이 제1한인촌이다. 제1한인촌은 다운타운 중심부에서 비교적 가까운 곳에 형성되어 있다. 블루어(Bloor St. W) 스트리트와 스파디너 애비뉴가 교차하는 부근에 위치한 한인 연합교회를 중심으로 블로어 스트리트를 따라 약 12개 블록 정도에 형성되어 있다. 이 타운 안에는 각종 한국 음식점과 약국, 식품점, 언론지사, 쇼핑 센터 등이 있다. 이중 한국인들이 가장 많이 찾는 쇼핑센터는 미도파 백화점으로, 다양한 상품을 갖추고 있다.

셋째, 코리안 디아스포라의 호주 이주는 1973년 호주의 백인이민정책이 폐지되어 소수의 전문 기술자가 이주하면서 시작되었다. 그 이후 1974년 베트남전 파견 기술자 5백여 명이 대거 오스트레일리아에 이주하면서 본격화 되었다. 뒤이어 남미로 이민 갔던 사람들의 일부와 서남아시아 건설 근로자들의 이주가 있었다. 1980년대 중반 이후에는 입양, 가족초청, 취업 등에 의한 이민이 급증하여 한인사회[14]가 확대되었다.[15]

2013년 현재 호주에 거주하고 있는 재외동포는 156,865명이며, 시드

13 http://theme.archives.go.kr/next/immigration/Canada.do, 검색일: 2013년 12월 11일.

14 호주 한인사회는 크게 1960~1980년대 독일, 베트남, 중동 등지에 계약노동자 신분으로 이주했던 한인들이 다시 건너온 이른바 '구포'와 1986년 이후 투자나 사업 이민으로 입국한 '신포'로 나뉜다. 『연합뉴스』, 2013년 9월 27일.

15 http://theme.archives.go.kr/next/immigration/Oceania.do, 검색일: 2013년 12월 11일.

니에 가장 많은 113,817명이 살고 있다. 2012년 5월 22일에 한국 음식점과 상점들이 몰려있는 시드니 시내 피트 스트리트와 리버풀 스트리트 교차점에 '코리아타운(Korea Town)' 표지판이 설치되었다. 원래 이 지역은 한국 음식점과 상점들이 밀집해 있어 시드니를 방문하는 한국인들이 많이 찾는 지역이었으나 인근 차이나타운과 같이 공식적으로 코리아타운이란 명칭은 갖고 있지 않았다. 이번에 시드니 카운슬에 의해 코리아 타운으로 지정된 구역은 피트 스트리트와 리버풀 스트리트 교차점에서 시작해 시드니 오페라 하우스 방향으로 가는 약 150m에 달하는 거리이다. 이 구역에는 각종 한국 음식점과 미용실, 편의점, 카페, 관광상품점, 한국식 중국음식점 등 다양한 한인 상점들이 밀집해 있다.[16]

넷째, 중남미로의 한인 이주는 크게 다섯 시기로 구분할 수 있다. 제1기(1903-1921)는 1905년 멕시코 이민[17]을 시작으로 1921년 쿠바로 재이주한 시기이다. 제2기(1922-1956)는 1920년대 소수의 일본국적 조선인들이 일본인 이민자들에 섞여서 이민 온 것과 1956년에 57명의 반공 포로들이 브라질과 아르헨티나로 이주한 시기이다. 제3기(1963-1971)는 1963년 브라질로의 농업이민을 시작으로 아르헨티나, 파라과이, 볼리비아 등으로 집단 이민시기이다. 제4기(1972-1980)는 1972년 브라질 정부가 한인 이민 억제 정책을 시작하게 되어 공식이민이 중단되고 대신 서독에서 광부 또는 간호원으로 일했거나 베트남에서 계약 노동자로 일했던 사람들이 계약이 만료된 후 한국으로 귀국하지 않고 남미 국가로 불법 입국하여 체류한 시기이다.

---

16 『연합뉴스』, 2012년 5월 22일.

17 1905년 4월 4일에 1,033명의 한인들이 인천항을 떠나 멕시코 유카탄 반도의 에네켄 농장의 계약 노동자로 가게 된 것에서 시작했다. 이들은 멕시코의 메리다 지역에서 20여 개의 에네켄 농장에 분산되어 계약노동자로 일을 했다. 그런데 말이 계약노동자이지 실제로는 노예와 같은 생활을 4년 동안 해야 했다. 계약 기간이 끝났을 때 이들은 기대했던 돈을 모으지 못했고 대부분 실업자가 되고 말았다. 기록에 따르면 140명이 농장을 탈출했고 49명이 사망했다. 소수의 탈출자들은 미국으로 건너가기도 했고, 그 중 일부는 조선으로 귀국했다. 하지만 대부분은 멕시코 각 지역으로 흩어져서 어려운 생활을 꾸려나갔다.

제5기(1981-현재)는 1980년 이후 가족초청, 투자이민 등으로 중남미 한인사회가 새로운 성장 단계를 맞게 된 시기이다.[18]

외교부의 2013년 재외동포 현황에 따르면 중남미지역에는 111,156명이 살고 있으며, 재외동포들이 가장 많이 사는 나라는 브라질로써 49,511명이다. 다음으로 아르헨티나(22,580명), 과테말라(12,918명), 멕시코(11,364명), 파라과이(5,126명), 칠레(2,575명), 페루(1,337명) 순이다. 중남미지역에서 코리안 디아스포라들의 최대 밀집 지역이며 실질적인 코리아타운은 브라질 상파울루시의 봉헤찌로(Bom Retiro)이다. 봉헤찌로는 상파울루시 조례(법령 Lei No. 15110)에 의해 2010년 1월 12일에 코리아타운(Bairro Coreano em Sao Paulo)으로 지정되었다. 봉헤찌로 코리아타운은 브라질 상파울루시에서 외국인 전통문화관광특구로 지정된 첫 번째 사례이다. 이번 코리아 타운 지정은 상파울루시로부터 행·재정상의 다양한 지원을 받을 수 있으며, 한인 경제, 문화관광 특구로 조성될 것이다.[19]

다섯째, 유럽으로의 이주는 지역에 따라 크게 네 가지로 구분할 수 있다. 첫 번째는 스웨덴, 노르웨이, 핀란드, 덴마크 등 북유럽 지역 이주이다. 이 지역의 이주는 1950년 한국전쟁 참전을 계기로 인연을 맺은 한국인들이었으며, 한국 고아 4만여 명이 입양되면서 한인사회를 형성하게 되었다. 두 번째는 독일 지역으로써, 1960년대 한국에서 파견된 광부, 간호사들이 정착하면서 한인사회를 형성하였다. 광부 및 간호사의 이주는 당시 서독사회의 외국인 노동자 고용과 한국사회의 취업난 극복이라는 양국의 이해관계가 맞아 떨어지면서 1963년 한국-독일간 기술협정이 체결되면서 이루어졌다. 세 번째는 영국, 프랑스, 이탈리아, 스페인 등 서유럽지

18 http://theme.archives.go.kr/next/immigration/economicMigrant.do, 검색일: 2013년 12월 11일.

19 『재외동포신문』, 2010.2.22.(http://www.dongponews.net/news/articleView.html?idxno=15541, 검색일: 2013년 12월 11일)

역으로의 이주이다. 이 지역은 주로 유학생들을 중심으로 한인사회가 형성되어 상당수의 사람들이 한국 국적을 갖고 있다. 네 번째는 동유럽 지역으로 1980년대 말부터 한국과 수교를 맺기 시작하면서 주재상사원의 이주가 이루어진 지역이다.[20]

외교부의 2013년 현재 재외동포 현황에 따르면, 유럽에서 재외동포들이 많이 거주하는 국가는 영국(44,749명), 독일(33,774명), 프랑스(14,000명), 이탈리아(4,054명), 스페인(3,787명), 터키(3,093명), 스웨덴(2,510명) 순이다. 유럽지역 국가에서 코리안 디아스포라의 민족집거지는 영국의 런던 남서부 교외지역에 있는 뉴몰든(New Malden)이다. 뉴몰든 코리아타운은 현지에서 '리틀 코리아(Little Korea)'라고 불리고 있다.[21] 이 지역으로의 이주는 1970년대 중후반 태권도사범, 요리사, 병아리 감별사, 유학생 등이 유입되기 시작했으며, 1980년대 후반부터 1997년까지 한인들의 이주가 급증하여 현재 약 3만여 명이 거주하고 있다.[22] 이들은 주로 식당, 식재료 도매점, 어학원, 부동산 중개소, 여행사 등에 종사하고 있다. 뉴몰든 지역에 코리아타운이 형성된 배경에는 런던의 중심부와 연결된 철도, 상대적으로 저렴한 주택 시장, 그리고 질 좋은 교육 환경 때문인 것으로 알려지고 있다.

그러나 최근에는 이주 1세대들이 한국으로 귀환하는 경우가 증가한 반면, 새로 이주해온 경우는 크게 줄어들고 있어 한인사회에 문제로 등장하고 있다. 이러한 현상은 영국정부의 이민제도와 주변 국가의 경제상황에 밀접하게 연관되어 있다. 주변국가인 독일과 프랑스 등의 젊은 층들이 영국으로 일자리를 얻기 위해 이주하는 경우가 증가하고 있으며, 이로 인해 영국내의 일자리가 부족해지면서 영국정부가 비자발급이나 노동허가

---

20 http://theme.archives.go.kr/next/immigration/Europe.do, 검색일: 2013년 12월 11일.

21 『BBC』, 2011년 1월 23일.(http://www.bbc.co.uk/news/business-12170151, 검색일: 2013년 12월 11일)

22 『YTN』, 2013년 2월 16일.

조건을 강화하고 있다. 보수당정권은 유럽 경제위기를 거치면서 일자리 및 주택 부족 문제가 심각하고 세금 부담 증가 등으로 이민 억제정책을 실시하고 있다.

여섯째, 동남아시아 지역 이주는 일제 식민지시대 강제징용의 역사로부터 시작되었으며, 본격적인 이주는 1960년대 이후부터 이 지역의 목재, 석유 등 풍부한 천연자원을 획득하기 위해 이루어졌다. 1970년대 베트남 전쟁이 끝나고 나서부터는 한국의 전문 기술자들이 진출하였으며, 동남아 지역의 값 싼 노동력을 활용하기 위해 현지 공장을 세우면서 한인사회가 형성되기 시작했다. 최근에는 필리핀 등 영어권 국가에 어학연수나 은퇴이민[23]을 목적으로 한 이주가 많이 이루어지고 있다.[24]

외교부의 2013년 현재 재외동포 현황에 따르면, 동남아시아지역에서 재외동포들이 많이 거주하는 국가는 필리핀(88,102명), 베트남(86,000명), 인도네시아(40,284명), 싱가포르(20,330명), 태국(20,000명), 말레이시아(14,000명), 인도(10,397명) 순이다. 동남아지역에서 코리안 디아스포라의 민족집거지는 미국, 중국, 일본 등 다른 국가들의 코리아타운의 규모보다는 작지만 여러 지역에서 집거지를 형성하고 있다. 필리핀에서는 수도 마닐라에서 북서쪽으로 80km 떨어진 중부 루손지역의 앙헬레스(Angles)시에 형성된 코리아타운이 대표적이다. 앙헬레스 코리아타운은 빵집, 떡집, 통닭집, 유치원, 학원, 상가, 식당, 호텔, 정유소 등이 밀집되어 있다.[25]

이와 같이 코리안 디아스포라는 세계 곳곳에 거주하면서 주요 지역에

---

23 한국보다 상대적으로 물가가 저렴한 동남아시아 국가 등지로 은퇴자들의 관심이 쏠리고 있다. 특히 그 중에서도 필리핀은 365일 따뜻한 날씨에 한국에 비해 3분의 1 수준인 저렴한 물가, 영어로 의사소통이 가능하고 마음만 먹으면 언제든지 왕래할 수 있는 지리적 근접성(한국에서 3시간) 때문에 동남아 국가들 중에서도 가장 각광받는다. 필리핀 은퇴청(PRA)에 따르면 2004년 219명이던 한국인 은퇴비자 신청자 수는 2005년 371명, 2006년 1178명, 2007년 1255명으로 꾸준히 늘고 있다. 『경향신문』, 2009.2.4.(http://news.khan.co.kr/kh_news/khan_art_view.html? artid=200902041732371, 검색일: 2013년 12월 11일).

24 http://theme.archives.go.kr/next/immigration/Europe.do, 검색일: 2013년 12월 11일.

25 http://www.angeles24.com, 검색일: 2013년 12월 11일.

서는 민족 집거지를 형성하여 민족적 정체성을 유지, 계승하고 있다. 글로벌화가 심화되면서 국가 경쟁력 강화를 위한 자원으로써 코리안 디아스포라에 대한 관심이 증대되고 있다. 한국정부는 재외동포와의 유대를 강화하기 위해 다양한 노력을 진행해오고 있다. 대표적으로 1997년 재외동포재단 설립 및 '재외동포의 출입국과 법적 지위에 관한 법률' 제정, 2002년부터 매년 세계한상대회 개최, 2007년 '세계한인의 날'(10월 5일) 제정 등이다.

제3장
중국 조선족의 집단적 기억과 재영토화

중국 조선족은 19세기 후반 모국의 정치, 경제, 사회적 혼란기에 두만강과 압록강을 건너 중국(당시 청나라)으로 이주하여 길림성, 흑룡강성, 요녕성 등 동북 3성 지역에 집중 거주하였다. 동북 3성 지역은 당시 항일독립운동의 전진기지의 역할을 담당하고 있었기에 조선족들은 자연스럽게 항일투쟁에 관여하게 되었다. 뿐만 아니라 해방전쟁 시기(1946-1949)에는 중국의 56개 민족 중에서 가장 열성적으로 참여하여 신중국을 건설하는 데 큰 공헌을 하였다.[1] 이러한 조선족의 공헌이 인정되어 1952년 연변지역에 조선족자치구가 성립되었다. 조선족사회는 1980년대 개혁개방 정책으로 동북 3성 지역에서 베이징, 칭다오 등 내륙 및 연해의 대도시지역으로 이주해가면서 새로운 집거지를 형성하기에 이르렀고, 최근에는 지구화의 심화 속에 한국을 비롯하여 미국, 일본, 유럽 등지로 이주하여 삶의 공간을 확장해가고 있다.[2]

1. 중국의 신농촌 건설과 조선족 집중촌

현재 중국에서는 최소한의 기본적인 생활이 유지되는 '소강사회'로 가는 열쇠가 농촌에 있으므로 농업이 풍요로우면 기초가 강하고 농민이 부유하면 국가가 융성하고 농촌이 안정되면 사회가 안정된다고 한다. 이미 세계 여러 국가에서 공업화로 일정한 기초를 이룬 후 공업으로 농업을 지원하고 도시가 농촌을 지원하는 발전전략을 중국도 채택하자는 논리이다.

중국의 농업은 현대화를 통하여 급속히 성장하고 있지만, 세 가지 측면에서 해결하지 않으면 안 될 문제들이 있다. 첫째로는 농민문제 인데,

1 항일전쟁에서부터 한국전쟁에 이르기까지 혁명열사의 현황을 보면, 연변자치주에 등록된 혁명열사 1만 4천 740명 중 조선족 혁명열사가 1만 3천 48명으로 88.5%를 차지하고 있다.

2 임채완 · 선봉규 외, 『코리안 디아스포라: 이주루트와 기억』 성남: 북코리아, 2013, p.65.

즉 중국의 개혁 · 개방정책으로서 그동안 투자는 주로 도시지역에 집중됨으로서 상대적으로 농민들의 경제적 빈곤이 심각하고 빈곤감은 더 커지고 있다. 현재 중국인구의 절반 가까이가 농업에 종사하고 있으며, 농민 1인당 연평균 소득은 2005년 기준으로 3,255위안(한화 약 40만 원)을 기록하는 데 불과하여 도시민과 농민의 소득격차가 갈수록 심화되고 있다. 역사적으로 보면 문화혁명 이후 농민과 도시민의 호적을 분리하는 등 농촌과 농민이 우대받던 시대가 끝나고 산업화시대에는 도시민이 우대를 받았다. 둘째로는 중국의 농업정책이 생산력 향상에 주력하여 생산량이 증가하고 있지만, 농민들의 유일한 생계기반인 토지는 여전히 국가소유이며 또한 곡물가격은 정부가 통제하고 농촌의 사회보장체계는 열악하였다. 셋째로는 농촌에 대한 지원은 대체적으로 부족하고, 특히 교육, 의료, 문화와 관련된 시설들은 턱없이 부족하였다. 따라서 학교에 가지 못하는 학생이 많았고 대학 진학률은 낮았다. 또한 과거에 우대되었던 호적제도 때문에 거주이전이 자유롭지 못하며, 도시로 이주하여도 도시인구 억제책으로 인하여 교육비, 의료비 등의 지원을 전혀 받을 수 없는 형편이었다.

이러한 상황에서 2005년 10월 중국 공산당 제16기 5중 전회(제16기중앙위원회5차전체회의)는 사회주의 신농촌 건설을 가속화 하는 방안으로 "생산의 발전, 여유로운 생활, 문명한 향촌 기풍, 정연하고 깨끗한 마을, 민주적인 관리 실현"을 내용으로 하는 5가지 신농촌 건설전략을 내놓았다. 이는 전반적인 경제의 발전, 농민수입 및 삶의 질 제고, 농촌환경의 혁신, 농민소질의 제고를 언급한 것이라고 할 수 있다.[3]

중국 조선족사회의 지식인들은 중국정부의 신농촌 건설전략에 맞추어서 1992년 한중수교 이후 한국이나 중국의 대도시로 흩어졌던 조선족들이 다시 고향으로 돌아올 수 있는 '조선족 집중촌 건설' 계획을 구체화하

---

3 정희숙 · 이영미 "중국의 신 농촌건설과 길림시 아라디 민속촌", 『재외한인연구』 26, 2012, pp. 138-139.

고 있다. 즉 중국의 개혁개방과 1992년 한중수교 이후 많은 조선족 농촌 마을들의 공동화 현상이 나타난 반면, 조선족 촌락의 해체와 붕괴를 우려하여 '조선족 집중촌' 건설에 박차를 가한 사례도 늘어나고 있다. 조선족 집중촌의 모델로는 중국 최대의 코리아타운으로 유명한 선양의 서탑거리와 길림시 금풍촌식 '도시중심형'과 선양시 화평구 만융촌, 길림시 아라디 관리구 '아라디촌'처럼 도시 외곽에 있지만 중심에 집중촌을 끼고 있는 '중심촌형' 등이 있다.

선양시 만융촌의 경우, 천지개벽이란 단어로 비유해도 모자람이 없을 정도로 비약적인 발전을 이루어냈다. 1990년대 초・중반까지만 해도 800세대가 되지 않았는데, 2004년 현재 1,600세대에 6,000명의 인구를 가진 마을로 변했다. 대부분 흑룡강성과 길림성에서 온 조선족들이었다. 그러나 선양시 만융촌은 더 이상 "도시화 농촌"이라기보다 "도시" 그 자체라 할 수 있다. 따라서 이제 조선족 모범농촌의 사례에서 만융촌은 적절한 사례라고 하기 어렵게 되었다.

중국 조선족의 신농촌 건설은 비록 도시 행정구역에 속한다 하더라도 층집(아파트)을 짓고 큰 규모의 공장을 유치하는 식이 아닌 농촌의 경관을 유지하면서 특색을 갖춘, 즉 16기 5중 전회가 요구하는 내용을 충족해가는 농촌건설에 있다 할 것이다. 이런 점에서 관광업과 문화산업을 주도로 신농촌 건설을 진행하고 있는 길림시 아라디촌과 금풍촌 마을의 신농촌 건설 사례는 동북지역의 조선족 농촌마을에 시사하는 바가 클 것이다. 아라디와 금풍촌 마을은 역사적으로 모범마을로서 이름난 마을이고 만족(滿族)진속에 조선족마을로 주변의 타민족 마을과 조화로운 사회를 이끌어 갈 뿐만 아니라 중한교류의 선두역할을 하고 있다는 취지에서 지속적인 조사와 연구가 필요한 사례라 하겠다. 특히 중국의 신농촌 건설과 소수민족정책의 혜택을 받아 농업뿐만 아니라 민속관광업과 문화산업으로 마을을 건설하는데 있어서도 역사적 의의가 있다.[4]

2. 아라디 조선족 마을

아래에서는 조선족 집중촌 모델로 중심촌형 집중촌인 아라디 마을의 신농촌 건설에 대하여 살펴보고, 아라디 마을의 지리적 위치 및 유래, 아라디 마을로의 이주에 따른 조선족들의 삶과 애환을 인터뷰 자료를 통해 살펴본다. 또한 아라디 마을의 공간구조와 아라디 마을에서의 집단적 기억, 문화정체성에 대해 현지에서 수집해온 자료와 인터뷰 내용 그리고 조선족사회의 다양한 신문, 잡지자료를 통하여 살펴보고자 한다.

1) 아라디 마을의 신농촌 건설

아라디촌은 일제 강점기인 1930년대에 경상북도 안동, 예천, 상주 등지에서 이주해온 한국인이 80년 가까이 정착하고 있는 지역으로 길림성뿐만 아니라 전 중국에서 선진화된 농촌마을로 유명하다. 1960년대 말기 아라디촌은 이미 국내에서 유명하게 되었을 뿐 아니라 전 세계에서 많은 사람들이 아라디촌의 이름을 듣고서 방문한 바 있다. 1967년 8월에는 프랑스 전문가 10여 명이 아라디마을을 방문함으로써 아라디의 땅에 처음으로 외국인의 발자취를 남겼다. 1967년 이후 20년 동안 60개 국가와 지역의 손님들이 연이어 아라디를 견학하고 방문했다. 1975년부터는 전국 각지의 견학단이 아라디마을에 와서 아라디 지도자의 정직(正直), 단결(團結), 안정(安定), 혁신(革新), 간고(艱苦), 창업(創業), 봉헌(奉獻)의 정신을 배웠다.

아라디는 전국에서 공동(共同), 번영(繁榮)의 길을 가는 모델이었다. 그 특징은 바로 시장경제와 현대화 농업의 수요를 적응하고 지역경제의 우세를 충분히 발휘하며 농민들을 조직해서 공동번영의 길을 간 것이다.[5] 한

4 정희숙·이영미(2012), p.137.

때 중국 전역에서 선진지 견학을 오는 사람들의 발길이 끊이지 않았고, 중앙당 간부들의 발길이 잦았던 이 마을은 오랫동안 발전된 조선족 마을의 모델로 동북 3성의 조선족은 물론 한족들의 부러움을 사온 터이다. 그동안 길림시는 아라디 마을과 아울러서 길림시 풍만지구의 사회주의 새농촌 건설 시범촌인 이도향 금풍촌과 더불어 성내 조선족 산재지역에 조선족 민속촌, 집중촌을 세우기 위해 노력해왔다.[6]

아래에서는 배명수 할아버지의 인터뷰를 통하여 당시 아라디의 신농촌 건설과 한국의 친척방문에 대해서 들어보면 다음과 같다.

• 아라디의 신농촌 건설은 언제 시작했으며 한국 친척방문은 언제하셨습니까?

1968년도 부터 신농촌 건설을 시작했어요. 집을 다 새로짓고 그랬어요. 농촌에 자동차도 있고, 트랙터도 다니고, 농업의 기계화가 제대로 이루어진거죠. 그래서 높은 사람들도 오고 많은지역에서 우리 아라디에 오려고 하고 많은걸 배우려고 아라디에 서로 오려고 그랬어요. 중국의 농촌에 대해서는 아라디를 따라갈만한 지역이 없었지요. 성장율도 제일높고 그랬어요. 하지만 아라디에 남조선 사람들이 많다보니 개혁개방후에는 한국바람에 지금은 거의 다 한국으로 가있어요. 나도 한국 두 번 가봤어요. 한국에 사촌형님의 명함을 알고 있고, 아버님께서 말씀하셨던 경상북도 안동군 풍천면을 알고 있으니 형님 이름으로 해서 저희사정을 말해주고 형님 이름 석자 가지고 좀 찾아서 건네주라고 보냈습니다. 그런데 얼마 후에 형님께 정말 답장이 왔는데 지역이 부산인 것입니다. 그 때 '아~ 한국이 정말 좋은 곳이구나!' 했습니다. 그 배달 간 사람들이 얼마나 애썼겠어요. 그래서 그 형을 알게되어서 남한의 친척들을 다 찾았습니다. 지금이라도 그것을 전달해준 사람을 찾으면 고맙다고 전해주고 싶습

---

5 길림성 영길현 아라디촌인민정부 편집, 『아라디촌지』 길림성 영길현, 1995, p.113.

6 정희숙 · 이영미(2012), pp.139-140.

니다. 한번은 제가 전라남도 광주노인협회에서 요청을 해서 광주를 다녀왔습니다. 갈때마다 한국의 발전이 눈부셨습니다. 한국에서 잘 안내해주고 여기저기 다니고, 많은 담화도 나눴습니다. 서로 인사도 나누는데 제가 그랬습니다. 너무 좋습니다. 왜 좋느냐? 첫번째, 아 이곳이 우리 조상들이 살 던 곳이구나. 얼마나 좋은지 모르겠습니다. 두번째는 한국의 교통시설이 너무 발전해서 좋구, 세번째는 한국의 기업들이 어디서나 일등하는 분야들이 있어서 정말 자랑스러웠습니다. 그리고 한국에 대한 생각은 중국에서 살다보니 조선사람들이 반가운데 한국사람들은 그만한 민족감정이 없구나 하고 느꼈습니다. 두번째 감정은 경제가 발전하면 잘 살아서 그런지 조선족을 부끄러워 하는 것 같습니다. 저희 형님이랑 부산시내를 나가려고 정류장에 있는데 형님 친구분을 만나서 서로 악수를 하고 인사를 나눴습니다. 이제 형님께서 저를 소개시켜 주시는데, 동생인데 저를 미국 워싱턴에 산다고 하시는 겁니다. 그러고는 그분이 가시고는 형님께 여쭤봤습니다. "형님 왜 저를 그렇게 소개하십니까?" 그랬더니 형님께서는 중국에 산다고 하면 못살게 보신다고 미국에 산다고 해야 무언가 있어 보이지 않냐고 하시는 겁니다. 또 하나는 50년만에 만나는 형님께 내가 집에간다고 전화를 하고 집에 갔는데도 형님이 안계셨습니다. 그래서 그 근처에 여관을 잡고 밤 늦게 전화드리니까 받는겁니다. 그래서 형님께 기분이 상해서 오늘 잠은 여기 여관에서 잘테니까 제가 저녁 살테니까 나오시지요 했더니, 부산까지 왔으니 집에 오라고 하시길래 갔죠. 갔더니 아들 내외들은 없고 형님 혼자 계시데요. 그런데 형님께서 좀 냉정하게 구시데요. 그러다보니까 사람이 기분이 상하데요. 그래도 연세가 높은 형님이시니까 얼마나 뵐지 모르니 너무 감사했다고 말씀드리면서 한국돈으로 50만원 드리면서 이 돈으로 맛있는거 좀 사다 잡수라고 드리고 왔지요. 그랬더니 가지말라고 붙잡으시더라구요. 사람인정 잡는데 돈보다 좋은게 없다고 느꼈습니다. 그래가지고 나를 데리고 안동, 대구 다 돌아다녔어요. 사람들이 농촌같이 못사는 사람일수록 인심이 더욱 좋은거 같아요. 그래서 온 친척이 모여서 백숙도 먹고 즐거운 시간을 보내다가 이제 집에 오려니까 친척들이 돈을 모아서 70여만 원을 줘요. 그런데 돈 안받고 오히려 주고 오니까 친척들이 다 놀래요. 중국은 못사는 나라인데 왜 돈을 안받아가냐고, 하지만 전 돈을 얻으러 온게 아니라 정말 인정을 가지러 왔다고 했지요. 그랬더니 다음에 또 오니라, 이러시는거에요. 나중에 광주에 가서 다른분과 그런 이야기를 했는데, 사람이 모두 그러지는 않지 않느냐 그러시더라구요〈배명수, 남/77세〉.

다음은 아라디 마을의 지리적 위치 및 유래 등 형성과정을 「아라디 촌지」 등의 자료를 통하여 살펴보고자 한다.

2) 아라디 마을의 지리적 위치 및 유래

아라디 마을은 길림시에서 동쪽으로 약 40km 떨어져 있다. 자동차로는 약 30~40분 정도 떨어진 곳에 위치하며, 버스로 이동 할 경우에는 약 1시간 정도 소요된다. 마을 서쪽으로 기차길이 있고, 기차가 지나간다. 과거에는 간이역이 있어 길림까지 기차를 타고 갔다. 기찻길 너머에는 한족마을인 대정(따징)이 있다. 길림에서 서란으로 가는 대로에서 마을로 들어서기 위해서는 마을로 향하는 농로 약 2km의 길을 걸어가야 한다. 길림에서 서란으로 향하는 대로 입구에는 '아라디 마을'을 알리는 큰 표지석이 있는데 이곳에서 서쪽으로 마을이 보인다. 마을로 향하는 도로주변은 논이 펼쳐져 있으며, 수전이 불가능한 언덕에는 옥수수가 있다. 마을로 향하는 도로는 대로에서 어느정도 거리까지는 내리막길이다가 다시 평지가 된다. 마을은 지대가 낮은 곳에 위치하고 있음을 대변해 주고 있으며, 주변 지대보다도 상당히 낮다는 것을 알 수 있다. 과거 늪지로서 지대가 낮아 수전이 가능했음을 짐작하게 해준다.

아라디마을 주변으로는 두 개의 조선족마을이 있는데 하나는 '이도하'이며, 다른 하나는 '양무'이다. 이도하는 200여 호가 거주하는 곳으로 경상도출신이 많이 거주하는 조선족마을이다. 양무는 30호에 100여명이 거주하는 조선족마을이다. 아라디와 이도하, 양무는 모두 조선족마을로서 상호 왕래가 많다. 예를 들면 이도하는 9월 2일, 양무는 9월 9일, 아라디는 9월 3일이 노인회 개원일로서 이날이 되면 이웃마을 사람들이 찾아와서 노인회 개원일을 축하해 주고 있으며, 함께 경축행사를 한다. 그러나 일찍이 아라디는 길림지구에서도 제일 큰 동네로서 두 마을 중 특히 이도하가 아라디를 따라오기 위해서 노력을 많이 하였지만 잘 되지 않았다고 전한다.

사진 3.1 아라디 마을의 표지석

아라디에서 40여리 떨어진 곳에 송하강이 흐르는데 그 송하강의 물길을 끌어와서 수전을 한다. 아라디마을은 송하강과는 상당한 거리에 위치하고 있지만 가끔 수해에 대한 부담감을 가지고 있기도 하다. 이는 아라디가 지대가 낮은 곳에 위치하고 있기 때문인데, 2010년 여름 중국에 많은 비가 왔을때 길림시에 위치한 풍만수력발전소가 담을 수 있는 수량이 넘어가자, 송하강이 범남위기에 처했다고 한다. 이로 인해서 송하강줄기에 위치한 저지대의 마을들은 이주를 시켰다고 한다. 아라디도 그 마을 중 하나로서 이는 1940년대에 마을 주민들이 별로 없었을 당시에 한번 있었고 이후에는 없었던 일이었다고 한다. 당시 마을주민들은 간단한 가재도구를 가지고 아파트의 위층 또는 마을의 이층 집 그리고 학교 이층, 아니면 마을입구 대로에 있는 사룡창에 짐을 풀어놓고 일주일 정도 머물렀다고 한다. 하지만 송하강의 범람은 아라디에 까지는 피해를 주지 않았으며, 상류의 몇 마을에는 피해를 주어 3,000여명 이상의 인명이 피해를 입었다고 알려져 있다.[7]

아라디마을의 유래는 이렇다. 즉 '알아'는 만주어로 '언덕'이란 뜻과 '디'는 '아래'라는 뜻을 담고 있다. 그 뜻을 온전히 풀이한다면 '언덕아래의 낮은 땅'이라는 의미를 가진다. 만주어에서 유래한 아라디는 원래 이 지역을 통틀어 부르던 명칭이다. 집체(단체)로 땅을 경작하기 전 2~3가구씩 집단을 이루며 경작을 하던 조선족들은 땅을 일구기 위해서 이곳 저곳을 찾아 헤맸다. 1890년대부터 1900년대 초반에 이르기까지 한반도의 북부지역을 시작으로 많은 조선인들이 중국을 향했다. 그러나 중국의 일부 땅을 제외하고 조선족들만의 부락을 이루며 사는것은 그리 간단한 일은 아니었던 것으로 보인다. 땅을 일굴 수 있는 공간을 찾아서 떠돌아다니던 그들의 생활을 조선족들은 '유랑민'과도 같은 생활이었다고 한다.

7 경상북도/(사)인문사회연구소, 『중국, 경상도 마을을 가다』 경상북도, 2011, pp.119-121.

아라디는 조선족들에게는 사막의 오아시스와 같은 곳이었다. 한전만을 일구던 땅을 버려두고 수전을 행할 수있는 좋은 조건의 땅이, 그리고 조선족들만이 집단적으로 거주하여 안전하면서도 즐겁게 일을 할 수 있는 곳이 바로 아라디였다. 1930년대 2~3가구만이 거주하던 이곳에 사람들이 모이기 시작하였다. 당시 이 땅을 개간했던 사람들은 장도관과 남광호 그리고 고판동 이었다. 이들의 가족들은 현재도 아라디에 거주하고 있다.[8]

아라디 마을의 약사를 살펴보면 아래와 같다.

1932년 경　장도관, 남광호, 고판동 세명의 조선족이 이주를 하다.

1934년　조선족 농가 3가구 20명이 생활하게 된다.

1938년　아라디를 설립하고 화수촌이 관할하다.

1945년　조선 해방, 중국 국민당과 공산당 사이 내전이 일어나다.

1945년 직후　토지개혁과 지주제를 폐지하다.

1945년 11월~1946년 5월
아라디가 우라가구 화수향에 속하다.

1946년~1947년 10월
국민당군대가 우라가를 점령해 아라디는 유격지구가 되고 1947년 1월부터 10월까지 무인지경이 되다.

1947년 11월~1948년 7월
용북현 대구칸구라는 구역에 속하다.

1948년 3월 9일　교사6명, 6개학급, 190명의 학생으로 소학교를 개교하다.

1948년 7월~1949년 1월

8　경상북도/(사)인문사회연구소(2011), pp.126-127.

용길현 대구칸구 밑의 행정촌이 되다.

1949년 조선족 농가 193가구 1,015명이 생활하다.

1949년 1월~1956년 3월

용길현 강요구 관할에 속하다.

1950년 이후 아라디의 소문을 듣고 이주를 하게 되다.

당시 이주의 가장 큰 조건은 아라디에 가면 조선 사람들이 살고있어 말이 통한다는 것이다.

1958년 전체농가 185가구(1,479명) 중 조선족농가 181가구 (1,458명), 한족농가 2가구(7명), 만족농가 2가구(5명)가 살다.

1960년 중학과정을 개설하다.

1970년 이후 국가정책에 의하여 한족마을(첸알라: 아라디의 앞에있는 마을이라고 하여 앞전(前)을 사용하여 첸알라라고 불린다)이 편입되다.

1975년 고등학교를 신설하다.

1994년 전체농가 577가구(2,300명) 중 조선족농가 521가구 (2,060명), 한족농가 35가구(173명), 만족농가 21가구(67명)가 살다.

2011년 2,600여명의 조선족 중 800여명은 한국에 와 있으며, 중국 길림시 등 대도시로 나간 사람이 1,200명이 넘는다. 소학교는 현재 재학생 3명과 유치원생 5명이 다니고 있다.[9]

3) 아라디 마을로의 이주

1930년대 이후 조선인의 이주사는 일제에 의한 강제이민의 역사라 할

9 경상북도/(사)인문사회연구소(2011), p.9.

사진 3.2 아라디 마을의 입구

수 있다. 일제는 항일 유격대 대응정책의 일환으로, 1936년 3월 '치안숙정 3개년 계획'을 발령하면서 무력 토벌을 뜻하는 치표공작과 함께 '집단부락 결성'이 주요한 정책으로 제시된다. 이와 함께 1933년부터 실시된 안전농촌, 집단부락 건설이 조선총독부를 중심으로 기획 · 집행되고 있었다.[10] 이러한 집단부락 정책은 농민들의 사회 · 경제적 이해를 고려하지 않는 군사토벌의 관점에서 토벌의 거점이나 전방초소의 역할을 위해 실행된 것이다. 1935년 하반기부터 집중 건설된 만주의 안도현과 왕청현 등 집단부락은 항일유격 근거지의 이동과 밀접한 관련이 있었다.[11] 이러한 집단부락

10 『동아일보』, 「이민사무 打合會」, 1938.5.27.

11 신주백, 『만주지역 한인의 민족운동사(1920~45)』 성남: 아세아문화사, 1999, p.303.

은 연길, 화룡, 훈춘, 왕청지역에 집중되었는데, 특히 연길에는 모두 3차에 걸친 이주와 부락건설이 있었다.[12] 그중에서도 특히 제3차 이주 및 건설 시기인 1935년 4월부터 5월 초순까지 조선 국내에서 신규로 상당수의 이주자가 연길로 건너왔다. 당시 조선 국내에서 초치한 이민 총수가 246호, 1,454명에 이른다. 중국 길림성 왕청현에 위치한 안동촌의 경우, 일제에 의해 개척된 대표적인 경상도마을이라 할 수 있다. 안동촌은 1936년 일제에 의해 이주한 경북 안동, 상주, 문경사람들과 후손들이 집단으로 거주하는 곳으로, '만주 100만세대 이민계획'에 의해 만주국과 조선총독부가 합작한 집단이주 부락이다. 그러나 아라디마을은 이러한 일제의 이주정책과는 달리, 다양한 개인적 사연을 가지고 중국으로 건너온 사람들끼리 자연적으로 형성된 경상도마을이라 할 수 있다.[13]

그러면 여기서 2012년 2월에 아라디 마을을 방문하여 면담한[14] 배명수 씨의 아라디마을로 이주하게 된 사연을 살펴보면 아래와 같다.

• 이곳 아라디마을에는 언제, 어떻게 오셨습니까?

저희의 옛 고향은 경상북도 안동군 풍천면입니다. 저희 할아버지 때 당시는 생활이 아주 궁핍하고 그래서 저희 할아버지께서 7남매셨는데, 너무 가난해서 아이를 낳으면 다 남에게 주었데요. 그래서 저희 아버지도 태어나자마자 남에게 주어서 공부도 하지 못하고 소여물만 먹이시며 자랐데요. 그러다가 16살 때 중국 길림성 화전으로 이민을 오셨어요. 거기에 남의 집에서 일꾼살이를 하면서 혼자 산에 땅을 가꿔서 2년을 일하니까 그나마 살림살이가 나아졌어요. 그래서 한국에 있는 할아버님께 돈

12 윤휘탁, 『일제하 '만주국' 연구』 서울: 일조각, 1996, p.281

13 박승희, "연변지역 경상도 마을 이주사 연구: '아라디 마을'을 중심으로", 『동북아문화연구』 제31집, 2012, pp.253-270에서 재인용.

14 필자는 2012년 2월에 '중국조선족의 집단적 기억과 정체성'을 조사연구하기 위하여 아라디마을을 방문하였으며 이곳에서 조선족 노인들을 대상으로 개인사 및 공간적 치환과 영토의 재구성, 집단적 기억과 문화의 정체성에 대한 면담수집 항목들을 통하여 당시의 시대상을 알 수 있었다.

도 보내드리고 그랬습니다.

그리고 그후 알아보니 중국 흑룡강의 하얼빈 땅들이 농사짓기에 좋다고 하여 거기에 가서 더 잘살아 보시려고 그곳으로 떠나셨습니다. 그때는 차가 없어서 이틀을 걸으셨다고 합니다. 그러다가 하얼빈 근처의 여관에서 묵고 있는데 저 멀리서 하얀 두루마기를 걸친 조선상인이 어린아이 손을 잡고 걸어가고 있더랍니다. 그래서 낯선 중국땅에서 조선사람을 만난게 반가워서 한 걸음에 달려갔더니, 할아버지이신 겁니다. 알고보니 할아버지께서는 중국가면 잘살겠구나 하고 삼촌을 데리고 무작정 편지지에 적혀 있는 주소를 보고 중국 땅을 밟으신 겁니다. 정말 당시에는 꿈같기도 하고 하늘이 주신 운 같기도 하셨답니다. 그러다가 흑룡강성 하얼빈으로 가고자 하니 식구가 둘이 늘어버려서 하얼빈으로 가기도 어렵고 해서 그 근처의 집을 사서 일을 하며 살게 되었답니다.

그후 일을 찾으려고 길림성 동쪽으로 계속 가다보니, 길림시 동쪽에 천북이라는 곳이 있는데, 그곳에는 조선사람 몇명이 살고있는데 일꾼을 쓴다고 하여 찾아가보니 마침 서씨라는 집안이 일꾼을 쓰겠다고 하여 그곳에서 일을 하겠노라고 하니, 주인장 왈 혼자는 상관없는데 노인과 아이는 못 데려다 쓴다고 하시자 아버지께서는 “이 사람들은 여기서 먹고 사는게 아니라 내가 사놓은 집에서 먹고사시고 나만 이집에서 먹고 자며 돈을 벌어다 이 사람들을 먹여 살립겁니다”라고 하였답니다. 그렇게 1년여 간 일을 열심히 하였는데, 아버님이 키도 훤칠하시고 용모도 잘생기시고 일도 잘하시고 성품도 좋다보니까 서씨 집안에 딸이 있었는데 사위를 삼고싶다고 하시는거예요. 아버지는 가진 것도 없는데다가, 당연히 승낙해서 그 집의 데릴사위가 되신 겁니다.

이제 가정이 생겼으니 거기에 계속 머무를 수도 없고 또한 돈을 더 많이 벌어야겠다는 생각으로 그집을 떠나 길림시에 송화강이 있는데 그 유역에 조선사람들이 수전을 파기좋다는 소문을 듣고 울라지에라는 곳에 가보니 물은 낮고 땅은 평평해서 논을 만들 수가 없었습니다. 그때 마침 남현호라는 사람이 지금 아라디마을 뒤에 와서 수전을 파겠다고 사람을 모집하더랍니다. 그래서 그 소식을 듣고 아버지가 지원을 하셨죠. 그런 연유로 지금의 아라디라는 마을에서 살게 되었습니다.

그 마을은 지대가 낮고 물이 많으며 잡초가 많고 습기가 많았습니다. 산 밑에 보면 샘물이 많습니다. 지금도 계속 나와요. 게다가 거기는 마을도 없고 사람도 없고 해서, 그곳에 논을 일구면 좋겠다 싶어서 그곳에 지원한 사람 7명이 자리를 잡은 것 입니다. 그게 1943년 일입니다. 근데 당시 그곳에는 집이 몇 채 없어서 그 근처의 한족집에서 거주하면서 농사를 짓고는 했지요. 그리고는 조선족이 그곳을 개간하기 시작했습니다. 아라디라는 말은 중국의 만족어로 언덕 밑이라는 뜻입니다. 이 지역이 언덕 밑이라 계속 아라디 아라디 하다보니 이 곳 지역명이 아라디가 되었습니다. 제가 어릴때 그곳엔 늪이나 이런게 많아서 막상 그렇게 깊지는 않은데 풀뿌리나 이런게 많아서 노인들은 어린애들이 놀러가면 빠져 죽으니까 절대 못가게 했습니다〈배명수, 남/77세〉.

지금까지의 인터뷰 내용은 배명수 할아버지의 한국 경상북도 안동군 풍천면에서 중국 길림성의 아라디 마을로 이주하게 된 가족사이다. 그러면 여기서 왜 이들이 정든 고향을 떠나서 가족들을 이끌고 중국의 동북지방으로 오지 않으면 안되었는가에 대한 역사적 배경을 살펴보면 다음과 같다.

당시 중국 조선족은 러시아 한인들과 마찬가지로 19세기 중엽 이후 한반도 북부지방의 한인들이 가난과 기근을 피해 새로운 개척지를 찾아 이동한 월강, 월경형 경제유민들의 한 갈래에서 비롯된다. 즉 조선인이 중국 동북지역으로 이주하게 된 초기 배경은 조선의 사정과 긴밀한 관계가 있다. 구한말 자연재해와 함께 농정의 문란은 많은 농민을 유출케 하였으며, 조선인들이 이 지역으로 이주하게 된 이유는 바로 지리적, 자연적 조건 때문이다. 중국의 동북지역은 조선에 근접해 있으며 농사짓기에 적합한 토질, 경작에 충분한 습도와 기온을 유지할 수 있는 평원과 계곡이 있다. 조선인에 대한 청조의 관대한 정책과 통치력의 부재 역시 이주 요인의 하나

였다.[15]

당시 조선에서 이주한 한인들은 송화강 유역을 중심으로 마을을 형성하고 집거지를 이루고 살았는데 여기서 송화강의 유래와 집거지 형성 과정을 보기로 한다.[16] 송화강은 중국 소수민족의 하나인 퉁구스족의 천하(天河)라는 뜻을 가진 '송알라울라'를 한자로 음역한데서 유래된 명칭이다. 옛날에는 '속말수(粟末水)'라 불렀다. 지금 중국인들은 백두산의 소나무 꽃가루가 흘러내리는 강이란 뜻으로 '송화강'이라 부르지만, 예전 우리 선조들은 우수리하(牛首里河), 속말강 혹은 소밀하(蘇密河)라 불렀던 강이다. 송화강은 우리민족의 강이라고 불러도 좋을만큼 민족의 한이 육화(肉化)되어 있는 곳이다. 따라서 '송화강'은 우리민족의 역사적 상흔이 녹아있는 하얼빈을 중심으로 한 항일투쟁 공간을 아우르는 기표이다.

송화강유역을 중심으로 한 흑룡강 지역의 조선인 마을은 주로 경상도에서 이주해 간 사람들에 의해 형성되었다. 현재 중국에서 경상도의 말과 생활풍습을 지키며 사는 마을이 300 여 곳이나 되고, 조선족 중 40만여 명이 경상도 출신으로 추산된다. 만주로 이주해 간 경상도 사람들은 주로 흑룡강성에 집거지를 이루고 살았다. 일제에 의한 조선의 강제병합이 되면서 안동의 이상룡, 김대락을 중심으로 한 독립운동의 선조들이 길림성의 통화나 유하현에 이주한 경우도 있지만, 대다수는 일제강점기 때 일제에 의해 흑룡강성지역으로 집단적으로 강제 이주해갔다. 일제가 만주침략 이후 조선인의 안정적인 지배를 위해 집단적으로 이주하게 한 것은 1936년에서 1941년이다. 이 시기에 일제는 4만여 가구 11만여 명의 435개 조선인 개척단을 중국 동북지역에 이주시켰다. 이 개척단은 주로 경상도와 전라도 출신인데 절대다수가 경상도 사람이었다.

---

15 임계순, 『우리에게 다가온 조선족은 누구인가』 서울: 현암사, 2003, pp.25-26

16 김영필, 『조선족디아스포라의 만주아리랑』 서울: 소명출판, 2014, pp.187-190.

경상도 사람들이 집단적으로 이주해 간 곳은 내륙 깊숙한 흑룡강성이었다. 국경 인접 지역인 길림성은 함경도 사람들이, 요녕성에는 평안도 사람들이 이미 정착해 있었기 때문이다. 이처럼 뒤늦게 이주해 간 경상도 사람들은 내륙 깊은 곳으로 이주해 가야하는 험난한 고초를 겪었다. 또한 내륙 깊숙이 정착했기 때문에 해방 이후 조선으로 돌아오는 길도 험난했다.

원적을 한국 경상북도 울신군 넉산리에 둔 조선족사회를 대표하는 지식인 황유복 교수는 "해방직후 상당수의 이주민들이 한국으로 돌아갔으나 경상도사람들은 워낙 내륙으로 깊이 진출한데다 소식도 늦고 길이막혀 상당수가 그대로 머무른 결과 현재 원적지가 경상도인 조선족은 50만명에 육박할 것으로 보인다"고 말한다. 아래에서는 강병운 할아버지와 김종석 할아버지의 증언을 통해서 당시에 아라디 마을까지 오게 된 정황을 살펴보자.

• 원래 고향은 어디세요?

원래 부친 고향은 평안남도 맹산군이라는 곳입니다. 맹산군 학천면 오봉리라는 곳입니다. 산봉우리가 5개라 해서 오봉리라고.

• 도문에서는 얼마나 사셨나요?

약 5~6년 정도 살았습니다.

• 그때 오실 때 몇 분이나 도문으로 오셨는지?

어려서 잘 몰라요

• 도문 어디로 오셨어요?

도문 곡수라던가, 기억이 잘 않나요.

• 도문에서 얼마정도 사셨어요?

내 부모님이 하도 말을 더듬어서, 거기서 5~6년 살았습니다.

• 거기서 사시고 어디로 오셨어요?

왕청현 백초불로 왔습니다. 거기서 농사지었습니다. 거기서 농사를 짓다가, 내 땅이 없거든요. 지주 땅 소작지어서 그래 살았지요. 그니까 소작농이지요. 거기서 살다가, 흑룡강성 목단강이라는 곳이 있어요. 목단강으로 이주했지요. 이주해서, 품팔이 꾼이지요, 마차몰이, 인력거 끄는 그런 일도 하고, 부친은 마차몰이 하고, 짐도 싣고, 둘째형은 인쇄소 일 좀하고, 그때 대동아전쟁이 일어났는데, 목단강시에서 배급이 곤란했어요, 콩같은거 주고, 그래서 다시 농촌으로 이주했습니다. 43년도에 목단강에서 다시 이사했어요.

• 목단강에서 농촌 어디로 이주하셨어요?

왕청현 백초구로 왔어요. 거기서 살기 곤란하니까.

• 백초구에서 사시다가 언제 또 다른 데로 가셨는지?

이주 안했습니다. 계속 여기서 살았습니다. 그래 해방났죠.

• 해방 난 이후에는 어떻게?

해방이후에는 부모, 형제들은 그곳에서 농사짓고, 내도 계속 농사지었고, 둘째, 셋째형은 다 군대에 갔고, 내 아래 동생이 딱 하나 있는데, 이 사람도 군대에 갔다가, 제대하고 공작자리 얻어서 국가공무원질 했어요〈강병운, 남/81세〉.

다음은 김종석 할아버지의 증언이다. 김종석 할아버지는 교사로서 여러지역에서 근무하다가 1996년 8월에 아라디로 발령이 나서 현재까지 아라디에서 살고 있다.

• 선생님 고향이 어디세요?

제 고향은 영길현 다강자 공사 삼가자촌. 여기서 서쪽으로 가야지요. 길림시에서 100리 정도.

• 부모님의 고향은 어디세요?

우리 아버지는 1936년에 중국에 오시고. 원래 고향은 경주시 석빙고. 김이곤이고. 어머니께서는 미리 중국에 오셨는데 1942년에 오고 최우순이고.

• 중국 어디로 오셨을까요?

강요 십육구 양몰림자 이쪽으로 이사왔어요.

• 어머니는?

그때 아버지 찾으려고, 한국에 계시다가, 오실 때 아들 셋, 누님은 할머님 모시고.

• 형제는?

현재 8남매. 중국에 올 때는 형 둘에 시어머니 데리고 오고, 원래는 10남매 인데, 한국에서 낳은 형 2명은 죽었어요.

• 아버님이 먼저 오시고, 어머님은 6년 동안 고생하셨겠네요?

네. 시어머니가 눈먼 봉사에요. 그래서 애를 먹었어요. 어머니는 무식자이고.

• 어떻게 해서 아버님이 중국 어디로 오셔서 무얼 하셨는지?

지주집의 머슴살이 했지. 마차 몰고 소 키우고.

• 오로지 가족 먹여살리기 위해서?

그렇죠. 그때는 생활이 곤란하니까 만주가 좋다고 하니까 왔지.

• 42년도에 아버님을 찾아서 왔어요?

그렇죠. 시어머니 데리고, 죽은 아들 2명 데리고, 어머님은 시어머니를 끼고, 시어머니가 눈이 안보이니까. 맏형은 동생 둘을, 하나는 안고,

하나는 얻고 왔지. 우리가 중국 온 다음에 친척을 찾기위해 많이 아버지한테 물어봤단 말이야. 89년부터 계속 한국 KBS 가족찾기 방송국에 편지를 여러 번 띄웠다고, 그래서 찾았다고.

• 여러 명 찾았어요? 몇 분 찾았어요?

큰집은 못 찾고, 아버지형제가 두형제인데, 외갓집 찾았고, 가니까 외삼촌이 두 분 있고, 이모가 세 분 있더라고.

• 다 경주에 사셨나요?

막내 이모가 경주에 계시고, 셋째 이모가 불국사에 계시고, 둘째 이모가 대구에 계시고, 외삼촌은 진해에, 외삼촌이 초청해가지고 내가 90년도에 갔다 왔다고.

• 선생님께서 여기에서 지냈던 이야기를 해주세요. 영길현에서 태어나서 어떻게?

다강자에서 공부하다가, 초등학교였죠. 중학교는 영길현 7중, 그 다음에 고등은 당자 한족고등 다녔어요. 2년 다니고, 그 다음에 교편잡았죠.

• 교편은 언제?

1967년 다강자 소학교에서. 이듬해부터 교장직무를 맡고. 67년도 부터 71년도까지 했어요. 72년도 부터 81년 까지는 영길현 금가향 소학교에서 교장직무하고, 그 다음에 82년 8월부터 84년도 까지 영길현 서향진 태극산 소학교. 거기서부터 되돌아 왔어요.

• 그럼 아라디는 언제오셨나요?

거기서 하다가 84년도 8월부터 93년도 8월까지 영길현 금가향 소학교 교장질 하고, 그 다음에 또 어디를 갔냐면 93년도 9월부터 96년 7월까지 영길현 하마전자 소학교 교장하고, 그 다음에 아라디로 왔어요. 96년도 8월에 아라디로 왔지〈김종석, 남/68세〉.

강병운, 김종석 할아버지의 가족 이주사에서 보듯, 당시 중국으로 이주하는 조선인의 이주과정은 오로지 가족을 먹여살리기 위한 생계형 이주가 많았으며 당시의 이주과정과 현지에서의 삶은 파란만장 그 자체였다. 그러면 여기서 당시 길림지방으로 이주했던 조선이주민에 대한 기록을 살펴보면 다음과 같다.

길림지방의 조선이주민에 대한 기록은 명확치 않지만 1912년경 간도 방면에서 돈화, 액목, 화전, 몽강, 반석 등 현에 점차 이주하였다. 길림, 화전, 몽강, 반석, 액목, 돈화, 서란, 쌍양 각 현의 조선이주민 총 호수는 2,430가구, 1만 1,796명이라 하나 실제 숫자는 1만 5천명 내지 2만 명이 된다고 한다. 1922년 길림총영사관 관내의 조선이주민은 1만 2,804명으로 기록됐다.[17]

- 영길현(길림): 1909년에 첫 이주자가 있었다고 한다. 1916년 후 수전 농사에 종사하는 자가 점차 늘어났다. 1920년부터는 성장세가 높아졌다. 1922년 영길현 조선이주민은 152호 912명이고 1930년 말에는 1,935명으로 많아졌다.
- 화전현: 1916년 이후, 한층 많은 이주자가 있었다. 후에는 개간지가 감소되었기에 그 증가율이 감소되었다. 1922년 조선이주민은 759가구 3,592명이었고 1930년 말에는 3,169명으로 적은 감소를 보였다.
- 반석현: 1916년경에 이미 90여 명의 조선이주민 이주자가 있었다고 전해진다. 1920년 이후 이주민은 현저한 증가를 보였으나 반석현에 미개간지가 적었기때문에 증가율이 점차 내려갔다. 1922년의 조선이주민은 587가구 3,032명, 1930년에는 2,411명으로 내려갔다.
- 액목현: 1916년에 조선이주민은 56명이었고, 1922년에는 611가구,

17 주성화, 『중국 조선인 이주사』 파주: 한국학술정보, 2007, pp.146-148.

3,017명이었다. 북만의 벼농사가 유리하다는 소문을 듣고 영안방면으로 이주하는 자가 있었다. 1930년에 액목현 조선이주민은 4,332명이었다. 이주경로를 보면 처음에는 길림방면에서 이주한 것이 주류이고 후에는 간도방면에서 돈화를 거쳐 장광재령 동쪽지대에 진입하여 개간한 자가있었다.

- 돈화현: 1916년 함경북도 길주인 방진성(方振成)이 상업을 목적으로 돈화현 소재지에 내왕한 일이 있은 뒤 점차 조선이주민이 증가했다. 1929년 간도와 조선 북쪽 지역의 수재로 인하여 돈화방면의 이주자가 많아졌다. 그러나 길돈철도의 개통으로 땅값이 높아져 북만쪽으로 이주하는 자가 있었다. 1922년 돈화현 조선이주민은 103가구 1,686명이고 1930년에 와서는 3,429명으로 1922년의 두 배로 성장했다.
- 서란현: 일본 길림영사관 기록에 의하면 1919년 말 서란현에 조선이주민 48가구 163명이 있었다. 서란현은 면적이 작고 개간지가 많기에 수전용 미개간지가 적어 이주자의 수용력이 적어 후에는 재이주자가 있었다. 이들 재이주자가 다수는 랍림하를 따라 오상, 유수방향으로 나와 다시 중동선 방면으로 향하였다. 1922년 서란현 조선이주민은 31가구 186명이었고 1930년에는 627명이었다.
- 몽강현: 몽강현은 지리적으로 볼 때 길림성 중 간도지방을 제외하고는 조선과 가장 가까운 곳이다. 당초 이주민은 거의 모두가 함경도와 평안북도 출신이며 몽강현은 주로 한전이므로 수입이 적고 또 마적의 피해가 심해 화전현 방면에로 재이주자가 생겼다. 1922년 몽강현 조선이주민은 50가구 234명이고 1930년에는 1,187명이었다.
- 쌍양현: 일본 길림영사관의 자료에 의하면 1926년 말 60명의 조선이주민이 있었다. 또 1922년에 25가구 145명의 조선이주민이 있다는 기록도 있다.(「만주 및 시베리아조선이주민사정」)1930년에는 627명이다.

- 무송현: 1890년경 평안북도인들의 이주가 무송현 조선이주민의 시작으로 된다. 1920년 조선이주민이 제일 많은 지대는 몽강현과의 접경지대인 탕하(湯河) 연안인데 60여 가구가 있었다. 그 외 만리하에 약 13가구, 이도강안 하량강구 부근에 16가구, 송향하 부근에 13가구가 있었다. 1931년 무송현의 조선이주민은 455가구 2275명이었다.

4) 아라디 마을의 공간적 특성

(1) 마을의 공간구조

1945년 해방 당시 중국은 사회주의 경제체제 하에서 집단적인 경제체제를 구축하고 있었다. 자연히 지주제를 폐지하고 주민들에게 경작권이 나눠지는 공동재산 및 분배체제가 아라디에서도 실시되었던 것이다. 이러한 과정을 거치면서 아라디는 조선족 집거구로서는 확고한 위치에 서게 되었다. 이 시기에 아라디 사람들은 당시 제1대 서기[18]인 김용국 서기와 마을을 둘러싸고 있는 늪지대를 논으로 바꾸는 객토사업을 하게 되었다. 아라디 마을을 둘러싸고 있는 논 이외에 11개의 늪지대를 논으로 메우는 작업을 시작하게 된 것이다. 3년 여의 시간 동안 마을사람들은 100만m^3의 흙으로 늪을 논으로 탈바꿈시켰다. 그리고 양질의 쌀을 생산하면서 높은 쌀값과 함께 경제적인 부도 함께 쌓아가게 되었다. 아라디를 둘러싸고 있는 논은 370ha(5,000마지기)로 이곳에서 생산되는 쌀의 양은 700만근이 넘었으며 생산된 쌀은 마을의 공동정미소에서 관리하였는데, 하루에 쌀 10만미를 찧어서 촌민들에게 나눠주었다고 한다. 이처럼 넓은 땅에 수전을 개발하여 양질의 쌀농사를 짓는 아라디 사람들은 한족을 비롯하여 다른 조선족들에게도 부러움의 대상이 되었다. 특히 한전(밭농사)만을 경작했던 한

---

18 공산당에서 임명한 마을 서기를 일컫는다.

족들은 일 년 내내 쌀밥을 구경하기 힘들었지만 아라디 사람들은 쌀밥을 먹는다는 사실에 부러움의 대상이 되기도 하였다. 여기에서 아라디 마을의 산증인인 배명수 할아버지로 부터 당시의 상황을 들어보면 아래와 같다.

> • 그럼 당시에는 개간하지 않은 땅들이 매우 많았겠네요?
>
> 다 개간하지 않은 땅들이었죠. 산 밑에는 다 물이고 습지고, 사람도 안 살았지요. 저는 오늘 선생이 오셔서 상당히 반가워요. 전 아라디를 매우 사랑해요. 이런 역사적인 사실을 저밖에 아는 사람이 없거든요. 그런데 선생이 오셔서 상당히 잘됐군요. 그 후의 정황을 이야기 하자면 그 마을을 개간한 후에는 농장을 세우고 하여 조선족들이 모여듦으로서 해방 후에는 조선족학교도 생기고 하여 많은 사람들이 모였었죠. 물론 그때는 일제통치 아래라서 일본어로 공부를 했지요. 그래서 길림근처에서는 좋은 사람들이 집단으로 아라디로 모여들었어요. 그래서 당시에는 학교가 꽤 컸어요〈배명수, 남/77세〉.

배명수 할아버지는 아라디 마을이 형성되면서 이곳에서 거주를 하였기 때문에 초기의 아라디 마을의 정황을 비교적 상세히 증언하였다. 한편 강병운 할아버지는 아라디 마을이 형성되고 난 후 22년 뒤인 1955년에 아라디 조선족중심소학교의 교사로 발령(당시23세) 받아서 아라디에 처음으로 오게되었다. 강병운 할아버지는 아라디 마을로 오게 된 1955년도 당시의 정황을 이렇게 전한다.

> • 55년도에 아라디 마을에 오셨을 때 마을은 어땠는지요?
>
> 이 마을이 선 곳은 1932년도에 섰는데 지금으로부터 딱 81년 됐어요. 아라디 역사요. 당시 약 232호가 살았어요. 많이 살았지요. 학생은 한 200여명 넘었어요. 8개반인가 그랬는데, 비교적 많았어요. 이 학교가 그때까지도 중심소학교였어요. 깡요구에 속했는데, 조선족학교가 주위에 몇 개 있었는데, 아라디에 속한 소학교였어요. 비교적 괜찮았어요.

• 그때 이름이?

실제 그때 이름은 영길현 십육구 조선족완전소학교라고 했어요. 그때 6학년까지 다 있는 거는 완전소학이라 했지요. 그때 학생은 200명 넘고, 교사는 14명 이었어요.

• 아라디 마을하고 좀 떨어졌나요?

아니요, 순 조선족 학생이고, 선생도 다 조선족이고, 본토도 다 조선족이고, 이발관에 이발사와 합작사에 한족이 한둘이 있고 그밖에는 다 조선족이었고, 집형태는 다 초가집이었으며 유일하게 학교하고 공서합작사(물건파는곳)만 기와집이었어요.

• 마을의 인심은 어땠는가요?

그때는 살기가 비교적 좋았다합디다. 여기는 기차가 있었어요. 길림에서 여기까지 마차타고 와야 됩니다. 길림에서 여기까지 60리라 했거든. 교통도 불편하고 그 사람들 말로는 여기가 살기 좋다 합니다. 근데 우리가 처음 와보니까 다 조선족이고, 말투도 다르고, 처음에는 적응이 안됐어요. 시간이 흐르니까 적응이 됐는데, 사람들 인심이 비교적 후해요. 여기는 전부다 수전 농사를 지었어요〈강병운, 남/82세〉.

1년에 700만근이 넘는 질 좋은 입새쌀(벼)을 생산하면서 경제적 부를 쌓게된 이후, 아라디에서는 마을에서 운영하는 공장을 설립하게 되었다. 당시 마을에서는 종닭공장, 부화공장, 사료가공공장, 닭고기 생산공장 등 연간 600만마리 닭고기를 생산하는 '융합녹색식료품유한공사'와 중국 제1·2 자동차공장에 전문적으로 자동차부속품을 생산 공급하는 '길달연축유한공사'를 설립하였다. 또한 '용성실업유한공사'와 '북방자동차', '장식유한공사', '기림충압유한공사' 등 4개의 공사를 마을에 유치하였다.

아라디는 50년대 이후 농공합작화 사업이 실시되면서 공업과 농업생산, 문화, 교육, 치안안전, 청년, 부녀, 민방위생, 식수조림 등 전면적인 방면에서 좋은 성적을 거두어 중앙과 성, 시, 현, 향에서 표창과 지원을 받았다. 그리고 이를 이끈 당시 서기 김용국은 당대표로서 중국공산당 제11차 대표회의에 참석하기도 하였다. 물론 그것은 중국의 조선족 등 소수민족 정책과 관련된 것으로, 이후 동북공정 등의 정치적 배경이 되기도 하였다.

아라디의 성장은 1970년대를 넘어가면서 정점에 이르게 되었다. 즉, 1971년 경지정리를 시작하면서 올망졸망하게 펼쳐진 땅을 기계화농업이 가능하도록 했다. 우경을 하던 땅이 경지정리를 통해서 기계화가 가능하게 된 것이다. 1978년도에는 아라디 마을의 쌀 생산량은 1인당 1,200kg에 이르러 국가에 바친 세금이 쌀 1천t에 이르렀다고 한다. 당시 길림성 정부는 이같은 경이적인 마을의 성과에 아라디를 시범마을로 지정하는 결정을 내리기도 하였다.

농사와 더불어 마을에서 운영하는 각종 공사에 이르기까지 마을이 활성화되면서 인구도 급격하게 늘어나고 자체적으로 마을을 운영하기위한 기반시설들도 갖춰지기 시작하였다. 누룩을 이용한 술도가, 돼지 300마리 이상 사육가능한 양돈장 등이 갖춰졌다. 또한 마을 자체적으로 비료공장과 기와공장, 벽돌공장이 생겼으며 마을에서 공동으로 운영하는 트럭이 5대로 늘어났다고 한다.

집체(집단체제) 경제가 성공을 거둔 후, 마을에서는 마을복지를 위한 시설들이 갖춰지기 시작하였다. 유치원과 병원, 노인회관 등이 건설되고 마을의 기반시설인 벽돌공장도 지어 건설에 필요한 벽돌을 자급자족 하였다. 이와 더불어 연생산량 10만장 규모의 기와공장, 목기공장, 농기구수리공장을 세웠다. 이들 공장의 수입은 아라디촌 전체수입의 40%를 차지하였다. 이밖에도 기계가공공장, 전기수리조립공장, 시멘트기와공장, 부식(腐殖)산(酸)비료공장, 거울공장, 풀로엮은 자루공장, 비누공장, 식량가공공장, 주조(酒造)공장, 벽돌공장, 주조(鑄造)공장을 세웠다.[19] 집체로 생산하는 논농사와 마을에서 운영하는 공장의 수입이 가족 단위로 5,500위안이 넘었다고 한다. 이에 아라디는 대외적으로 살기좋은 마을의 대명사가 되었다. 이와 더불어 중국 전역에서 신농촌 건설의 모범이 되면서 1976년 이후부터 참관, 고찰, 교류, 학습하기 위하여 많은 사람들이 찾아왔다. 미국과 일본, 유럽, 동남아 등을 비롯하여 10만 명 이상이 마을을 찾아왔다고 전한다. 1980년대까지 끊임없이 찾아오는 손님들로 인하여 늘 마을에서는 손님맞이로 분주하였으며, 소학교 학생들은 손님을 위한 공연을 준비해야 했다며 당시 즐거웠던 시절을 사람들은 기억하고 있었다. 이러한 기억과 회상은 중국식 집단경제체제에 대한 단순한 긍정보다 아라디사람들 스스로가 만들어낸 기적에 대한 자기긍정이라고 할 수 있다. 그것은 곧 조선족 특히 경상도사람들끼리 이룬 연대감의 또 다른 표현이라 할 수 있다. 또한 아라디마을의 자립경제와 관련하여 중요한 계기가 된 것이 중국에서 70년대 주택사업의 일환으로 진행된 벽돌집마을 주택사업이었다.[20] 그러면 여기서 당시 아라디촌 촌장을 지냈던 배명수 할아버지의 아라디 마을에 대한 회상을 들어보면 아래와 같다.

> 아라디는 마을전체가 조선사람들만 살다보니 아주 단결심이 좋았어요. 그래서 해방이 되니까 일본사람들을 만나면 혼을 내주고 그랬어요. 당시에는 주위에 있는 한족들보다 삶이 더 나았어요. 그래서 주위의 한족들이 약탈하러 많이 왔어요. 당시 물건도 뺏어가고 옷도 뺏어가고 아주 난장판이었어요. 그 당시 조선청년들은 중국군대에 많이 갔어요. 저도 16살때 군대(공산당)를 갔어요. 당시에 백성들은 살기가 곤란하지, 국민당은 조선사람들 만나면 가만 안놔두지. 그러다보니 마을사람들은 다 피난생활을 했어요. 45년부터 48년까지는 전쟁속에서 살아왔습니다. 저희 형도 15살에 군대갔습니다. 집에 돈도 없지 밥도 없지 하니까.. 저희 형은 입대한지 사흘만에 전투를 치뤘지요. 훈련도 없이 가자마자 국민당

---

19 『서울신문』, 1996년 9월 12일.

20 박승희(2012), pp.253-270에서 재인용

과 공산당끼리 싸웠지요. 3년간의 전쟁이 아주 컸지요. 백성들의 삶은 말 할것도 없이 가난하고. 고생하며 살아왔지요. 아라디마을은 48년 가을부터 완전히 공산당 세상이 되었어요. 그 때 당시는 살림살이가 어려워서 백성을 위한 당이라는 공산당을 많이들 옹호했지요. 잘사는 사람들은 국민당을 옹호하구요. 그때부터 안정적인 생활을 하다가 1950년도에는 조선전쟁이 일어났어요. 그래서 우리 아라디마을의 공산당군이 많이 지원했어요. 제가 인정하는 건데 전쟁은 북조선이 먼저 일으켰어요. 말할 것은 확실히 말해야 해요. 제가 그것을 어떻게 아느냐하면 전쟁 며칠 전에 중국에 있는 조선군대들을 소집하여 모두 기차에 태워서 조선의 신의주에 내립디다. 그 다음에 거기에 대기하라고 하더니, 오후쯤에 인민군 옷으로 다 갈아 입혀요. 그러고는 이제부터 인민군에 편제되었다 이래요. 저희 친척들이 북조선에도 많이 있고 남조선에도 많이 있는데. 이게 참 안타까운거에요. 아무튼 1953년도에 정전이 되고 보니까 그때부터는 아라디마을이 많이 안정되게 되었어요. 단결심도 좋고 농사도 잘 짓고 하다보니 농사는 근처에서도 제일 잘 지었어요. 1956년도에는 아라디마을이 전국 농업우수지역으로 지정됐습니다.

• 촌장 하시면서 있었던 이야기 좀 해주세요?

제가 아라디에서 태어나서 자랐으니까 아라디가 좋아지게 하려고 열심히 했는데 마음먹은 것처럼은 안되데요. 처음에 아라디에 벽돌공장이 생겼잖아요? 모택동주석이 농촌도 공장을 지을 수 있다고 해서 그렇게 된 건데, 당시에는 밤새 고민을 했어요. 기술도 없는데 어떻게 공장을 짓느냐.. 그래가지고 그림 잘그리는 사람을 시켜가지고 모주석의 초상화를 그리고 그 밑에 '모든 농촌은 공장을 지어라.' 이렇게 써가지고 길림의 벽돌공장을 찾아갔어요. 그 다음에 모주석이 이렇게 시켰다고 하자 누가 그 말을 거역합니까. 그래가지고 길림 벽돌공장하고 연계가 되었어요. 그후 공연단을 한 차에 싣고가서 위문공연을 했습니다. 그래서 더욱 더 친근해지게 되서 그 사람들 못 쓰는 기계도 해체해서 가져오고 연구하고 해서 결국엔 성공했지요〈배명수, 남/77세〉.

1967년부터 꾸준히 증가한 아라디촌의 곡물 수확량도 12년 간 두 배로 늘어나 1인당 연간 수확량이 1,200kg에 이르렀고, 1978년 길림성 당위원회에서 「길림성 내 모든 농촌은 아라디촌을 본받으라」는 지시를 내렸다. 아라디촌 집체경제의 성공이었다. 아라디촌 당서기인 김용구 선생은 새 농촌주택 건설과 함께 유치원, 병원, 마을회관을 짓는데 심혈을 기울였다. 1968~1980년까지 고래등 같은 벽돌기와집 317채를 지어 열사유가족, 군인가족, 영예(상이)군인, 노인가정을 우선순위로 공급하였다. 김용구 선생이 세상을 뜬 이후 아라디촌은 개혁개방이라는 현실앞에서 한동안 휘청거렸다. 토지를 개인한테 도급을 주고 공장도 전체의 80%를 개인에게 팔아넘겼다. 그리고 촌간부들도 개인호주머니를 채우느라 열을 올렸다. 이 때문에 집체경제는 내리막길을 걸으면서 민족사회는 허물어졌다. 능력있는 사람은 개인기업을 경영하거나 한국을 찾아가 돈을 벌었다. 재간없고 돈없는 사람이 겨우 마을을 지켰다.

1968년에 아라디촌은 다시 자각의 깃발을 들었다. 「농업으로 마을의 기초를 다지고 기업을 적극 발전시켜 상업을 부흥하자」는 기치아래 아라디촌정부는 개인에게 판 기업을 다시 사들였으며 농공상총공사를 세우고 산하에 농업, 목축업, 공업공사를 두었다. 마침내 개혁개방 이후 8년간의 노력끝에 1994년 도시화 농촌건설 10개년 계획을 세우고 그해에 4,800만 위안의 총생산액을, 1995년에는 총생산액 1억 1,000만 위안을 돌파하였다. 당시 촌정부청사를 중심으로 서쪽에 6층 아파트단지를 건설하고 일손이 모자라서 62가구 300여 명의 외지 조선족이 유입되었다.[21] 그러면 여기서 당시 아라디마을에서 살았던 강병운 할아버지(84세)의 증언을 통하여 중국의 개혁개방 전과 후의 아라디마을의 변화상을 살펴보면 아래와 같다.

---

21 『서울신문』, 1996.9.12.

• 그때 마을사람들 주업이 농사였죠?

네. 농업수입 위주고. 농업이 위주인데, 68년도 이후부터 기업을 꾸렸어요. 어떤 기업이냐 하면 하나는 벽돌공장 차렸고, 개혁개방 전입니다.

• 이때는 개혁개방 시장경제체제가 도입 안됐는데?

당시 김용구 촌장 생각에 농사수입이 굉장히 높았는데, 농사가 잘되니까. 계속 풍년이제, 농사를 지어서 남는 돈이 많거든. 분배해주고, 그니까 공적자금이 생기거든. 공적자금 가지고 집채로 집을지어서 주택문제를 해결하자는 말이 있었어. 공산주의 사회에 들어가면 다같이 잘살자 이런 이론이거든. 전부 초가집인데 전부 기와집으로 바꿀라 그러면 돈도 있어야 하지만 벽돌공장이 있어야 되거든. 기와도 있어야 되고, 그 다음에 철공장이 있고, 그 다음에 운수대(자동차)가 있고, 나무나 시멘트를 가져와야 되거든. 이런 걸 하기 위해서는 농사외에 기업이 있어야 되거든요. 집 짓는 기초를 닦아놨거든요. 초가집 다 없애고 기와집 짓고, 길도 똑바로 내고, 한국에서는 새마을운동이고, 여기서는 신농촌 건설이라 해서. 그래서 외국에서도 많이 왔다갔어요. 한 40여개국. 내가 그때 학교에 있었거든요.

• 어떻게 홍보가 잘됐을까요?

그때 북경영화촬영소에서 왔어요. 그때 아라디마을 사람들이 집짓고 활동하는거 찍었어요. 그리고 전국으로 돌려버렸어요. 그니까 널리 퍼졌지. 그리고 한국으로 치면 여기가 도급이거든요. 이름도 있었고, 그니까 사람들이 많이 오지요.

• 등소평의 개혁개방이 78년도 였는데, 그 이후에는 그 공장들을 계속 꾸렸을까요?

그 다음에 수요를 만족시켰거든요. 마을 다지었잖아요. 그니까 벽돌이 팔리지 않거든요. 그래서 다 문닫았죠. 그 다음에 생산해봐야 손해만 보지. 공장이 다 없어졌어요. 지금 남아있는 건 개인공장이지. 그 이후로 집단으로 일하는 형식이 바뀌었어요. 개인이 맡아서 하는 노동형태로 바뀌었어요. 땅도 개인한테 나눠주고, 소유권은 내 집채에 있고, 경영권만 나한테 있고, 그니까 내 마음대로 팔지를 못해. 내 소유권이 없으니까. 다른 나라하고 그게 달라. 그니까 확실히 사람들이 일 잘하고 배 안 곪고, 양식사냥도 많이 나가고, 여기서는 배곯아서 고통 받는 일은 없었어〈강병운, 남/84세〉.

지금까지 아라디 마을에 대한 자료와 마을 주민들의 증언을 통하여 당시 아라디 마을의 변화상을 총체적으로 살펴보았다. 아래에서는 현재 유지되고 있는 아라디 마을의 노인회관과 편의시설, 경제시설, 시장, 학교, 종교시설 등에 관한 세부 시설들을 알아보고자 한다.

■ 노인회관

70대 이상의 노인들은 노인회관 독보실에서 마작 및 화투를 치며 하루를 보낸다. 독보실은 중앙문을 중심으로 좌우로 나누어져 있다. 좌측에는 대회의실 및 무도회장으로 꾸며져 있으며, 우측으로 돌아가면 양쪽 벽에 '노인회의 수칙' 과 '알림판' 칠판이 걸려 있다. 길게 난 복도를 따라서 좌측에는 두 개의 방이 있다. 첫 번째 방은 부녀자들의 방이다. 부녀자들의 방으로 이르기 전에는 석탄이 쌓여 있으며, 온돌방에 불을 넣기 위한 구들장이 마련되어 있다. 부녀자의 방에는 어김없이 모두 마작을 한다고 정신이 없다. 네 명이 한조를 이루어서 마작 삼매경에 빠져 있다. 이 방을 지나면 남자들의 방이 나온다. 남자들의 방은 여자들의 방에 비해서 그 규모가 작다. 1/3의 규모에 해당하는 남자들의 방에도 남자어른들이 모여서 마작에 여념이 없다. 여자들의 방과 차이가 있다면 담배연기가 자욱하다는 것이다. 할아버지의 방에서 담배연기는 거의 살인적인 수준이다. 특히 겨울(동삼: 조선족들은 겨울을 동삼이라고 부른다.)이면 바깥 찬공기가 들어오는 것이 싫어서 창문조차 열지 않는다. 담배연기는 복도를 지나 입구에까지 이른다.

독보실의 문을열고 들어서면 담배연기의 농도에 따라서 남자방에 과연 몇 명이 있는지를 짐작하게 한다.

필자가 노인회관을 방문했던 날도 노인들은 어김없이 독보실에 모여서 마작놀이를 하기에 여념이 없었다. 부녀자들의 방에는 6~7명이 모여서 마작놀이를 하였으며 필자 일행이 한국에서 왔다고 하여도 별 반응이 없었다. 그동안 한국 등 해외손님들이 많이 방문했기때문에 별 특별한 일이 아니라는 눈치이다. 할아버지들이 모여있는 독보실에 들어가니 벽에는 벽지는커녕 벽걸이 등 장식품하나 없었으며 오래된 달력만이 덩그레하게 걸려있었고 독보실 바닥에는 3~4개의 탁자위에 마작과 담요가 널려져 있었으며 3~4명의 할아버지들이 담소를 나누고 있었다.

남자방을 지나 복도의 맞은 편 끝에는 회장집무실이 있고 남자방의 맞

사진 3.3 아라디 노인회관에서 마작놀이를 하는 할머니들

은편 에는 행사준비를 위한 부엌이 있다. 회장집무실로 가기 전에는 이 건물을 지키는 경비원의 방이 위치한다. 회장집무실에는 책상 1개와 의자 몇 개가 놓여있다. 건물 뒤편으로는 체육시설과 게이트볼장이 있었다. 여기서는 게이트볼을 문구라고 부른다. 체육시설은 노인들의 건강을 위하여 4~5개가 설치되어 있으며, 비교적 넓은 공간에 게이트볼 장이 마련되어 있었다. 여름이면 이 게이트볼 장에서 게이트볼을 치는 사람들과 방에서 마작을 하는 사람으로 구분된다고 한다.

노인회관의 관장은 아라디 조선족중심소학교에서 교장으로 정년퇴임한 김종석 할아버지가 맡고 있었다. 김종석 할아버지는 노인회관에 모이는 노인들의 정황과 당신이 근무했던 아라디 조선족중심소학교의 과거와 현재 그리고 계속적으로 줄어드는 소학교어린이들의 미래에 대해서도 걱정스럽게 이야기를 하였다. 또한 노인회관을 운영하는데 들어가는 경비 등 노인들의 일상생활에 대해서도 비교적 상세히 설명을 해주었다.

- 노인회관 운영은 어떻게?

아라디마을노인협회 회비는 매년 50위안씩 걷고, 노인회원들이 1년 동안 선사한 금액이 한 1만위안이 되요. 그 다음에 사회의 인사들이 여기다가 한 1만위안 내고, 촌에서 일년에 해봐야 2~3천위안 되고, 기본상 운영은 자체적으로 하고. 그리고 논이 있는데 거기서 일년 수입이 한 8천 위안 되요. 이걸로 살지요. 계산해보니까 노인들이 1년에 경비가 한 3만위안 정도 되요. 여기 집을 지키는 사람, 경비에게 우리가 한 6천위안씩 주고, 겨울나려면 난방이 한 4~5천위안, 그리고 명절마다 합동으로 하니까 많이 들어요. 그 다음에 3 · 8절, 단오, 8월 추석, 총결, 우리 1년에 개 한 7~8마리 잡아 먹을거야. 노인들이 연세가 많으니까 유쾌하게 놀고, 먹고, 마시고, 춤추고 이렇게 살어. 대략 이정도로 살지〈김종석, 남/68세〉.

아침 8시 30분이 되면 어김없이 노인분들은 독보실로 모인다. 독보실 앞으로 4~5대 자전거들이 서 있다. 그리고 안으로 들어가면 어김없이 삼삼오오 사람들이 모여서 놀이를 하고 있다. 11시가 되면 갑작스럽게 하던 마작을 멈춘다. 집으로 가기 위함이다. 여기서 점심시간은 11시 30분이다. 집으로 가는 시간이다. 여기서는 5시가 되면 해가 저물기때문에 돌아가는 시간이다. 여자들 방에서는 남자들 방에 비해서 30분 일찍 일어선다. 반면, 40대 후반에서 60대에 이르는 사람들은 놀 공간이 마땅찮다. 비교적 젊은 축에 속하는 이들의 놀이공간은 각자의 집이다. 독보실은 노인들이 놀러가는 공간이며, 자신들이 들어갈 수 있는 곳은 아니라고 생각하기 때문에 잘 가지 않는다. 아직 몸을 움직일 수 있고 돈벌이를 할 수 있는 나이라 그들의 문화생활은 특별하지 않으며, 오직 한국으로 갈 수 있는 비자를 마련하는데 집중하고 있다. 친척과의 연락이 되지 않는 경우에는 한국어시험을 치고 추첨에 집중한다. 아니면 한국을 방문하고 다시 들어온 경우에는 쉬면서 다시 한국으로 갈 기회를 생각하고 있다.

이곳의 문화생활은 특별하지 않다. 과거 마을의 손님이 많았을 때는 춤 연습과 함께 즐길 행사들이 많았지만 지금은 그렇지 못하다. 소학교의 운동회와 행사 등이 많았던 시절에 비하여 지금은 너무나 조용한 마을이 되었기 때문이다. 그들이 보유하고 있는 사진첩에는 과거 춤 연습과 노래 연습을 하며 행사에 참여했던 모습들이 고스란히 담겨있다. 독보실의 마작과 화투, 그리고 게이트볼이 없다면 무엇을 하고 살까 할 정도로 그들의 문화생활은 안타깝기만 하다.[22]

■ 편의시설

300호 이상 600명 이상 거주했던 아라디마을에는 각종 편의시설이 있

22 경상북도/(사)인문사회연구소(2011), pp.129-130.

다. 먼저 음식점 5개(조선족 운영 조선족식당 3곳, 한족 운영식당 2곳), 식료품점 5곳(모두 한족이 운영.), 차 수리점, 미용실 3곳, 목욕탕 2곳, 병원(위생소) 2곳(안영화와 백운석 운영), 세탁소는 있었지만 없어졌다.

음식점은 마을사람들을 상대하는 곳과 외지인을 상대하는 곳으로 구분된다. 한족이 운영하는 가게는 마을의 공장에서 일하는 근로자들을 상대하는 음식점이며, 조선족이 운영하는 가게는 외지인들을 상대한다. 한족들 중 조선족들의 음식을 먹기 위한 사람과 이곳을 찾는 한국인들을 상대로 운영하는 가게들이다. 마을의 특성상 식재료를 모두 마을에서 조달함에 따라 길림시의 한족들에게 인기가 있다.

식료품점은 크게 두 가지로 구분된다. 마을의 주요 도로인 '청년로' 중간에 위치한 '초시'는 마을의 주요상점으로, 과거 조선족 '권씨'가 운영하

사진 3.4 아라디 마을의 편의시설

던 것이었지만 권씨가 한국으로 가면서 한족에게 팔았다. 식료품가게에서 파는 상품들은 다양하다. 말 그대로 잡화점으로 생필품에서 농산물에 이르기까지 다양한 상품들을 판매하고 있다. 필자가 방문했던 2012년 2월에 이곳 '초시'에서 귤과 과자, 음료수 등을 사서 노인회관에서 마작놀이를 하는 할아버지, 할머니들에게 나누어 드렸던 기억이 있다. 이외 마을내 작은 가게들이 있는데, 그중 동쪽에 위치한 작은 가게는 한국물품을 중심으로 판매하고 있어 마을사람들이 많이 이용하고 있다. 그 외 다른 가게는 한족들을 상대하고 있기때문에 조선족들은 많이 가지 않는다.

미장원은 세 곳이 있다. 한 곳은 마을의 아파트 1층에 위치하며 다른 하나는 마을내에 있다. 남자가 머리를 자를때는 5위안, 여자들이 파마를 할 때는 30위안 이다. 길림시에서 머리를 하는 경우도 있지만, 대부분 마을의 미장원을 이용하고 있다. 목욕탕은 두 곳이 있다. 그 중 한 곳은 공사를 진행하고 있다. 마을주민들이 주로 이용한다. 가정내 목욕시설을 갖추기 힘들기 때문에 대부분의 주민들은 목욕탕을 이용하고 있다. 목욕탕 역시 한족이 운영하고 있다.

병원은 두 곳이 있다. 모두 마을아파트 1층에 있다. 병원으로서 역할보다는 위생소와 같은 역할을 한다. 안영화씨와 백운석씨가 운영하는 이 병원은 아침에만 문을 연다. 마을주민들 대부분은 간단한 약을 타기 위해서 주로 이곳을 찾는다. 큰병이 있을 경우에는 병원에서 길림시로 갈 것을 권유한다. 과거에는 대대에서 운영하는 산부인과도 따로있어 이곳에서 마을주민들이 아이를 낳았다. 산부인과는 일반산부인과와 같아서 아이를 낳고 난 뒤 일주일 동안 병원에서 머물다 몸을 풀고 난 뒤 집으로 돌아간다. 그러나 모든 사람들이 산부인과를 이용하는것은 아니다. 집에서 아이를 해산하는 경우도 있는데, 이 경우에는 한국과 마찬가지로 시어머니가 해산하는 임산부를 도와준다. 세탁소는 현재 없다. 과거에는 세탁소가 운영되었지만 지금은 운영되지 않고 있다. 그 자리도 다른 곳으로 바뀌었다.[23]

■ 경제시설

아라디마을 향진기업의 태동과 성장을 보기전에 잠시 중국경제의 견인차 역할을 한 향진기업에 대해서 살펴보면 다음과 같다. 향진기업(township-village enterprises)은 중국 '농촌지역'에 존재하고 '농민들'에 의해서 설립된 공업, 운수업, 서비스업 등 '비농업 부문'의 각종 경제활동을 담당하는 다양한 형태의 '비국유기업'을 총칭하는 용어이다. 향진기업의 전신은 사대기업(社隊企業)이다. 1950년대 이후 중국의 농촌지역에서는 '인민공사(人民公社)-생산대대(生産大隊)-생산대(生産隊)'의 관리체계가 유지되고 있었는데 이때 인민공사가 직접 운영했던 기업인 사기업(社企業)과, 생산대대와 생산대가 운영했던 기업인 대기업(隊企業)을 합쳐서 사대기업이라고 불렀다. 1980년대 초 인민공사가 해체되면서 사대기업이라는 용어를 대신하여 등장한 것이 향진기업이라는 용어이다. 『통지』에서는 이전의 사기업을 향판기업(鄕辦企業)으로, 대기업을 촌판기업(村辦企業)으로 개정하는 것 뿐만아니라 다른유형의 기업들도 향진기업의 범주에 포함시킬것을 규정하고 있다. 이때부터 향진기업의 범주에는 향판・촌판기업 이외에도 농촌지역의 개인기업(個人企業), 농민들의 친척이나 친구간에 자금을 출자하여 일종의 조합과 비슷한 형태로 설립한 연호기업(聯戶企業), 향진기업들 간이나 향진기업과 다른형태의 기업들(국유기업이나 도시 집체기업 또는 외국기업)간의 합작형태인 연영기업(聯營企業)등이 포함되었다. 하지만 사실상 농촌지역 기업이라고 하더라도 국영농장을 경영하는 기업은 국유기업에 속하고 향진기업의 개념에는 포함되지 않는다.

향진기업은 국유기업이나 도시의 대집체기업과는 달리 국가의 경제기획밖에서 활동하며, 시장신호에 따라 행동하면서 손실과 이익을 스스로 책임지고 있기 때문에 시장경제의 범주에 속한다. 향진기업은 생산, 고용,

---

23 경상북도/(사)인문사회연구소(2011), pp.121-122.

수출 등 모든 측면에서 중국경제의 성장을 주도하고 있는 가장 역동적인 경제주체일 뿐만 아니라, 중국이 추진하고 있는 경제체제 개혁과정에도 선도적인 역할을 담당하고 있는 기업군이다.[24] 그러면 중국내에서 이러한 향진기업의 특성을 지니고 있는 기업을 운영하는 아라디마을의 기업경영 실태를 살펴보면 아래와 같다.

아라디마을 내에서 운영되는 공장은 총 7곳이 있고, 농장이 한 곳 있다. 공장은 닭의 먹이를 만드는 사료공장과 닭을 가공하는 육가공공장이 있다. 닭을 가공하는 육가공공장은 연간 600만마리의 닭을 생산하는 곳으로 사료에서 부화, 생산가공까지 일관된 체계를 갖추고 있다. 또한 자동차 케이블을 생산하는 자동차부품공장은 종업원이 약 200여명이며 연매출액이 3천만 위안(55억원)을 넘으며 모두 한족들이 근무하고 있다. 이 회사는 한국인천의 한 회사와 합작하고 있는데, 이곳의 기계를 가져다가 사용하고 있으며 때때로 한국에서 관계자들이 방문하여 기계를 확인한다. 그리고 공장에서 일하는 생산직 근로자들은 대부분 한족들인데 간혹 관리자 중 조선족이 있기도 하지만 한족들이 대부분을 차지한다.

조선족들의 근로자가 많지 않는 것은 노동대비 임금이 조선족들의 마음에 들지 않기 때문이다. 즉 공장에서 하루종일 일을 하여도 1백위안(1만 8천원 내외)의 돈밖에 받지 못하기 때문이다. 1백위안의 돈도 하루근무 중 지각을 하게 되면 깎여지기 때문에 그나마도 다 받을 수 없는 경우가 많다. 이곳 공장에서 일했던 조선족들은 노동에 비해서 받는 돈이 너무 적어서 일을 하지 않으려고 하며 관리자가 되어도 사실상 그다지 많은 돈을 받지 못한다. 그리고 공장내에서 조선족과 한족들 간의 갈등도 약간 있는데 아라디에서의 조선족은 한족보다 높은 위치에 있는 것으로 보인다. 그러나 공장내에서는 한족과 같은 위치에서 일을 해야 할 뿐만 아니라 한족들만

---

24 임채완·이장섭 외, 『연변조선족 기업의 형성사』 성남: 북코리아, 2012, pp.74-75.

사진 3.5 아라디 마을의 경제시설

큼 요령껏 일을 하지 않는 조선족들의 특성도 있기 때문이다. 조선족들은 남이보던 그렇지 않던 일을 하지만 한족들은 요령껏 일을 하기 때문에 그것이 맘에 들지 않기 때문이다.[25]

그러면 이곳 아라디마을에서 태어나 자라고 이곳 촌장을 지냈으며 또한 이곳에서 향진기업을 경영했던 배명수 할아버지의 증언을 통하여 아라디마을 향진기업의 정황을 살펴보면 아래와 같다.

• 당시 아라디마을의 사업환경과 회장님의 사업동기는 무엇입니까?

제가 사업을 하게 된 계기는 길림에서 중학교까지 공부를 하다가 1960년도에 다시 아라디에 들어오게 되었어요. 그 당시에 무슨 일이 있

25 경상북도/(사)인문사회연구소(2011), p.123.

었느냐 하면 저희 아라디가 한 해도 안 빼먹고 모범이 되었어요. 당시에 해방 후에 모택동이 57지시라는게 있었습니다. 그게 무엇이냐 하면 농민도 농촌을 창조해서 공장을 꾸릴수 있으면 꾸려라. 군인도 총원이 되면 농촌을 도와라 이러는데, 저희가 철도기술도 없는데 어찌 공장을 꾸립니까? 그런데 아라디에는 산의 흙이 황토인데 그거 가지고 벽돌공장을 지었습니다. 1961년도에는 아라디에 가뭄이 들었습니다. 그래서 모도 못심고 완전 흉년이었어요. 그러자 송화강을 끌어들여다 쓰자고 해서 처음으로 전기가 들어왔어요. 그전에는 전기가 없었어요. 우리힘으로 전기를 놨죠. 그래서 양수기를 놓고 농사를 짓자 가뭄이 들면 송화강 물을 대고 홍수가 나면 물을 송화강에 퍼다놓고 하자 62년도 이후로는 가뭄이나 홍수로는 피해를 받은 적이 없어요. 그래서 점점 아라디가 풍족해져갔죠. 다른 중국지역은 이런 곳이 없어요. 그러다보니 가정이 300~400호까지 늘어났어요.

제가 아라디에서 태어나서 거기서 자랐는데, 그 당시에는 돈도 없고 공부하기도 싫고 했는데 정녕 농촌에서 일하면서 살다보니까 너무 힘이 든거에요. 그래서 몽고에 가서 청년대를 했어요. 그런데 하다보니 내가 이일을 하면 평생 우리 부모님과 가족을 보기 힘들겠구나 해서 다시왔지요. 그래서 돌아왔는데 마침 그때 촌장님께서 부르셨어요. 그러면서 제게 '너는 공부도 좀하고 청년대 경험도 좀 했으니까, 촌의 간부직 좀 해봐라.' 이러셨어요. 그래서 논 일보다는 낫길래 그걸 했는데 공산당 서기로 시작을 했어요. 그것을 1년간 하고 있는데 중국의 사회주의 전체운동이 시작되었어요. 그러자 저희 촌장이 밀려나가고 빈자리가 생기자 제가 62년도에 촌장이 된거에요. 제가 촌장으로 있다가 84년도에 건강도 나쁘고 중국도 개방을 해서 물러났어요. 그런데 자식들이 2남 2녀인데 다시집 장가도 안보낸거에요. 그래서 내가 자식들에게 기반 좀 닦아줘야겠다 해서 뭐 좀 하려는데 제가 기술이 있습니까 뭐가 있습니까? 그래서 여기저기 찾아다니고 알아보고 했지요. 그런데 그당시 새 기계는 너무 비싸서 중고나 고물같은거 수리해서 기계들을 외상으로 샀지요. 그 때 제 나이가 48세였습니다. 그래서 아라디에 큰 집을 빚으로 사고 억지로 길림의 친구들을 모으고 자동차공장에서 일을 받아와서 생산을 하기 시작했지요.

처음에 무엇을 만들었냐 하면 옛날 자동차는 덥다고 하면 문을 열고 문을 고정시키는게 있습니다. 그것을 만들었어요. 그거 하나에 돈 1원이에요. 버튼을 누르면 툭 떨어지는데 한번 떨어질 때마다 1원을 버는거에요. 그래서 철판을 사는데 큰 철판은 비싸니까 조각철핀을 사요. 1분 동안에 30여개가 떨어져요. 그러니까 아라디에 소문이 아주 크게났어요. 쌀 몇 가마니를 팔아봐야 돈이 얼마 안되는데, 이건 돌아보면 돈이 쌓여있으니까요. 그래가지고 금방 빚을 다갚고도 돈이 남았지요. 그래서 그 남는 돈으로 차츰 설비를 사기 시작했어요. 그래서 공장이 점점 커졌지요. 이제 애들 집도 사주고 시집장가도 다 보냈지요. 서로 장가오려고 하고 시집오려고 했지요. 그리고는 지금은 큰아들에게 공장하나 작은아들에게 공장하나 물려줬지요. 공장을 제가 20여년간 하고 지금은 30여년 정도 됐네요. 제가요 지금은 생각이 이래요. 사람은 부질없는 짓은 할 필요가 없다. 내 집이 있고, 자녀가 먹고 살 정도만 되면 편히 맘을 먹어야지 오래 산다. 지금은 기업이라고 하면 에이이이~ 치를 떨어요. 가지많은 나무에 바람잘날 없다고 하잖습니까. 돈도 필요없고 마음이 편한게 최곱니다〈배명수, 남/77세〉.

■ 시장

마을내에서는 시장이 선다. 1일과 6일 열리는 5일장은 아라디의 초시(합작사)앞에서 열린다. 상인들은 대부분 한족들이며, 이곳을 찾는 사람들은 대부분 아라디의 사람들이다. 이곳에서 파는 물건들은 다양한데, 생필품에서 과일에 이르기까지 계절에 따라 판매하는 것도 차이가 있다. 겨울에는 명태와 고등어 등 생선을 판매하기도 한다. 이는 냉동시설이 잘 갖춰지지 않은 중국에서 여름에는 그것을 판매하는 것이 불가능하기 때문이다. 그러나 겨울 기온이 30도 이하로 내려가는 이곳에서는 노천에서 판매하더라도 냉동고와 같은 역할을 하기 때문에 어렵지 않게 판매할 수 있다.

이날 시장에서는 가정에서 만든 음식을 판매하기도 한다. 즉 떡과 반찬 등 마을 내 가정에서 만든 음식들을 판매하기도 한다.[26] 아라디마을에서는 5일장이 서는데 정작 장사를 하는 사람들은 다 한족들이라고 한다. 강병운 할아버지는 아라디에서 5일장 및 한족과 조선족의 차이를 이렇게 증언한다.

- 5일장에 물건 파는 사람은?

대부분 한족입니다. 조선족은 장사꾼이 하나도 없습니다.

- 한족들이 장사를 잘했나요?

장사를 하면 나중에 한족들이 조선족보다 더 부자가 되니까.

길림시내에 나가면 조선족들이 장사하는 사람들이 있는데 여기는 없어요.

- 한족들은 비단장사 왕서방이라는 말이 있는데, 한족들은 원래 장사를 잘하는 기질이 있는데?

원래 인식문제에 있는 것 같아요. 한족들은 해바라기씨 장사도 잘하잖아요. 몇 푼 못벌거든. 근데 조선족들은 몇 푼 벌라고 추운 겨울에 바깥에 나가 떨고 있겠는가? 인식차이가 있지. 조선족들은 못살아도 안 한단 말이야. 큰 돈 벌라고 하거든. 한국에 가서 목돈 벌려고〈강병운, 남/82세〉.

■ 학교시설

1948년 아라디에서는 문화교육을 위하여 2ha에 해당하는 땅에 1,000평방미터가 넘는 학교를 건설하였다. 교육에 대한 열정이 남다른 조선족들의 속성 그대로 아라디 역시 마을이 형성되자 먼저 학교를 건설하기로

---

26 경상북도/(사)인문사회연구소(2011), pp.123-125.

결정한 것이다. 마을 주민들은 모두 힘을 모아서 공공부지에 땅을 메우고 학교를 짓기 시작하였다. 마침내 1948년 3월 9일 교사 6명과 6개학급, 190여 명의 학생으로 학교를 시작하였다.

개교 이후 마을의 인구증가와 더불어 학생수도 증가하여 1957년에는 8개학급, 학생 300여명, 교사 수는 16명에 이르렀다. 1960년에는 소학교에 이어 중학교과정도 개편되고, 학생수는 10학급, 440명, 교사수는 16명이었다. 1975년에는 고등학교까지 신설되어 14개 학급에 학생수는 499명, 교사는 34명이 되었다. 2층으로 지어진 학교에는 학생들로 가득찼으며, 유치원부까지 별도로 신설될 정도였다. 그때 아라디의 총 학생수는 600명이 넘을 정도였다.

마을의 중심부에 자리잡고 있는 소학교는 그 규모에서 과거 얼마나 많은 학생들이 이곳에서 공부했는지 짐작하게 한다. 소학교 뒤쪽으로 펼쳐진 넓은 운동장은 과거 이곳의 위용을 대변해 주는 듯하다. 특히 소학교에서 소장하고 있는 앨범속 과거 졸업사진은 지난 시간을 더 뚜렷하게 보여준다. 소학교에 소장하고 있는 앨범에는 학생수가 많았던 시절 100여 명의 학생들이 졸업하는 모습과 여러 행사에 나가서 상을 받는 모습, 그리고 유치원학생들의 졸업모습 등을 생생하게 전하고 있다.

아라디소학교의 운동장은 현재 옥수수밭으로 사용하고 있다. 과거 학생들과 마을주민들이 일주일동안 운동회를 즐겼던 장소는 옥수수밭이 되어 그 흔적을 찾을수가 없다. 조선족들의 중심학교였던 아라디중점소학교는 지속적으로 학생들이 줄어 현재 재학생 3명과 유치원생 5명이라는 초라한 학교로 전락하였다. 정기적으로 70~80명의 졸업생을 배출하고, 중학교와 고등학교까지 있었던 이 학교는 학생수가 줄어들자 고등학교와 중학교가 폐교되는 상황에 이르렀다.

아라디소학교의 하루 일과는 8시부터 시작된다. 8시가 되면 어른들은 아이들을 학교 입구까지 데려다 준다. 8시에 첫 수업이 시작되는데, 소학생의 수업시간은 40분이다. 오전 수업이 끝나는 시간은 11시 경이다. 점심시간은 11시 10분부터 12시 55분까지 이다. 점심시간 동안 자는 시간이 포함되어 있는데, 학부형들은 어린자녀들을 11시경이 되면 다시 데리러 온다. 그리고 집에 가서 점심을 먹인 뒤 잠을 재워서 다시 학교로 보낸다. 오후 수업은 보통 3시가 되면 마무리 된다. 해가 짧은 이곳에서는 4시전에 수업을 모두 마치게 된다.

여름방학은 보통 7월 전, 기말시험을 6월 25일과 26일에 치른다. 그리고 개학은 9월 1일에 한다. 겨울방학은 기말시험을 12월 25일과 26일에 치르고, 1월 3일 또는 4일이 되면 방학한다. 그리고 개학은 3월 1일에 한다. 겨울은 춥기 때문에 겨울방학이 길며, 이 기간도 교장의 재량에 따라 유동적으로 수정할 수 있다.

수업은 한어와 조선어를 함께 사용한다. 과거 조선족들만 학교를 다닐 때는 조선어가 중심이 되어 수업이 이루어졌지만, 지금 아라디 소학교에 재학중인 아이 중 2명은 어머니가 한족이며, 나머지 1명은 어머니와 아버지 모두가 한족임에 따라 한어를 중심으로 수업이 이루어진다. 교과서는 모두 한어로 되어 있으며, 아이들은 한어가 더 익숙하다고 말한다. 수업을 하는 선생님들도 아이들의 눈높이에 맞추어서 한어로 수업을 하기도 하지만, 필요한 경우에는 조선어로 가르치기도 한다. 학생이 줄어들면서 수업의 질 문제로 아라디에 거주하면서도 아라디소학교에 아이들을 보내지 않는 사람들도 있다. 교육열이 남다른 조선족 사람들은 열악한 교실환경과 수업환경으로 인하여 일부러 멀리 있는 다른 한족학교에 손자 또는 자식들을 보내기도 한다.[27]

당시 아라디조선족소학교에서 교장으로 오랫동안 근무하고 정년퇴임 후 아라디노인협회 회장으로 지금까지 봉사하고 계시는 김종석 할아버지

---

27 경상북도/(사)인문사회연구소(2011), pp.67-69, 77-78.

의 증언을 통하여 당시 아라디조선족소학교의 정황을 살펴보면 아래와 같다.

• 처음 아라디에 오셨을 때 마을은 어떠했는지요?

그때 당시 아라디가 전국 100개 문명촌 중에 하나였어. 아라디가 아마 살기좋았지. 살기좋다 해서 여기왔지. 그때 오니까 개인 집은 전부다 벽돌집이고, 옛날에는 초가집이었는데 내가 올때는 다 벽돌집이었어. 내가 있었던 하마전자와 비교해서 아라디는 부유하지. 내가와서 이동네에 촌 운동대회를 열었는데, 1998년에.

• 운동회 정황을 이야기해주세요?

참 대단했지. 프랑카드, 자동차, 한복입고 줄을 서서 금열 하고 꽉 찼지. 외지에서도 많이 오고, 그때는 돈이 부유했지. 내가 참가했으니까. 참 대단했어. 배구, 축구, 육상 많이했어. 그때는 소대별로. 양촌 525명. 그때는 진짜 사람사는거 같애. 어느 촌에도 이만큼 크게 못해.

• 그때 학생들은 몇 명 정도?

내가 96년도 8월에 왔을때 유치원도 있었는데 이 자리가 유치원이야. 70명 정도 되고, 우리학교(소학교)가 260명 정도 됐고, 한 학년에 2개 반씩. 선생이 23명 있었어요.

• 운동회 하면 온 마을 잔치였을텐데?

그렇지요. 다 오지요. 학교에 운동회하는데 손님들이 얼마나 많다고, 외지학교도 오고, 우리도 가고, 서로 기부도 하고.

• 언제부터 학생이 빠져 나갔어요?

한국하고 수교한 다음부터 줄기 시작했지. 확 줄었던 것은 2000년도부터지. 원인이 내가 분석했을 때 3가지 정도였는데. 하나는 중국땅에서 산아제한 했던거. 두 번째는 경제발전이 못따라가, 애를 낳아도 키워도 돈이 엄청 들어가니까 문제가 된단말이지. 그 다음은 개방을 해서 외국으로 진출이 많어. 여기 아라디사람도 다른지방으로 많이 퍼졌을걸. 그니까 여기 학생들이 없어지는거야. 여기 학교 3명 남았어. 그때는 고등까지 있었는데, 왜 3명 나뒀나 하면 정부에 농촌발전계획이 있는데 반드시 경로당이 있어야하고 학교가 있어야돼. 그래서 이 학교를 없애지 못하고, 아라디는 모범촌이니까. 못 없애지.

• 그러면 회장님께서 교직에 계실 때 학생들이 줄어들면서, 부모들이 외지로 나가는데, 그러면 할머니, 할아버지랑 살아야되는데, 애들이 힘들었을텐데?

학생들은 부모가 집에 없으니까, 할머니만 있으니까 대부분 애들이 말을 잘 안들어요. 할머니는 손자, 손녀를 좋다고 감싸고, 또 엄마, 아버지 없으니까 더 말을 안듣는거 같애. 중국정책이 학생들 욕하고, 때리고, 벌 못 세우게 하니까, 교육이 못 따라가. 그게 좀 힘들더라고. 가정방문해봐도 재미가 없어. 학생들도 부모를 생각 많이 하니까, 머릿속에도 많이 생각하는거 같애. 대부분 부모들이 한국에 가 있다고, 할머니 밑에 있고. 지금은 아라디 사람들이 70~80호 되는데 공부시킬려고 길림시로 데리고 갔어. 어떤 애들이냐 하면 가정조건 되는 집, 총명한 학생, 애들 출세를 봐서 멀리보는 부모들. 여기 있는 학생들은 가정형편도 못따라가고 힘들지. 그리고 엄마, 아버지가 한국에 있는 자제들이 돈을 잘써. 자녀교육이 못 따라가.

■ 종교시설

1921년 이후 길림시의 종교실태를 보면 다음과 같다. 조선 개성에 있는 남감리교는 1921년에 목사를 길림에 파견하여 교회당을 설치하고 조선이주민 전도에 힘쓴 결과 한때 신자가 많았다. 9 · 18사변 후에는 상부지역에 교회당을 설치하고 설교를 시작했으며 1943년경 신도수는 120여 명이었다. 장로파는 1922년 화전현 소재지에 교회당을 설치하고 200여

사진 3.6 아라디마을의 예배당

명 신도에게 전문적으로 설교했다. 길림시에 조선이주민 기독교신도가 급증한 것은 1935년 후이다. 당시 조선평양숭실전문학교를 졸업한 변승옥 목사가 1935년 3월 길림시 강밀봉 관지촌에 3칸 초가집으로 된 예배당을 지었다. 이듬해 길림시 학교를 설립하고 교장에 취임했다. 몇 년 후에는 길림시 7경로에 벽돌로 예배당을 지었다. 1941년경 이 예배당에는 일요일마다 300여 명의 신자가 있었다.

1930년 중엽에는 40명 정도의 조선이주민 천주교신자가 있었으며 이들은 독립적인 교회당이 없어 중국인 천주교회당에 예배하러 다녔다. 반면에 불교신자가 많았는데 당시 상공업계의 민족유지 인사들인 이기행, 이룡조, 강로영, 황백화 등은 모두 불교신자였다.[28] 아라디마을에는 두 개의 교회가 있는데 동쪽 끝에 위치한 교회는 14칸 규모의 건물을 한곳으로 모은 '안식교'이며, 다른 하나는 서쪽마을 중간에 위치한 '기독교회'이다. 이 교회에는 18명의 신도가 현재 활동 중이며, 안식교에는 4명의 신도가 있다. 마을내에서 전도활동이 시작된 것은 1983년 개혁개방이 시작된 시점부터인 것으로 보인다. 이전에도 마을주민 중 일부가 가정에서 가정예배를 몰래 보는 등 종교활동을 하였지만 공개적으로 활동한 것은 1983년의 개혁개방 이후 부터이다. 서쪽 중간에 위치한 기독교회는 1993년에 건물을 지어 현재에 이르고 있다. 처음에는 신도가 100여명이 넘었지만 현재는 20명 내외로 인원이 줄어들었으며 교회예배에는 길림시에서 전도사가 온다. 따라서 기독교회에는 수요일과 일요일에 예배를 보고 있으며, 안식교회는 금요일과 토요일에 예배를 본다. 크리스마스에는 동네사람들을 초대하여 행사를 진행하기도 하며, 이 과정에서 사람들을 전도하고 있다.[29]

(2) 마을의 가옥 구조

재만조선 이주민은 이주지역에서 여전히 조선식 초가집에서 살고 있었으며 기와집은 드물었다. 집 둘레에는 울바자를 세웠고 사람과 가축은 한 집에 살았다. 보통가옥 한 채를 짓는데 드는 비용은 50위안 정도로서 중국집의 300위안보다 많이 낮았다. 당시 재만조선 이주민들은 자기가 집을 갖고 있는 이 보다 중국인의 집에서 세 들어 사는 사람이 다수였다.[30] 그러면 여기서 당시 아라디마을의 가옥구조는 어떠한 형태였는지를 살펴보면 아래와 같다.

아라디의 집은 두 가지의 형태가 있다. 1970년대 집체로서 지은 벽돌집과 1990년대 아라디의 부흥을 꿈꾸며 지은 아파트 3동이 있다. 현재 아파트는 대부분의 사람들이 빠져나가고 거주하지 않는다. 아파트를 건립

---

28 주성화(2007), p.362.

29 경상북도/(사)인문사회연구소(2011), pp.125-126.

30 주성화(2007), p.187.

할 당시에는 이곳을 찾는 사람들을 모두 수용하기 위하여 지은 것이었다. 그러나 한국으로의 이주와 함께 급격하게 인구가 감소하면서 아파트에 거주하는 사람들이 하나둘 떠나기 시작하였다. 한국의 아파트와 달리, 이곳의 아파트는 모두 중앙집중식으로서 비용을 집집마다 나눠서 낸다. 그러나 빈집이라고 하여 그 집에 수도 및 전기가 안들어가는 것은 아니다. 여전히 수도와 전기가 들어가게 되고, 이 비용은 거주하고 있는 사람들이 분담해서 내게 된다. 이런 악순환이 반복 되자 사람들이 나가게 되고 지금은 흉물스럽게 아파트만 남아있게 되었다.

아파트를 제외한 주택은 크게 세 가지로 구분된다. 1960년대부터 짓기 시작한 벽돌집들은 서쪽에서 시작하여 동쪽으로 나아갔다. 한 집당 크기는 비슷한데, 너비는 6m로 동일하며 길이는 집집마다 조금씩 차이가 있다. 제일 큰 길이는 11m, 다음으로 10m, 7m 순으로 이어진다. 이는 모두 집체로 지은 것이며, 이후 개인이 지은 것에는 더 차이가 있다. 그러나 아라디의 집에는 다른 조선족마을 집과 한족 집과는 차이가 있다. 당시 벽돌집을 지을 당시 앞마당과 뒷마당을 주었는데, 앞마당은 10m, 뒷마당은 14m의 규모이며 이곳에서 지금 사람들은 각종 채소를 가꾸며 텃밭을 일구고 있다.

벽돌집은 다시 두 가지 정도로 구분된다. 먼저 집을 들어서면 중앙에 부엌이 보인다. 그리고 양쪽에 방이 위치한다. 오른쪽의 방이 좀 더 크며, 왼쪽 방의 규모는 작다. 개인에 따라서 부엌으로 가는 공간을 개조하여 마루로 사용하기도 한다. 그렇지 않은 경우에는 부엌으로 가는 공간을 그대로 두어 왼쪽방과 오른쪽 방을 이동할 때는 슬리퍼를 이용한다. 방은 바닥과 무릎 이상의 높이로 차이가 있다. 이렇게 구조가 된 것은 온돌방을 만들기 위함이다. 조선족들의 방 대부분은 온돌방으로 꾸며져 있다. 중앙에 부엌이 있는 것 또한 부엌에서 부뚜막을 이용하여 밥을 지으면서 온돌을 이용하기 위함이다. 집밖에는 왼쪽 또는 우측에 별도의 창고가 있으며 두

칸으로 지어진 창고에는 두 개로 구분된다. 우선 한 곳에서는 겨울내 먹을 양식들을 준비하는 공간이다. 파, 양파 등 움집에 들어가기 전 식량을 모양좋게 준비한다. 그 옆에 다른 창고에는 집안의 자잘한 물건들을 보관해 둔다. 때때로 이곳을 돼지 또는 닭을 먹이기 위한 축사로 사용하는 사람들도 있다. 창고를 지나 뒷마당으로 가는 조그만 공간도 활용한다. 이곳에는 겨울 내 사용할 땔나무와 볏짚이 있으며, 마늘도 말려서 걸려 있다. 방의 창문들은 상당히 크다. 이 쪽 집들은 일률적으로 남향을 향한다. 따라서 동삼 30도가 내려가는 추운 겨울이라고 하여도 햇살이 집으로 들어오게 되면 상당히 따뜻한 편이다. 그러나 바람에 따른 우풍이 심하기 때문에 집집마다 이중창을 사용한다. 그러나 비용부담으로 인해 한국에서 사용하는 이중창을 사용하지는 않는다. 집으로 이르는 마당은 2/3는 텃밭으로 사용한다. 뒤쪽 마당은 대부분 텃밭으로 사용한다. 텃밭에서 가꾸는 것은 다양하다. 계절마다 개인의 취향에 따라서 심게 되는데, 대부분 텃밭을 나누어서 배추와 무, 당근, 우엉, 시금치, 옥수수 등 다양하다.

모든 가정에서는 움집을 하나씩 가지고 있다. 움집은 깊이 약 3m가 되며, 밑으로 내려가게 되면 바닥은 2m의 둥근 공간이 나온다. 이를 그림으로 그려본다면 둥근 항아리와 같은 형태를 띤다. 내부는 벽돌로 마감되어 있으며, 각종 야채를 저장하기 위하여 내부에 나무선반이 마련되어 있다. 그 안에는 비교적 넓은 공간이 자리하고 있는데, 겨울(동삼)을 나기 위한 각종 야채와 짠지(김치 종류)가 저장되어 있다. 10월 이후 아라디의 부녀자들은 바쁘다. 왜냐하면 이 움집에 겨울을 나기 위한 식량을 채우기 위해서이다. 따라서 10월 말 삼동이 지나면 각종 짠지를 만들어서 이곳에 보관해야만 겨우내 집안에서 먹을 식량을 감당할 수 있기 때문이다.[31] 아라디마을의 벽돌집 평면도를 보면 〈그림 3.1〉과 같다.

31 경상북도/(사)인문사회연구소(2011), pp.131-134.

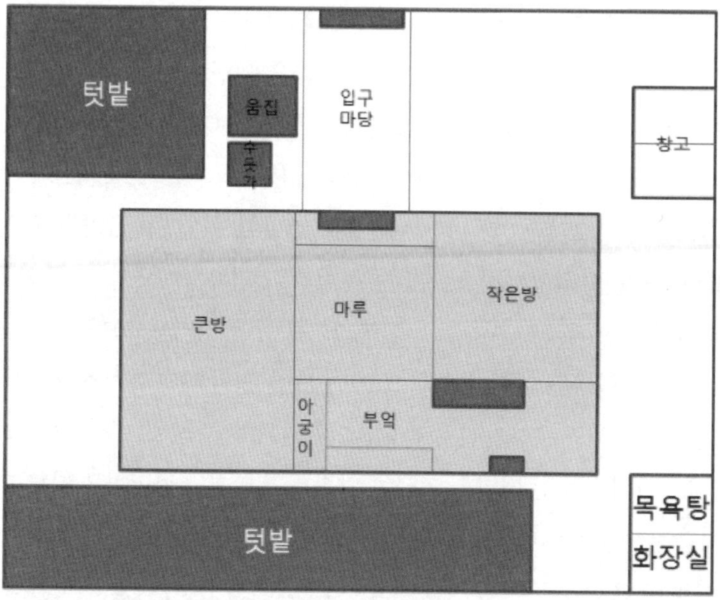

출처 : 경상북도/ (사)인문사회연구소(2011). p.62

그림 3.1 조선족의 벽돌집 평면도

아라디마을은 경상도에서 이주한 조선족들에 의해서 형성된 이후 중국 100대 모범마을로 지정되는 등 그동안 가장 앞서는 그리고 경제적으로 부유한 촌락으로서의 명성을 유지하여 왔다. 그러나 1978년 개혁개방과 1992년 한중수교이후 아라디촌민들의 인구가 급격히 줄어듦으로서 이젠 이전의 아라디의 명성을 찾아볼 수 없게 되었다. 따라서 아래에서는 예전의 아라디의 모습을 찾기 위한 하나의 방법으로 아라디 마을의 민속촌 개발 프로젝트의 진행 과정을 살펴보고자 한다.

(3) 마을의 민속촌 개발

중국의 개혁개방 후 아라디 마을은 주민들이 도시로, 해외로 빠지면서 인구가 격감해 현재 아라디 마을의 상주인구는 기존 인구의 1/5에 지나지 않는다. 이런 시점에서 아라디 마을 지도부에서는 아라디의 지리적 이점과 브랜드가치를 충분히 활용, 발전시켜 많은 조선족과 한국인이 아라디에 투자하고 정착하는 등의 구상을 용담구정부에 제출해 용담구정부의 조사 및 연구 끝에 동의를 얻었으며 그 결과 아라디 민속촌프로젝트가 추진되었다. 총투자 2억 800만 위안 예산으로 전반공사는 민족공업구역, 상업구역, 민속마을, 관광자원을 개발하고 아라디 민속경제구역, 원주민개조구역, 문화광장, 학교, 운동장, 노인복지회관 등을 망라해 2012년까지 3년에 걸쳐 완공한다는 계획이었다. 2009년 11월 23일 아라디촌 현지에서 열린 길림시 용담구 우라가진 아라디촌민위원회가 주최하고 길림시조선족군중예술관이 기획한 아라디 조선족 민속촌 프로젝트 설명회에 따른 민속촌 개발추진 현황은 다음과 같다.

아라디 조선족 민속촌 프로젝트는 2012년까지 3단계를 거쳐 추진한다. 첫 단계는 민족음식과 전통주택 건설단계로 이미지 구역과 전통대주택식 건축단지로 구성된다. 민속촌 입구에 조선민족 특색이 짙은 대문을 축조하며 인공호수, 낚시터, 롤러스케이트장 등 오락장소를 건설하며, 민속박물관을 중심으로 상업단지를 건설하여 민속기념품과 지역특산물을 공급하며, 조선민족전통의 주택, 예식장 등을 건설한다. 두 번째 단계는 민속가무공연장과 서비스업종을 발전시킨다. 세 번째 단계는 김치, 된장, 고추장 등을 위주로 한 민족전통식품 생산기지를 구축한다는 것이다.

이 프로젝트에 의하면 "아라디촌은 역사적으로 조선족 전통문화요소가 농후한 바, 그 특색을 충분히 살려 길림성내에서 제일 큰 조선족민속촌을 건설함으로써 도농격차를 해소하고 새 농촌건설의 브랜드로 거듭나는 것이 목표"라는 것이다.[32]

아라디 민속촌 건설은 앞서 살펴본 것처럼 이미 상당 부분 진척된 상

---

32 정희숙・이영미(2012), pp.145-146에서 인용.

사진 3.7 아라디마을의 민속촌

태이다. 즉 아라디 마을 입구에 13채의 한옥이 완성되었으며 마을입구에 대문, 도로, 가로수, 가로등 등 기초시설이 완료되었다.[33] 동시에 아라디마을은 제1기 신농촌 건설과 함께 관광업과 문화산업을 주도로 인프라 구축에 나서고 있다. 다음은 '아라디 민속촌 프로젝트 설명회'에서 중앙민족대학 황유복 교수가 한 말이다. "조선민족의 역사를 반영할 수 있는 고전 민속건축과 민족전통문화 그리고 주변 환경이 성공의 3요소이다. 이 3가지가 조화를 잘 이룰 때 민속촌건설이 성공을 할 수 있을 것이며 거시적이고 장기적인 안목에서 중국 제일의 조선족 민속촌을 만들어 만천하에 이목을 끌도록 큰 꿈을 꿀 것을 건의한다. 아라디는 전국적으로 유명한 조선족농

---

33 제2기 공사와 제3기 공사는 2012년부터 계속 시작된다.

촌이다. 그러나 현재 남아있는 농민이 얼마 안 될 뿐만 아니라 조선족학교 학생도 6명밖에 안 된다. 이런 상황에서 농민들을 돌아오게 하려면 수익이 있어야 하고, 수익 창출을 위해 민속촌에 '문화산업'을 도입하여야 한다. 아직 완전히 건설되지 못했지만 지금부터 손님들이 모이게 하여 국내뿐만 아니라 해외에도 '민속촌'을 알리는 것이 중요하다. 그러자면 첫째로 문화행사를 소집하여야 한다. 이미 소규모적인 국제학술회를 2차 조직했을 뿐만 아니라, 앞으로도 매년 국제온돌학회 행사들도 아라디에서 하게 될 것이다. 앞으로는 이 '국제온돌학회 실습기지'에서 한족, 조선족을 불문하고 온돌 놓는 방법을 배울 사람들에게 가르쳐주고 아파트에서 어떤 온돌을 사용하면 가장 좋으냐에 관한 강습도 조직하게 될 것이다."[34]

아라디촌은 길림성정부와 용담구정부가 아라디촌의 특색을 이용하여 조선족 민속 문화산업을 발전시켜 지역경제발전을 이끌어 가기 위해 조선족 민속촌으로 건설하고 있다. 다음에서는 조선족들이 아라디마을에 정착하여 지금까지 생활을 영위하면서 어떤 문화정체성을 유지하여 왔는가를 살펴보면 아래와 같다.

5) 아라디 마을의 문화정체성

『아라디촌지』는 경상도에서 이주한 조선족 아라디 촌민들의 문화정체성을 유지하기 위한 다양한 생활상을 보여주고 있는데 그러한 문화적 생활상을 소개하면 다음과 같다.

■ 전통 놀이와 문예 공연

장기는 조선족의 전통놀이 중의 하나다. 모양은 한족의 장기와 똑 같

34 정희숙·이영미(2012), pp.145-145 재인용.

지만 놀이규칙이 다르다. 화투는 조선족 주민들이 많이 선호하는 놀이이고 윷놀이도 조선족의 전통놀이이다. 특히 설날과 농한기(農閑期)에 마을 사람들은 전통놀이를 많이 한다. 설날과 다른 명절마다 아라디촌은 대중적인 문예공연을 한다. 공연하는 내용은 오래된 전통적인 민요, 참신하고 독특한 무용, 모더니스트 만담, 희곡, 오페라, 연극, 악기합조, 단막극(單幕劇) 소품(小品)등이 있으며 이는 강한 사상성과 교육성(教育性)을 띠고 있다. 아라디촌의 주민들은 농번기(農繁期)에는 일하고 농한기에는 문화예술을 즐겼는데, 낮에 노동하고 밤 시간을 이용해 가무(歌舞)를 한 것이다. 아라디의 미술창작활동은 60년대부터 계속 발전해 왔다. 우수한 미술작품은 현, 시, 성에서 전시할 뿐만 아니라 여러 외국 특히 한국에서도 전람하여 호평을 받았다.

■ 체육활동

아라디촌의 주민들은 노래와 춤을 잘할 뿐만 아니라 많은 체육활동에 참여하는 것도 좋아한다. 아라디의 체육활동은 오래되었을 뿐만 아니라 활동내용도 풍부하고 종류가 많다. 활동 횟수도 많고 참여범위도 넓은 것은 아라디촌 체육활동의 특기중의 하나이다. 아라디촌의 주민들은 자기 민족의 전통풍습을 계승하고 씨름을 좋아한다. 씨름은 아라디에서 매우 보급이 잘된 체육운동이고 촌 체육대회에서 씨름은 가장 중요한 경기종목이다. 널뛰기는 조선족 여자들이 좋아하는 전통민속 체육운동이다. 보통 정월 대보름, 단오절, 한가위 그리고 농한기 때에 열린다. 그리고 아라디촌이 형성된 이래 그네를 타는 풍습이 지금까지 이어지고 있다. 단오절은 여자들이 가장 좋아하는 그네를 타는 명절이다. 그리고 줄다리기, 축구, 배구, 게이트볼 등도 주민들이 좋아하는 체육종목이다.

■ 음식

아라디촌 주민들은 조선족의 음식습관을 그대로 보존하고 있다. 주식은 흰밥, 떡, 냉면이고 반찬은 김치, 개고기, 소고기, 된장찌개 등이다. 특히 삼복날에 개고기국을 좋아한다. 한족, 만족 등 민족의 영향을 받아서 주민들의 식탁에서 물만두, 찐빵, 볶은요리, 훠궈(火鍋) 등도 나타난다. 주민들은 술을 즐겁게 마신다. 남녀를 막론하고 백주(白酒)를 좋아하고 주량이 매우 많다. 노인의 생신, 아기의 생일, 남녀의 약혼 등 모임 할 때 주로 술을 많이 마신다. 백주 이외에 주민들은 자기 스스로 막걸리, 황주(黃酒), 청주를 빚는 것을 좋아한다. 밥을 먹을 때 매우 예절을 중시한다. 젊은이는 노인과 같이 밥을 먹으면 안되고 밥을 먹을때 숟가락을 사용하며, 젓가락은 반찬을 먹을때 사용한다. 식후는 누룽지 물을 마시는 것을 좋아한다. 하지만, 최근 몇 년 동안 이런 풍습도 점점 변하고 있다.

■ 복식

아라디촌 주민들의 옷차림은 민족특색을 보존하고 있고 흰색의 옷을 선호한다. 남자는 흰 윗도리, 흰바지에 청색 민소매를 입는다. 여자의 옷은 다양하고 치마, 겹저고리, 긴옷, 바지 등으로 나눈다. 조선족의 아동복 중에 가장 특색 있는 옷은 색동마고자이다. 빨간색, 노란색, 파란색, 보라색, 녹색 등 일곱색의 비단 혹은 천으로 소매를 만들고 무지개처럼 아름답다. 이것은 조선족의 풍습과 관련 있고 무지개는 광명(光明)과 아름다움의 상징이라고 생각한다. 그래서 이런 색동마고자는 아이에게 바라는 기대와 기원을 표현할 수 있다. 개혁개방에 따라 주민 생활수준이 높아져서 아라디촌 주민들의 옷차림은 한족, 만족과 다른게 거의 없다. 민족 전통복장은 대부분 명절때만 입지만 많은 노인들은 전통복장을 입는 것을 여전히 좋아한다.

■ 전통명절

아라디촌은 조선족 주민들이 대부분을 차지하며, 일부 한족과 만족들이 같이 살고 있다. 명절과 풍속습관도 조선족을 위주로 하지만 한족의 영향을 많이 받는다. 중국에서 춘절이라 불리는 한국의 설날인 정월 초하루 아침에 제사를 지내고 손윗사람에게 세배한다. 정월 대보름에는 "오곡제(五谷祭)" 혹은 "까마귀 제(祭)"를 지내고 풍년을 기원한다. 청명절은 주민들이 가장 중시하는 명절이고 조상을 제사하기에 가장 좋은 날이라고 한다. 단오절은 음력 5월5일로 아라디의 조선족은 가가호호 떡과 찹쌀밥 혹은 쑥떡, 증병(蒸餠)을 만든다. 한가위는 음력 8월15일로 달빛을 감상하는 것

표 3.1 아라디촌 관광문화자원 분류[35]

구분		구체내용
자연 자원		4계절이 분명, 벼농사 밭, 늪, 버드나무, 송화강 민물고기, 한전
문화 자원		민속문화, 아라디를 빛낸 역사문화, 아라디촌 노래, 아라디 이야기, 종교문화, 아라디 인물, 아라디 조선족민족가무단(1964년), 아라디 신문
사회 자원		아라디 학교, 노인 활동실, 입구문화광장, 촌민위원회, 촌 병원, 합작사, 오일장, 13채 한옥마을, 미용실 3곳, 목욕탕 3곳, 단독 벽돌집, 2층 벽돌집
민속 문화 자원	신앙민속	불교/천주교/기독교
	생산생활 민속	특색음식, 특색복식, 거주습관, 노동습관
	사회 민속	혼례, 상례, 인생 례의
	명절 민속	전통명절, 민족특유명절, 외래명절
	스포츠 경기 민속 및 심심풀이 민속	민간가무, 경기스포츠

35 정희숙 · 이영미(2012), p.150에서 인용.

은 가장 중요한 활동이고 풍속 습관이 한족과 비슷하다. 이 날은 묘지에 가서 분향하는 풍습이 있고 청명절과 비슷하다. 노인절(老人節)인 양력 8월 15일은 연변자치주에서 시작한 중국조선족의 특색을 드러내는 명절인데, 점점 길림성 각 민족의 노인절로 되었다. 아라디촌은 이 날에 성대한 경로 활동을 열고 노인들의 건강과 장수를 기원한다.[36]

3. 금풍촌 조선족 마을

아래에서는 금풍촌조선족 마을의 신농촌 건설과 지리적 위치, 공간구조, 문화생활에 대하여 살펴보고자 한다.

1) 금풍촌 마을의 신농촌 건설

길림시 풍만구의 유일한 조선족마을인 금풍촌은 도심에서 제일 가까운 조선족마을이다. 개혁개방 전까지만 해도 4개의 자연촌락에 634세대, 2,182명의 인구를 가진 큰 마을이었는데 개혁개방과 출국 열풍으로 지금은 젊은 노동력이 거의 다 빠져 나가있는 상태이다. 그러나 금풍촌의 지리적 위치의 중요성으로 말미암아 이 마을에는 집을 팔아넘긴 사람이 한 호도 없으며 촌 지도부의 엄격한 통제하에 농촌 토지유실에 관한 관리도 잘 되고 있다. 특히 근래 도시의 확장으로 길림시 순환도로가 마을을 경유하여 지나가고 오리하 강 건너에는 길림시에서 제일 큰 주택단지가 개발되며 2010년 길림시 10대 공사로 확정된 해방서대로 연장공사가 금풍촌 마을 어귀까지 닫게 됨에 따라 금풍촌은 도심속의 전원생활을 꿈꾸는 이상

36 길림성 영길현 아라디촌인민정부, 『아라디촌지』 중국: 길림성 영길현, 1995, pp.89-91.

적인 주거환경이 되었다. 과거 단순한 조선족집중촌의 개념이 아닌 금풍촌의 지리적우세를 이용한 민속관광생태라는 슬로건을 내걸고 금풍촌을 조선족 민속관광생태 마을로 개발한다는 이념이다.

금풍촌은 민족의 전통을 이어감과 동시에 부(富)를 창조할 수 있는 진정한 조선족들의 새 삶의 터전으로 탈바꿈되고 있는 것이다. 따라서 금풍촌을 민속관광생태마을로 전환시키는데 있어서 최대한으로 우리민족의 특성과 품격을 살려 민속관광을 둘러싼 관광산업, 그린산업 및 문화산업을 펼쳐가며 그 다음 단계로 공단설치 및 외자유치 작업도 이어갈 계획으로 있다.

이를 위한 첫단계 작업으로 조선족 이주민들의 새 삶터인 「금색가원」이 건설되었다. 총 면적 3만평방미터에 360가구로 된 6동의 신형 아파트단지이다. 이 아파트단지에서는 재래식 난방시설과는 달리 심층지하수를 순환시켜 열을 뽑는 이태리펌프난방시스템은 현대적이면서도 친환경적이어서 정부의 대폭적인 지지를 받았을 뿐만 아니라 지속적인 열공급으로 아파트 거주민들의 환영을 받았다. 그 외에도 비데오도어벨 미끄럼방지타일 등 고급 아파트 시설을 대거 도입하여 농촌에 자리잡은 도시주택으로 자체의 특색을 나타내고 있어 동북3성에서 이사오는 조선족들의 각광을 많이 받고 있다. 또한 민속생태마을의 일환인 생태산업의 첫단계 작업으로 「금색농장」과 「금색산장」의 모델을 구축하고 있다. 즉 평생 농사일을 해왔던 노인들과 아직 쌀과 채소가 어떻게 생겨나왔는지도 잘 모르고 살아온 10대들에게 촛점을 맞추기 위해서라기보다는 생태마을의 미래형을 지금부터 시작한다는 취지에서 부각한 소형농장이다. 이 농장은 4.7헥타르나 되는 땅을 2천여 개로 나누어서 분양하여 각자의 취미에 맞게 나름대로의 그린식품을 만들게 하는 공간이다. 채소재배에 필요한 종자와 농기구, 무공해 무기비료 등 일정 농사와 채소재배에 소요되는 물품은 모두 농장측에서 제공하는데, 단 호당 888위안만 내면 한 여름 싱싱한 무공

해식품을 수확할 수 있을뿐 더러 산 좋고 물 맑은 새마을 전원생활을 기꺼이 체험할 수 있는 좋은 터전이 아닐 수 없다.

금풍촌 마을의 신농촌건설 계획에서는 마을중부의 100헥타르나 되는 땅에 조선족 민속관광단지를 건설하고 그 속에 우리 식 주택건물과 민속놀이터, 민속박물관, 민속상품 쇼핑가와 우리 맛 먹자거리 및 노인복지센터, 어린이 양성 센터 그리고 학교와 같은 시설들을 설치할 계획이다. 금풍촌의 미래는 궁극적으로 생태유지와 산업발전의 모순을 어떻게 잘 해결해 나가는가에 달렸으므로 산업유치에서 반드시 생태산업주도형으로 이끌어야 할 것이다. 따라서 하이테크에 기초한 새로운 하우스재배법을 도입하여 대형 생태채소단지를 건설함으로써 금풍촌만의 생태마을 브랜드를 창출해내야 하는데 이는 금풍촌의 지속적인 발전에 있어서 가장 중요한 전략중 하나이다. 금풍촌의 미래형은 위의 절차를 거쳐 3년 내지 5년 사이에 이를 길림지구에서 규모가 가장 크고 가장 부유한 조선족마을로 건설하는 것이다. 이는 우리 민족이 도처에 많이 흩어져 살고 있는 현 상황에서 1단계로 같이 모여살기 위한 이념을 도입하는 것이 필수적이며 다음 단계로는 잘 살기운동을 벌여야 할 것이다. 이런 미래계획에 의하여 금풍촌 지도부에서는 무릇 금풍촌에 이주하여 함께 살기위해 금색가원 아파트를 구입한 조선족에 한해서 한 채당 1만위안씩 이주보조금을 지급하기 위한 배려정책을 실시하고 있다.

이상에서는 금풍촌 마을의 신농촌 건설에 대한 계획과 현재 실시하고 있는 정책들을 살펴보았다. 다음에서는 금풍촌 마을의 지리적 위치와 현황을 알아보고 현지에서 인터뷰한 내용을 제시하고자 한다.

2) 금풍촌 마을의 지리적 위치 및 현황

길림시의 발원지 임강문에서 서남방향으로 5.2km에 위치한 풍만구

이도향 금풍조선족마을은 360ha의 부지면적에 약 170ha의 기름진 땅을 가진 전반적으로 으뜸가는 부자마을이다. 마을을 가로질러가는 오리하(五里河)는 소리없이 송화강으로 흘러들어가고 아름다운 소백산(小白山)은 조용히 마을을 굽어보며 85년이라는 유구한 조선족들의 개척사를 기록해왔다. 아시아에서 두 번째로 크다는 만덕사가 4km 밖의 랑두산에 자리잡고 있어 아름다운 풍경을 이루고 있으며, 해마다 많은 신도들과 관광객들이 밀물처럼 찾아든다. 마을을 돌아 흘러 지나가는 오리하 강변에는 우리의 선조들이 개간해 놓은 논과 밭이 이젠 그 우월한 지리적 위치로 인해 금전옥답이 되었다고 해도 과언이 아니다.

금풍촌 마을은 길림시 풍만구의 유일한 조선족마을로써 과거 4개의 자연촌락에 364세대, 1,248명의 조선족인구가 밀집된 곳이었다. 아직도

사진 3.8 금풍촌 마을의 입구

실제 거주호수 240가구에 실제 거주인구 480명으로 조선족들이 가장 많이 살고 있는 마을이다. 지난해에는 금풍촌에 10동의 아파트가 들어서면서 마을에서는 아파트관리회사에 의뢰하여 아파트를 관리하고 있으며 2012년도에는 촌민위원회에서 길림시 금흠농민신촌부동산개발회사를 들여와 길림시의 부동산업체인 주석부동산회사와 합자하여 금풍가원아파트를 건설하게 되었다. 금풍마을에는 토박이인 조건인 사장이 운영하는 길리자동차부속품업체가 있으며, 돼지사육 전문업자인 권태정사장과 목욕탕을 운영하는 집이 1가구, 조선족식당을 운영하는 집이 2가구가 있다.

최근 제 2기 아파트공사에서는 부지 58,000평방미터에 13동의 아파트가 들어서는데 세대수는 총 508세대이며 아파트평수는 60평방미터와 120평방미터이고 평균가격은 2,500위안이다. 2013년도에는 마을노인 300여명을 수용할 수 있는 길림시 조선족노인휴양소를 지었다. 그전해에는 길림시 장백산여행사와 손잡고 조선족 음식문화체험으로 현장 김치담그기 행사 등을 펼쳐 관광객들의 인기를 끌었다. 금풍촌의 촌장인 윤재환서기는 마을의 단층집구역을 민속촌으로 조성하고 인근토지를 상업용으로 개발해 민속식당도 늘리고 조선족 전통상품판매 등 상업지구를 조성할 계획이라고 밝혔다.

한편, 조선족학교는 아직 운영중이나 학생들이 줄어들어 몇 명 남지 않았다. 장차 외지에서 금풍촌으로 이사를 많이오면 학생수가 불어날 것이고 그러면 시내 조선족중소학교로 통근차를 운영할 계획인데 길림시까지는 불과 30분거리라고 윤재환촌주임은 밝혔다. 금풍촌 경작지를 가로지르는 서환성도로의 개통을 통하여 길림시 해방대로와 서환성도로의 연결 및 길림시 관광국 1일 관광코스의 한 정거장으로 금풍민속촌을 떠올린다면 교통요충지로, 그리고 관광명소로서의 길림시 이도향 금풍촌의 지리적, 경제적 가치는 지속적으로 늘어날 전망이다.[37]

이상에서 금풍촌마을의 지리적 위치 및 현황을 자료를 통해서 알아보았다. 다음에서는 2012년 2월 필자가 금풍촌을 방문하여 인터뷰했던 김일곤 할아버지와 이관일 부촌장을 통하여 금풍촌의 현재와 미래에 대한 전망을 살펴보고자 한다.

• 밖에서는 금풍촌을 잘 모르던데요?

이름이 99년도에 바뀌어서 잘 몰라요. 근검촌이라 해야 알아요.

• 아라디는 많이 알려지고 금풍촌은 안 알려 졌던데요?

아라디는 70년대 초부터 정부에서 관심을 가지니까, 자연스레 신문에도 나오고, 또한 아라디의 김용구 촌장은 길림시 인민대표에다가 당대표야. 그러니까 회의를 해도 그렇고, 한국으로 말하면 지방의원이라. 70년대 초반이면 문화혁명 후기란 말이야.

• 아라디는 500호 정도 되는데 여기는?

여기로 이사하는 걸 봉쇄해버렸지. 땅은 더 넓힐수도 없고 자꾸 받아들이기만 하면 어쩌나, 그러니까 외부사람을 안 받아들였지〈김일곤, 남/80세〉.

아래에서는 금풍촌 윤재환 촌장과 실질적으로 금풍촌을 이끌어가고 있는 이관일 부촌장과의 인터뷰를 통하여 금풍촌의 현황을 살펴보고자 한다.

• 금풍촌의 현상황 좀 말씀해주십시오.

금풍촌의 총 인구는 1,120여명에 300여호입니다.

37 『길림신문』, "조선족들 한데모여 재미있게 삽시다", 2012. 8. 7.(http://kr.chinajilin.com.cn/area/content/2012-08/07/content_92527.htm)

• 그중에서 남자, 여자 구분하면?

남자 65%와 여자 35%정도의 비율입니다.

• 이중에서 조선족과 한족의 비율은 어떻게됩니까?

전부 조선족입니다.

• 초등학교 학생들은 몇 명이나 됩니까?

학생 3명에 선생님 8명입니다.

• 이렇게 된 이유가 무엇입니까?

다 외지로 나가있고, 아이를 적게 낳는 이유입니다.

• 그럼 마을의 노인분들 평균 연령이 어떻게 되십니까?

65세입니다.

• 노인들은 몇 분이나 되십니까?

60세이상 노인이 길림성에 나간 인원까지 해서 현재 90여명 정도 됩니다. 그 인원마저 빼면 한 50여명 됩니다. 금풍촌인구는 전부 50호해서 100여명 됩니다.

• 100여명 중에 애들은 몇 명이나 됩니까?

젖먹이들까지 해서 10여명 밖에 안됩니다.

• 그건 한국의 시골이랑 똑같은 현상이네요.

네. 그렇습니다. 한국에는 그래도 애들 많이 낳으면 보조금이라도 주지만 저희는 벌금을 내야 해요. 게다가 요즘은 먹고 살기가 힘들어서 많이 안 낳아요.

• 그럼 앞으로 10년이나 20년후에는 애들은 거의없고 어른들이 돌아

가시면 마을이 텅텅비겠네요.

그렇죠. 10년후에는 마을에 들어오는 사람이 아무도 없을거에요. 시설이 있어도 시설을 이용할 애들이 없다. 책이 있어도. 가정에 가도 애들을 보기힘들고. 예, 그래서 어느집에 애기가 태어나면 귀해요.

• 그렇다면 점점 수가 줄어들게 되면 한족들이 점점 조선족의 구역을 밀고 들어올거 같은데요.

인구가 점점 줄어드니까. 위기지요.

중국의 한족이 13억중에 12억이니 그럴만도 하죠 하지만 한족들의 학교도 많이 폐교되고 있어요. 애들을 하나씩만 낳다보니 60세 이상은 아이를 낳으면 돈 안주고. 59세 이하로 여자아이 낳으면 돈 줍니다. 남자 아이 낳으면 안주구요. 딸은 출가외인이므로 결혼하믄 나가므로 생활비용을 주는 것 입니다〈이관일, 남/45세〉.

이상에서 금풍촌마을의 지리적 위치 및 현황을 길림신문 등의 기사자료와 필자가 금풍촌을 방문하여 인터뷰한 자료를 통하여 금풍촌의 위기상황을 살펴보았다. 아래에서는 조선족들이 어떻게 금풍촌마을로 이주하게 되었는지를 역사적인 자료를 통하여 살펴보고자 한다.

3) 금풍촌 마을로의 이주

조선이주민 농민이 간도로 이주하여 조선이주민 집단부락을 건설한 데에는 일제의 집단부락건설 정책에 의해서 시행되었다. 아래에서는 조선이주민 집단부락이 건설되게 된 역사적 배경과 건설과정을 살펴보고 조선이주민이 금풍촌마을에서 집단부락을 형성하고 살게 된 과정을 조선족 할아버지들과의 인터뷰를 통해서 생생한 당시의 상황을 전달하고자한다.

간도에서부터 시작된 조선이주민 집단부락의 건설은 일제의 식민지통치하의 특수한 역사적 산물이며 조선이주민을 자신들의 정치적, 경제적 노예로 전락시키고 항일유격대의 후원을 단절시키며 '통제와 안정' 정책을 실시하는 중요한 구성부분이었다. 일제의 집단부락건설은 간도에서 첫 시작을 보았으며 대상은 조선이주민 농민이었다. 여기에는 집단부락건설의 최종목적에 따르는 역사적 배경이 깔려있다. 즉 집단부락의 최종목적은 항일유격대와의 연계를 끊어버리고 '치안유지'를 실시하며 농민들을 '자작농'으로 양성하는 것이었다. 간도는 당시 '치안'이 가장 '혼란'하였고 '비적'이 횡행한 곳이었다. 또한 간도는 조선이주민의 집거구로서 반일투쟁의 중심지가 되었으며 1930년대 초에 이미 항일무장대오가 활발히 움직였다. 그 예로 1931년 9월의 '추수투쟁'과 1932년 봄의 '춘황'투쟁을 들 수 있다.

간도의 조선농민들은 재력 등 원인으로 하여 산간지대에서 흩어져 생활하였으며 이러한 부락들은 항일유격대의 믿음직한 후원자가 되었다. 즉 그들은 유격대에 식량과 물자를 공급하였고 유용한 정보제공자로 나섰으며 이 모든 것은 일본식민지 통치의 우환이 되었다. 일제는 항일유격구에 대규모적인 군사토벌을 감행하는 것과 동시에 조선이주민과 항일부대의 연계를 단절시키고 인가를 한 곳에 집중시킴으로써 '민비(民匪)격리'의 집단부락을 건설할 필요성을 감안하기 시작했다. 이것이 일제가 간도에서 집단부락의 구상을 익히기 시작한 직접적인 원인으로 되었다.

1932년도에 일제는 '제1단계 치안숙정계획'을 제정하였으며 만주의 동북부, 서북지구 및 열하성을 숙정(肅正)중점지역으로 지목했다. 그리고 그해 8월에 일본관동군은 만철조사회에 위탁하여 '재만조선이주민이민대책요강'를 제정하고 '통제와 안정'의 방침을 확정했으며 조선총독부 미근(美根)사무관의 제안에 의해 총영사관과의 협의 끝에 1933년에 집단부락을 건설하는 방침이 제기되었다. 이는 조선인민회를 주체로 동양척식주식회사에서 투자하고 총독부와 영사관의 지도와 감독아래서 실시되게 되었다.

1933년부터 5년 동안에 조선총독부에서 매년 10만 엔, 동양척식주식회사에서 매년 30만 엔 도합 200만 엔을 간도에 투자하여 2,500세대의 조선이주민 소작농을 대상으로 집단부락을 설정하였으며 1936년 9월에는 '만선척식유한주식회사'가 설립되어 '동척'과 '동아권업회사'가 종전에 경영하던 토지매매업을 넘겨받아 계속 창정계획을 밀고나갔다. 또한 1933년 3월 28일에는 간도의 연길현 춘양향에 첫 번째의 집단부락 북하마탕(100호)이 건립되었다. 같은 해 4월에 태양촌(연길현 지인향, 69호), 중평(연길현 지인향, 58호), 춘흥촌(연길현 지인향, 100호), 청산리(화룡현 명신사, 89호), 토산자(화룡현 명신사, 100호), 낙타하자(훈춘현 용지향, 98호) 등 8개 집단부락이 건설되어 855명의 조선이주민을 수용하였다.

제2단계의 '치안숙정'에 배합하여 조선총독부와 군부의 협의를 거쳐 1934년 4월 연길현, 화룡현, 왕청현, 훈춘현에 15개의 집단부락을 건설하였다. 집단부락은 유격구부근에 건립되었으며 부락민은 경찰서 및 조선인민회에서 선정하였다. 1933년 3월에는 위만주국 정부에서도 통령을 발표하여 집단부락을 건설하였다. 건설된 집단부락은 성공서의 통일지휘를 받으며 각 현에서는 실무지도관 또는 임시지도원을 현장에 파견하였는데 1934년도에는 간도 4개 성에 25개의 집단부락을 건설하였다.

제3단계 '치안숙정'에 맞추어 1935년도에 총독부는 간도에 5개의 집단부락을 건립하였으며 위만주국도 제 2차로 간도 4개현에 28개 집단부락 건설에 착수하였다. 같은 해에 제 2차 집단부락 건설계획의 추가계획으로 연길현의 흑정자 등에 6개의 집단부락을 건설하였고 첫 계획제정 때 실행가능성이 없다고 인정되었던 대전자, 대사하 등 12개 곳에도 집단부락을 건설하였다.

1935년 9월에는 제4단계 '치안숙정'이 시작되었고 중점은 위 봉천성, 임강, 길림, 간도, 안동 등 5개 성에 두었다. 위 봉천성과 안동성에서는 '동변도 부흥계획'을 제정하였고 이에따라 1935년에 집안, 홍경, 청원, 휘남 등 13개 현에 집단부락을 건설하였다. 위 빈간성, 삼강성에서도 같은 시기에 집단부락 건설을 시작했다.

1936년 2월에는 동북항일연군이 결성되었고 4월에 '치안숙정'은 제4단계의 후기단계에 접어들었다. 위만주국에서는 '3년치안숙정요강'이 출범되었고 집단부락 건설이 중요한 위치에 있게 되어 위만주국은 44만 4,560위안의 자금을 보조금 형식으로 각 성에 나누어 주어 336개의 집단부락을 건설키로 하였다. 1936년 4월과 12월에 관동군은 '남부방어지구통제 조선농민이민방침'과 '동부국경지대에서의 조선농민통제방안'을 반포하여 동부 국경선 일대에 흩어져 있는 조선이주민을 중 · 소 변경으로부

표 3.2 만주조선인 도시별 집단부락호구(1936년)[38]

간 도											합 계
연 길				화 룡					왕 청		
지인향 신흥촌	상의향 석문내	지인향 의란구 춘흥촌	지인향 유재구	명신촌 토산자	명신촌 와룡호	명신촌 용오동	명신촌 청산리	명신사 우심산	석두 하자		
신흥촌	석문내	춘흥촌	유재구	토산자	와룡호	용오동	청산리	우심산	석두 하자	18
최동범	팔도구 조선인민회	이란구 조선인민회	연길현 공서	조선 총독부	조선 총독부	조선 총독부	조선 총독부	조선 총독부	미상	
1934년	1934	1933	1934	1933	1934	1934	1933	1934	1934	
132	107	117	112	136	148	100	100	100	101	2092
677	699	586	693	757	818	540	512	536	671	12110
—	6	58	27	33	100	—	4	—	—	847
245	474	252	321	237	286	317	241	238	408	3514
245	480	310	348	270	386	317	245	238	408	6361

38 주성화(2007), p.254.

터 40킬로미터 떨어진 곳에 이주하여 집단부락을 건설토록 명령했다. 이에 따라 1,016호, 4,338명의 조선이주민은 1937년부터 영구, 유하, 회덕, 왕야모, 대감창 등 16개의 집단부락에 수용됐다. 1936년 9월에는 만선척식회사가 세워졌고 1938년에는 93만 7,200위안을 투입하여 1923개 집단부락을 건설했다. 1938년에 이르러 동북에는 1만 2,565개의 집단부락이 있었다. 1939년 '치안숙정'중점이 동북의 동북부에서 동남부로 옮겨감에 따라 집단부락도 1만 3451개로 늘어났다.[39]

다음에서는 당시 일제의 집단부락건설계획에 따라 강제로 간도지방으로 이주하여 금풍촌에 정착하게 된 정황을 김일곤 할아버지와의 인터뷰를 통하여 살펴보면 아래와 같다.

• 만주에 간다고 해서 먹고 산다는 보장이 없는데?

땅이 많으니까. 토지 임자의 땅을 얻어서 소작해도 좋고, 만주에 오면 배는 고프지 않다. 자식들은 크는데 공부를 시켜서 출세 시켜야지. 중국에 가면 배불리 먹고 공부시킬 수 있지 않나. 이민단 조직은 주로 만주에 조선 사람이 일본사람들 앞에서는 자기들 대신해서 중국사람들을 관리해라는 말이 있어. 여기오면 일본애들을 대신해서 일을 하지. 근데 많이 속고 살았지. 조금씩 혜택을 주는듯 하면서 많이 부려먹었지.

• 그때 이민단, 국가에서 만든건지?

내가 그때 어려서 잘 모르지만 이민단은 일본이 조선을 점령해서 조선사람을 이용하자는 뜻이야. 조선사람들이 가야 논을 풀 수 있단 말이야. 물을 이용해서 논을 풀 수 있지. 조선사람들이 한 집, 한 집 끼워 살지. 살면서 여기와서 논둑을 메고 논을 풀었지. 조선 사람들이 다 했어. 처음에는 여기 논이 없었어. 이민단은 그 동북이라 안하고 만주라 했는데, 일본놈들한테는 만주국이야. 일본하고 만주국하고는 일본 손아귀에

39 주성화(2007), pp.249-251.

있는 땅이란 말이야. 그니까 조선에 있는 사람을 만주땅으로 옮겼단 말이야. 일본하고 만주국하고 연합해서 협정을 맺었지. 조선사람들은 살려고 이 길을 걸었고.

• 이주하실 때 경주에서 화룡으로 가셨는데, 교통편은 어떤 것을?

한국에서는 기차를 타고 청진까지 와서, 내가 들은 말인데 어린나이라 구체적으로 기억은 안 나고. 청진에서 고무산에 왔지. 고무산에서 남평으로 해서 그 다음에 화룡현에 도착했지. 그래 두만강을 건너왔어.

• 그때 형편은 어땠어요?

아까도 말했지만 내가 먹는 거라고는 감자밥, 먼 곳에서 보면 쌀밥처럼 하얗게 보여. 그것도 배불리 먹지도 못하고 배를 곯아가다, 어릴 적에 너무 곯으니까 물 먹고 산 풀 뜯어먹고 부기가 올랐어. 사는거야 형편없지. 내가 기차를 처음본게 11살때 인데 기찻길을 보니까 기차운전수가 신기했어. 논이라고 화룡에 가보니까 그때 처음 논을 보고 나락이 어떻게 생기는지 알았어. 농사를 해도 여물기전에 멧돼지가 먹고, 노루와서 콩 끝터리를 먹고 까치가 찍어먹고, 그저 감자밥에 보릿고개도 못 넘기고, 먼저 대출을 하지. 한 말 두 말씩. 한말 빌려서 가을에 두말씩 주고, 그걸 곱으로 주고 나니까 이듬해 또 양식이 부족하고. 입는 옷이라야 삼베옷. 먹는 밥이라야 감자밥. 그래 산에 가게되면 큰 잣나무에 올라가고, 곰도 있고.

• 금풍촌 마을에 처음 오셨을 때 어땠는지, 몇 년도에 오셨어요?

내가 여기 처음 1959년도에 알게 됐지. 우리 누님이 여기로 시집와서. 우리 누님 보려고 내가 부대에 있을 때. 실제 내가 살게된건 1963년도 3월달인지 2월달인지.. 부대에서 전업하고 나서. 그 전에는 여기가 근검촌 인데, 후에 금풍촌으로 언제 고쳤나 하면 1999년도 내가 여기 노인협회 회장할 때 여기 백성들이 모두 잘살려고 하는데 너무 근검하게 사니까 촌 이름을 바꾸자 해서 좀 풍요하게 살자. 그래서 이름을 바꿨지.

부녀회장, 알 만한 사람 모두 모아서 의견을 모았지. 그때 마지막에 금이라 하면 돈이고, 조선족 있는 곳에 김씨가 많아. 그래서 조선족 민족도 대표하고, 우리가 풍만구에 속해있는데, 풍성하다는 풍자. 그래서 이 두 가지를 붙여서 금풍촌이 어떤가. 의견을 내니까 다 동의해. 그래서 1999년도부터 이름을 고쳤지.

• 조선족 마을인데, 경상도 사람들이 와서 조성한 마을입니까?

금풍촌 마을의 85%는 경상도 사람이지. 그 외에는 전라도 사람은 별로 없고 평안도 사람, 함경도 사람은 극히 적었어. 나중에 젊은 사람들이 시집오니까 있지. 주로 경상도 사람이지.

• 그럼 그 이전에 화룡에서 사실 때보다 훨씬 좋았어요?

좋지요. 여기 오니까 화룡에 있을 때보다 생활이 풍족하고. 살아보니까 참 옛고향을 떠나서는 오래 사니까 다 고향이야. 정드니까. 이 동네가 1960년대 초기만해도 매우 선진적이야. 농사를 짓는데도 이앙기, 경운기, 트랙터. 논에 어떻게 재배하고 이앙은 어떻게 하고 촌에서 잘했어요. 그때 사람들이 단합을 잘해서〈김일곤, 남/80세〉.

1920년대 조선족 농민들에 의하여 수전이 개발되자 중국의 부호와 관리들은 한전보다 단위당 수확고가 높고 판로가 넓은 벼농사를 경영하기 위해 분분히 자체로 수전개발주식회사를 설립하고 조선족농민들을 고용하거나 그들에게 토지를 소작주어 수전을 개간하게 하였다.[40] 길림, 반석, 화전, 무송, 돈화, 액목과 서란을 포함한 길림지구의 수전경작구는 비교적 일찍부터 형성되었는데 그중 길림 남부에 있는 무송, 화전, 반석 일대는 더 일찍 수전경작이 시작되었다. 영길현은 좀 늦게 화전, 반석, 이통, 쌍양 등지에서 이주한 조선족농민들에 의하여 수전이 개발되었고, 교하는 길림

40 중국조선민족발자취총서 편집위원회, 『중국조선족발자취총서2: 불씨』 중국 북경:민족출판사, 1995, p.186.

에서, 액목과 돈화는 주로 연변에서, 그리고 서란현은 길림과 액목 지구에서 이주해 간 조선족농민들에 의하여 수전이 개발되었다.

조선족이 일찍부터 정착한 화전현에서는 제 2 송화강, 휘발하등 원류와 지류 양안에서 수전이 개간되었는데 1920년초에 상당한 규모의 수전이 개간되어 2,000쌍의 논에서 25,000여석을 수확하였다. 1920년대의 반석현의 수전은 주로 반석남부의 휘발하와 그 지류인 부태하, 후란하와 당석하 연안에서 경상도출신의 농민들을 위주로 하여 수전을 경작하였는데, 1920년대 초에 벌써 1,000쌍을 초과하고 벼수확고도 13,000석을 초과하였다. 그들은 그후 북으로 이주하여 가면서 황하와 음마하 유역에서 수전을 경작하였다.

영길현에서는 대략 1916년 전후부터 수전이 개간되었는데 1921년에는 수등하, 왕가툰, 대황지, 신안툰과 관가산 등지에 수전이 280쌍, 벼수확고가 3,240여석에 달하였고 1922년에는 400여 정보로 확대되었다. 1924년 이후에는 길림시 교외 뿐만 아니라 구참, 하와자, 화피창, 마창, 영성자, 상구태, 우라가 등지에 408호, 2,229명의 조선족농민이 거주하면서 수전을 경작하였다. 당시 길림지구의 수전경작 상황은 〈표 3.3〉과 같다.[41]

길림성에서도 많은 수전개발회사가 설립되었다. 1920년에 유수현의 강은지 등은 홍유서전회사를 설립하고 잡차하 상류에 있는 1,000쌍(10무 1쌍)의 땅을 점유하고 그중 이미 개간된 207 쌍의 수전을 93호의 조선족농민에게 소작을 주어 경작하게 하였다. 이 회사는 경영이 잘되어 1927년 길림성 실업청의 표창까지 받았다. 당시 홍유서전 회사에서는 유수현소재지 동쪽 고가교촌이 매년 여름 장마철에는 홍수가 나서 연안 주민들이 피해를 입는 것을 해결하기 위해 이곳의 치수사업을 최우선으로 하여 시행하고 관개사업을 잘함으로써 홍수도 방지하고 또 수전경작도 잘되었다.[42]

---

41 중국조선민족발자취총서 편집위원회(1995), pp.167-168.

표 3.3 길림지구 수전경작 현황

지방＼연도	1922년		1926년		1930년		
	수전면적 (정보)	수확고 (석)	수전면적 (정보)	수확고 (석)	조선족인구 (명)	수전면적 (정보)	수확고 (석)
길림 (영길)	598	9,790	669	16,690	438	808	26,276
서란	119	2,700	112.5	2,073	135	216	7,400
화전	1,500	24,000	1,325	15,692	861	1,390	43,912
반석	1,640	62,300	1,024.5	16,894	625	1,066	32,668
돈화	500	12,000	319	6,694	627	1,255	39,647
액목	1,040	20,750	945	37,500	765	1,309	42,542
합계	5,397	131,540	4,395	95,543	3,463	9,546	192,445

이상에서 조선족 농민들이 금풍촌 마을로 이주하게 된 역사적 배경을 일제의 집단부락건설이라는 이주정책이 계기가 되었다는 것을 당시의 자료와 금풍촌 노인들의 생생한 증언을 통하여 제시하였다. 다음에서는 금풍촌마을의 공간구조를 금풍촌 현지 답사와 인터뷰 자료를 통해 살펴보고자 한다.

4) 금풍촌 마을의 공간적 특성

(1) 마을의 공간구조

길림시 풍만구 이도향 금풍조선족촌은 오리하강변을 끼고 길게 늘어져 있는 물고기 형태의 85년 연륜을 가진 조선족 촌이다. 금풍촌은 총 312세대로서 2010년 8월에 극심한 홍수피해를 당하여 예전의 살기좋은 금풍

---

42 중국조선민족발자취총서 편집위원회(1995) p.187.

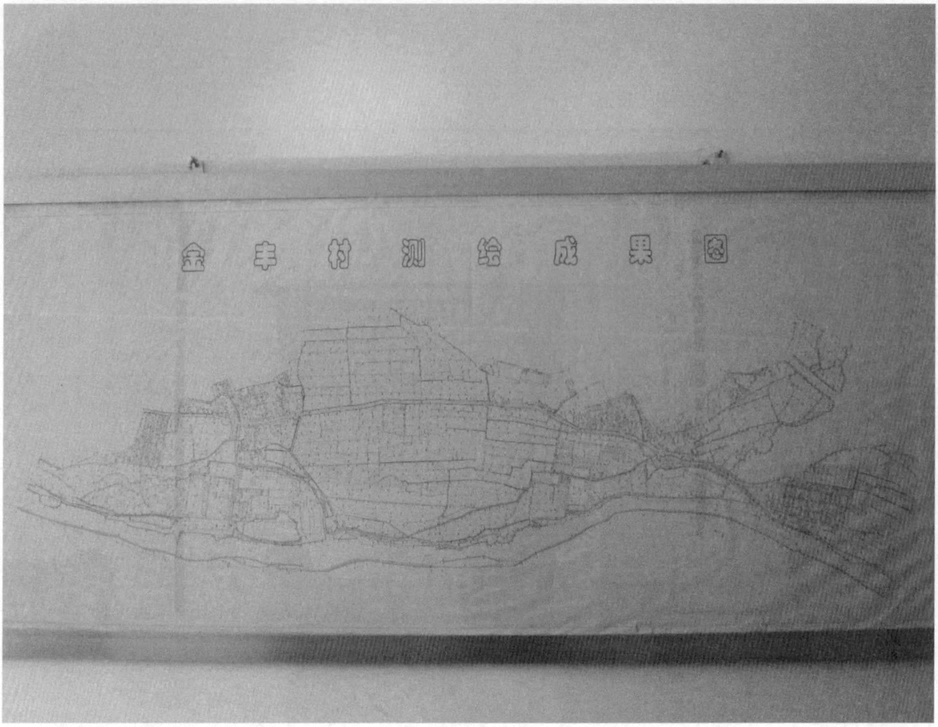

사진 3.9 금풍촌 마을의 공간구조

촌의 모습을 찾아보기 어렵다고 같이 동행했던 길림신문사 기자의 이야기를 통해 당시 참혹했던 홍수피해 현장을 보는 듯 하였다. 필자가 방문했던 2012년 2월은 홍수로 피해를 입었던 2010년 8월 이후 1년 반 만에 방문하였는데도, 이젠 당시의 참상을 잊고 그동안 홍수피해로 받은 상처가 많이 아문 듯 금풍촌에서 만났던 조선족들의 얼굴에서 여유로움을 느낄 수 있었다. 모국도 아닌 먼 이국 타향에서 중국인으로 살아가면서 그동안 겪어왔던 수 많은 역경에 비하면 아무것도 아니라는 듯한 모습을 그들의 표정에서 읽을 수 있었다.

그동안 금풍촌은 안락하고 평안하고 풍요로운 도시속의 농촌 조선족촌으로 살아왔으나 한중수교 이후 많은 이웃들이 한국으로 그리고 중국의 대도시인 북경, 청도, 상해 등 지역으로 떠나는 바람에 한때 600여 세대에 2,000여명까지 살았던 마을이 이젠 곳곳에 빈집들이 속출하고 있는 현실이다. 그래도 희망적인 것은 금풍촌 마을의 서기이자 촌장인 윤재환씨의 젊음과 금풍촌을 다시 예전처럼 살기좋은 마을로 만들어보고자 하는 의지가 금풍촌의 미래를 보는듯하여 마음이 든든하였다.

한때 금풍촌의 촌장이셨던 김일곤 할아버지의 안내를 받아서 금풍촌 마을의 이곳 저곳을 둘러보았다. 오리하강변을 끼고 금풍촌은 길게 느리워져 있으며 금풍촌 앞에는 넓은 들판이 펼쳐져 있었는데 봄, 여름, 가을에는 이곳에 수전과 밭농사를 통하여 벼와 옥수수가 익어가는 황금들판이었겠지만 지금은 황량한 겨울 빈 들판에는 만주들판에서 불어오는 스산한 바람만이 주인 잃은 빈집을 돌아 마음을 더욱 스산하게 하였다.

골목마다 붉은 벽돌담장이 길게 그리고 가옥마다 경계를 짓고 있었고 벽돌담 옆에는 가을걷이 부산물인 옥수수대가 다발로 세워져 있었다. 마을의 건물들은 아라디촌 마을처럼 획일화된 즉 벽돌로 벽을 쌓고 지붕에 기와를 올린 그런 가옥들의 나열이었다. 김일곤 할아버지 말에 의하면 이 마을에 살던 조선족들이 해외나 국내의 대도시로 떠나는 바람에 빈집들이 속출하여 한족들이 빈집으로 들어오는 바람에 순수한 조선족촌이던 금풍촌이 나중에는 한족촌이 되어버리지 않을까하는 우려섞인 걱정을 하였다.

담장을 따라 걷다보니 멀리 지붕위에 십자가가 보이고 이어서 아담한 교회건물이 나타났다. 건물입구에는 금풍교회라고 씌어있었다. 김일곤 할아버지의 말에 의하면 금풍촌이 번창하던 시기에는 교회에서 예배드리는 신자가 100여명이 넘을 정도로 신도수가 많았으나 지금은 10여명 안팎의 신자만이 명맥을 이어가며 교회를 지키고 있다고 한다. 골목 양쪽으로 늘어선 건물들을 지나 한참을 걷다가 어느 집 대문앞에 멈춰섰다. 초록색 기둥의 철재대문은 외부인이 침입을 하지 못하게 쇠사슬로 채워져 있었는데 집안을 들여다 보았더니 농사철에 곡식을 실어 나르던 경운기만이 겨

사진 3.10 금풍촌 마을의 교회

울 삭풍에 흔들리고 있었다. 안내하던 김일곤 할아버지께서 이집의 주인은 조선족인데 가족이 모두 한국으로 돈을 벌러가고 없어서 집이 덩그레하게 비어있다고 한다.

김일곤 할아버지께서 마을의 끝쪽에 자리잡고 있는 「아리랑조선족 민속부락」으로 안내를 하였다. 비교적 넓은 공간에 우리 민족의 문화정체성을 유지해가려는 노력이 보였다. 다시 마을입구로 돌아와서 지난 2010년 8월 홍수피해 이후 새로 지은 아파트를 둘러보았다. 현재 금풍촌은 마을 전체가 예전에 지은 벽돌건물과 최근에 지은 아파트간 상호조화를 이루면서 마을을 형성해가고 있었다. 그동안 금풍촌에서 계획을 세우고 추진해가고 있는 「금풍조선족 집중촌」건설이 금풍촌 마을의 전폭적인 지지와 길림시 정부의 협조에 의하여 진행되고 있는데 아래에서는 금풍조선족집중촌에 대한 건설동기와 진행과정 등을 살펴보고자 한다.

■ 금풍조선족집중촌 건설동기

지금 조선족농촌의 상황은 어디든지 비슷하다. 외국노무, 출국, 도시에 들어가 장사 등으로 대량의 인구가 줄어들고 어린애 출생률이 현저하게 낮아 조선족 농촌학교들은 문을 닫게 되었으며 농촌총각은 장가를 들지못해 문제이고 촌기업들은 대부분 파산되었다. 금풍촌은 현재 329세대, 인구 1,248명, 토지 349헥타르, 경작지 174헥타르이며 길림시 풍만구와 이도경제개발구에서 유일한 조선족촌이다. 현재 집체 고정재산은 500만 위안이고 인구당 수입은 4,280위안으로 길림시에서 가장 앞서고 있다. 그러나 금풍촌도 조선족 농촌의 여타 상황처럼 위기에 봉착해있다. 이런 위기에 비추어 금풍촌에서는 지난해부터 경제건설과 학교 및 조선족집중촌을 건설할 구체적인 계획을 작성했다.

■ 금풍조선족집중촌 진행과정

금풍촌은 우월한 지리적 위치에 있기에 땅값이 좋고 기업경영하기에 유리하다. 따라서 촌에서는 토지자원을 효과적으로 개발하여 투자를 유치할 계획을 구체적으로 세웠는데, 실력있고 전망이 좋은 우수한 기업을 유치하는 것이 관건이다. 따라서 금풍촌에서는 길림시 텔레비전방송국과 합작하여 금풍촌 4.5헥타르의 토지에 200만 위안을 투자해 농업시범단지를 조성하여 질 좋은 채소와 우량품종을 재배하여 시장에 공급하게 되었다. 또한 소학교 4.2헥타르 부지에 중외합자 길림시 쌍성그룹에서 5,000만 위안을 투자해 대형기업을 유치했다. 이 기업이 가동되면 촌 수입 1,000만 위안이 증가하게 되며 따라서 현재 금풍촌의 모든 잉여노동력을 배치하기로 합의를 했다. 또한 협의 중에 있는 일본기업은 수출가공기업인데 무려 투자가 근 1억 위안에 이르게 된다. 그리고 얼마전에는 향의 소개로 길림성 최대의 복합비료공장을 건설하기로 합의했다. 그러므로 일자리 창출은 걱정이 없다. 한편 제3산업과 노무송출사업을 더 확대하고 있는데 현재 180여명의 촌민이 외국에 나가서 부지런히 일하므로 1,000만 위안의 수입을 보장하고 있으며, 한국과 합작하여 조직적인 노무송출사업을 추진 중에 있다.

■ 관광자원 이용

길림시 환송도로가 금풍촌을 가로지르고 있고 풍만풍경구로 가는 길목에 있으며 송화강과 오리하의 합수목에 있기에 관광형 마을을 조성할 조건이 되어있다. 즉 금풍촌 경내에 랑두산고적지가 있고 전국에서 제일 큰 비구니절인 만석사가 얼마 전에 잘 건축됐는데 차년도부터 관광객을 많이 유치할 수 있을 것으로 기대한다. 그리고 비옥한 174헥타르의 경작지가 있어 대규모 농사를 지으려는 농민에게는 우대조건으로 빌려줄 계획이다.

■ 집중촌에서의 교육

금풍촌 지도부와 노인협회에서는 여러 차례 토론을 거치고 모든 역량을 동원하여 일류의 농촌소학교를 만들자고 계획하였으며 이미 2.3헥타르의 부지에 260만 위안을 투자하여 4,000여 평방미터의 종합교수청사를 짓고 있다. 그중 2,700평방미터의 3층짜리 교실, 1,300평방미터의 기숙사, 그리고 식당, 문체종합실, 실험실, 태권도관 등으로 되어있는데, 현재 본관건물이 마무리 되었다. 이미 길림시에서는 금풍촌 농촌소학교를 길림시에서 첫 유일한 조선족농촌종합실습학교로 운영하기로 승낙을 했다. 그리고 조선족 이사가족을 널리 받아들여 금풍촌 마을을 집중촌으로 가꾸어 나갈 계획이다.

■ 금풍 집중촌으로의 이사

금풍촌의 현재 계획은 3년내에 200-300호의 이사호를 받아들일 계획인데 그렇게 되면 금풍촌은 아라디처럼 관리구(향급)대우를 받게 될 것이고 그러면 재정세금에서 많은 혜택이 금풍촌민들에게 돌아오게 될 것으로 기대된다. 따라서 금풍촌에 이사오려는 조선족들에겐 아무런 조건도 없다. 첫째, 호구를 본인 요구대로 시내호구 혹은 농촌호구를 수속해줄 수 있다. 둘째, 집을 지으려는 사람은 집터를 촌민과 똑같은 대우로 마련해주며 아파드를 원하면 촌민과 같은 대우로 촌에서 짓게되는 아파트를 알선해 준다. 셋째, 농사를 지으려는 사람은 경작지 면적을 원하는 대로 제공한다. 넷째, 직장생활을 하려는 사람은 촌에서 운영하는 공장에 배치해준다. 특히 학교를 살리기 위해 1세~10세 어린이가 있는 가정을 많이 환영하고 있다. 길림시 풍만구 이도향 금풍촌은 올해부터 조선족집중촌을 꾸릴 구체적인 계획을 작성하고 이미 동북3성에서 이사 올 조선족들을 받기 시작하였다.

다음에서는 한기학 할아버지의 증언을 통하여 당시 금풍촌의 정황을 살펴보고자 한다.

• 처음에 오셨을 때 1976년 5월인데 마을이 어땠는지?

처음와서 내가 고생 좀 했었어요. 양식도 대대에서 1사에 가서 얼마 받고, 2사에 가서 얼마 받고, 5개 소대인데, 여기서 조금 저기서 조금 모아서 양식을 먹고, 불을 때는 땔감도 전부 볏짚을 때는데, 그것도 한 소대에서 다 안주고, 어디서 한 차 어디서 한 차, 이래서 땠는데 그때만 해도 공급제니까 한 사람에게 한 달에 콩기름 한 냥 줘요. 그때 그것도 우리는 호구를 못올리니까 그것도 없어요. 그후 3년만에 호구를 올렸어요. 여기 김현구라고, 자꾸 나보고 유하현에서 무슨 나쁜짓하고 여기로 도망왔나 따지고 있지. 그때 경운기도 길림에서 못사요. 심양에서 사야되니까 심양에 내 아는 형도 있고, 내가 사러 갔다가 보내고 유하현에 갔지요. 대대 찾아가니까 마침 서기가 우리 고종사촌 자형이라요. 내 때문에 왔다하니까 대대장보고 접대하라고, 대대장이 우리 형하고 동창생이라요. 내가 유하현에 있을 때 친하게 지냈다고, 그 사람 부친하고 우리부친하고 의형제 맺었다고, 그런 친군데. 찾아갔는데 나쁜소리 하겠어요. 조사해봤자 뭐 없지 뭐.

• 여기 사람들이 원래 울진분도 많고 경상북도 출신인데, 같은 뿌리이고 잘 대해줄 것 같은데? 주민들하고 관계는 어떠세요? 76년도에 오셨으면 2012년도면 오신지가 36년정도 됐는데 금풍촌에 사시면서 어땠어요?

여기 인정이 비교적 좋은 곳이에요. 우리 주로 접촉하는게 이 동네에 2대, 3대 두 개 소대로 나눠졌는데, 지금은 1사, 2사, 3사라 하고. 이 동네가 2사에요. 여기 한 동네 45가구가 있었는데 지금은 10가구 정도 남았는데, 다 한국에 나가고 도시로 나가고, 나머지는 전부 중국 사람이에요.

• 지금은 한족이 한 10명, 조선족이 200~300명 된다는데?

호수는 안 줄었는데. 원래는 한 동네가 다 조선족이었는데, 다 돈벌러 나가고 세를 내놨는데, 전부 한족이 들어왔지.

• 여기서는 토지를 가지고 농사를 지으세요?

토지는 우리 촌에서 집채로. 2대, 3대, 4대. 대부분 다 농사 안지으니까. 여기 쌀공장 하나 있는데, 거기에 다 맡겨버리지.

• 그럼 거기서 다 농사를 짓나요?

네. 한족이 농사 지어서 우리는 거기서 삭을 받지〈한기학, 남/81세〉.

■ 노인협회

금풍촌노인협회는 104명으로 5개 분회로 나뉘여 거의 매일이다시피 게이트볼 시합을 벌이고 있다. 마을의 게이트볼 장은 도합 4개이며, 노인협회에서는 작년에 장백산관광을 그리고 금년에는 풍만 송화호에 유람을 다녀왔다. 노인협회의 회비는 일 년에 일인당 20위안으로 노인협회 본회의 경비는 촌지도부에서 매년 1만 위안씩 보조해주며 각 분회마다 자신들의 땅을 갖고있어 경비에 보탬이 되고있다.[43]

아래에서는 2012년 2월에 필자가 금풍촌노인협회를 방문하여 김일곤 할아버지와 한기학 할아버지를 인터뷰한 자료를 통하여 금풍촌 노인들의 일상을 살펴보고자 한다.

• 지금 조선족 노인분들은 무얼 하세요?

주로 휴식. 노인들이 희망하는게 손에 일거리가 있어야 같이 모여 놀기도 하고 하는데, 일거리가 없으니까 아예 모든 일은 나하고 관계없다 이렇게 되지. 길가에 꽃을 심던지 풀을 뽑던지 길가에 가로수든 이런 모든 일에 하고는 싶은데 중국정부에서 못해주지. 한국에 가니까 내가 인천에서 여섯달 있었는데 노인들이 말이야. 포크레인차를 가지고 구덩이를 파서 이쪽 나무를 저쪽으로 옮긴단 말이야. 정년퇴직해서 일거리를 만들어주고 그 일을 정부에서 자금을 대주지. 돈은 적어도 그 일에 취미를 붙여 한단말이야. 청소하는 것, 노인들이 쓸고 닦고 얼마든지 하거든. 내가 인천 남구에서 여섯달 있는 동안 운동장에서 걷기도 하고, 내가 복지관에 가서 네 달 동안 중국어 강사질을 했어요. 강사질 하는데, 그 한 달 임금이 48만원 주데. 내가 그 돈을 보고 한 사람은 아니지만. 그 사람들이 나를 초청하니까. 내가 중국에서 선생질도 했고 그러니까 여기서 해달라. 내가 잘하진 못해도, 그래서 한 달에 48만원씩 벌었어요. 그걸 정부에서 돈을 대주니까. 근데 여기는 정부에서 대주는 돈이 없으니까 여기 복지관 하나 없어요. 여기 경로당도 하나 지원도 없고, 중국에서는 처지가 이러니까. 근데 금년부터 60세 이상 노인들 한 달에 55위안씩 주는것 실시할거다. 80세 이상 노인들은 한 달에 생활보조금 50위안씩. 그 다음에 90살 이상은 100위안, 100세 이상은 한 달에 300위안. 그 나머지 노인들에 대해서는 뭐, 경로당을 꾸민다던지 국가 지원이 하나도 없어.

---

43 길림신문, "조선족들 한데 모여 재미있게 삽시다", 2012년 8. 7.

• 경로당에 노인분들 모이시면 주로 무얼 하는지?

책도 읽고, 신문잡지도 보고, 테레비에서 나오는 학습이 있는데 그것도 하고, 게이트볼 시합도 자주하고, 주로 앉아서 놀기 때문에 화투도 치고.

다음은 한기학 할아버지의 일상과 조선족 노인들의 삶을 들어보기로 한다.

• 조선족 노인들이 다 농토를 맡기고 한족이 농사를 짓고 삯을 받아서 살고?

우리 여기 할 일이 없어. 할 일도 없지. 친구도 없지. 소대에 원래 내 또래 영감이 셋 있었는데 손자, 손녀 학교보낸다고 길림시로 가버리고.

• 평소에 뭐하고 지내시는지?

신문이나 보고 잡지나 보고, 소설책 보고, 낮에는 일반적으로 TV를 안봐요. 눈이 나빠서 내 한 쪽 눈이 가짜에요. 한 쪽은 잘보이고.

• 무료하게 사는게 안타까운데?

할 일이 있어야지. 나도 조선사람인데 말이야. 젊은놈들이 아직 60도 못된 놈들이 다 집구석에 앉아 놀지. 조선족들은 하루 장에 나와보면 파는 사람이 한명도 없어. 중국 사람들은 하루에 5원, 6원 벌라고 나오는데, 조선사람들은 한국가서 돈 벌어서 다 중국 사람들 주머니에 넣어줘. 젊은사람들도 어디 집짓고 나가면, 지금은 인건비도 비싼데, 하루에 200~300위안 줘야돼. 그러면 한 달에 한 5~6천위안 버는데〈한기학, 남/81세〉.

■ 복지센터

길림시 풍만구 이도향 금풍촌의 조선족소학교 건물에 길림시명지복리센터가 들어서 있다. 금풍촌은 300만 위안의 실물투자로 명지복리센터주

식의 50%를 소유하는 주주가 되었다. 이는 마을의 부동산판매를 근절시키고 갈수록 부상하는 금풍의 부동산가치를 보유하기 위한 첫 합작건이라고 금풍촌 윤재환서기가 소개했다.

길림시 왕려영여사와 이도향 금풍촌에서 공동투자한 명지복리센터는 아동지체장애인의 건강회복, 교육, 위탁기지로써 2기 공사완료 후에는 조선족노인복지관이 뒤이어서 들어서게 된다. 명지복리센터 오픈식에는 중국장애자연합회 부주석이며 중국지력장애아동교육전문가 마연혜여사가 참석함과 동시에 명지복리센터 고문직을 맡았다. 주위 풍광이 쾌적한 이도향 금풍촌에 자리잡은 명지복리센터는 길림시장애자연합회로부터 길림시장애인위탁기지로 지정되었다.[44]

■ 경제활동

2009년도 부터 본격적으로 집중촌건설을 위해 금풍촌은 편리한 교통입지 조건, 넓은 토지, 그리고 값싸고 질 높은 잉여노동력을 내세워 기업들을 유치할 계획을 세워놓고 있다. 금풍촌은 이미 2백만 위안(3억원)을 투자해 농업시범단지를 조성해놓았으며 조만간 중국과 외국의 합자기업과 일본계 독자기업(사기업)이 들어설 계획이다. 금풍촌은 주민 유출 때문에 다른 조선족 촌락들과 마찬가지로 국가로부터 무상 불하받은 토지가 불모화되고있는 상황을 타개하기 위해 금풍촌촌민위원회가 선택한 방법은 유휴지를 집체관리하는 것이다. 이는 놀고있는 땅을 기업 등에 임대하거나 농촌기업으로 전환하면, 땅도 살리고 일자리도 만드는 일거양득의 효과를 거둘 수 있기 때문이다.

한편, 길림시 풍만구 이도향 금풍촌 권태정농민은 1990년대 초반부터 양계업을 시작해 농촌에서 벼농사만 짓고 살던 시절에서 벗어나 새로운

44 『길림신문』, "길림시명지복리쎈터 이도 금풍촌에", 2009. 7. 9(http://kr.chinajilin.com.cn/area/content/2009-07/09/content_34073.htm)

시도를 하였다. 그는 그동안 양계업으로 많은 소득을 올렸지만 불안정한 시장의 변화로 인하여 한 달에 1만 위안씩 연속 3개월간 적자를 보아 결국 양계업에서 손을 떼고 2004년도에 그는 다시 양돈업을 시작했는데 이듬해에는 이유모를 화재로 15만 위안이라는 많은 피해를 입기도 하였다. 그러나 2007년도에 권태정씨는 100여마리 암돼지로 종자돼지 2,000마리를 회사에 공급함으로써 순수입 20여만 위안을 올렸다. 권태정씨는 양돈업에 종사한 이래 줄곧 장춘의 정기선회사와 종자돼지 공급계약을 맺고 그동안 납품을 해왔다. 암돼지는 1년에 새끼를 20마리정도 낳는데 판매조건은 2달간 사육한 25kg의 새끼돼지를 계약회사에 공급한다. 돼지의 사료는 회사에서 지정한 유기사료만을 쓰는데 자체제조에 별 어려움이 없다.[45] 그러나 그후 2010년도에는 길림성 사상 최악의 홍수로 인해 그는 1,200마리 흑돼지중 1,170마리가 홍수에 떠밀려 내려가 무려 200만 위안이 넘는 손실을 보았다.[46]

금풍촌은 길림시에 속해있는 촌락인데도 불구하고 아라디촌에 비하면 촌락내에 기업이나 자영업 등 경제활동이 미미한 수준이다. 금풍촌의 시장 등 경제활동을 김일곤 할아버지로부터 인터뷰를 통해서 들어보기로 한다.

- 화룡에서보다 여기가 유복하다 하셨는데 그 이유가? 수전 때문인지? 저쪽 위에서는 밭농사를 주로?

그렇지 논이 없으니까, 논농사를 못 지어. 기후조건이 봄이 늦게오고 서리가 일찍오니까 농작물 생장기가 아주 짧지. 한창 크는 농작물에 서리가 와버리고, 내가 11살적에 나락이 여기서 큰다는 것을 화룡에서 알았어.

---

45 길림신문, "금풍촌 권태정농민 양돈업으로 올 순수입 50만원 목표", 2008. 4. 14(http://kr.chinajilin.com.cn/area/content/2008-04/14/content_45968.htm)

46 길림신문, "길림 이도 금풍조선족촌 사상 최악의 홍수", 2010. 8. 10(http://kr.chinajilin.com.cn/area/content/2010-08/10/content_10409.htm)

• 여기 금풍촌에 상가도 있죠?

여기 한 서너 개 있는데 다 중국 사람이 하고.

■ 학교시설

1936년 일제통치시기에 "영길현 공립고포자국민학교"가 세워졌다. 이 학교는 고포자, 후이도하사, 전이도하자 등 3개 마을의 중심지인 후이도하자 서쪽 길 북쪽에 자리잡았다. 3명의 교원이 모두 조선족들이었으며 학생은 60~80명 정도였다. 1942년까지 조선어 수업시간이 있었지만 1943년부터는 일제의 강압으로 조선어 수업을 취소하고 순 일본어로만 수업을 하게 되었다. 학교는 총 6회의 졸업생까지 나왔으며 제 7회 졸업생들은 1945년 8 · 15광복이 되면서 졸업을 하지 못하고 학교는 문을 닫게 되었다.

1945년도에 일제가 망하게 되자 많은 조선사람들이 귀국하는 바람에 금풍촌 조선족의 수는 대폭 감소되었다. 1946년 5월 28일에 만주연군이 물러간 후 국민당 군대가 길림시를 점령하였다. 따라서 조선족들은 부득이하게 또 한 차례 대이동을 하지 않으면 안되었다. 왜냐하면 사회질서가 혼란한데다가 국민당의 민족기시정책으로 갖은 시달림을 당하던 적지 않은 조선족들은 피난의 길에 올라 금풍촌을 떠나게 되었다. 그러나 계속 금풍촌에서 살기로 한 조선족들은 자녀들의 교육을 위해 힘자라는 대로 다시 학교를 세웠다. 이 시기의 전이도하자 마을에서는 이순필 선생님이 박봉래 매제네 집을 빌려 10여명의 학생들을 데리고 글을 가르쳤다. 후이도하자 마을에서는 손기석 선생님이 초급반 10여명을 가르쳤다. 고포자 마을에서도 고급반 학생들을 모아 박제진 선생님이 글을 가르쳤다. 당시에 교재가 없어서 이순필, 손기석, 박제진 등 선생님들은 자체로 교재를 편찬하여 교육을 했는데 조선어, 산수, 조선역사 등을 조선말로 가르쳤다. 이에 금풍촌 사람들은 자발적으로 학교를 세웠으며 교육에 필요한 모든 경비는 이집 저집에서 모아 해결했으나 겨울이면 난방시설도 갖춰지지 않아서 어려움이 많았는데, 바로 지금까지의 내용이 오늘의 금풍촌조선족소학교의 역사이다.

1948년 3월 9일에는 길림시가 중국인민해방군에 의해 해방되고 공산당이 길림에서 정권을 잡게 되었는데 이후로 조선족들은 민족기시의 암울한 환경에서 해방되었으며 마음을 펴고 살 수 있게 되었다. 길림시가 해방이 되던 해에 금풍촌 사람들은 고포자, 후이도하자, 전이도하자에 있던 학교들을 폐교하고 일제시대에 지었던 학교자리로 옮겨 다시 학교를 세웠다.

1949년도 봄에는 토지개혁운동이 시작되면서 지주, 부농의 재산을 청산하게 되었는데, 이때 촌에서는 지주와 부농의 재산을 청산하고, 그 중 벽돌집을 학교로 쓰도록 하였다. 따라서 동, 서쪽 양쪽에 있는 지주나 부농집의 4칸을 교실로 쓰고, 동쪽 한 칸을 교원사무실로 사용했다. 이러한 환경은 과거에 비하면 학교가 엄청 커졌지만 차츰 학생들이 늘어나는 바람에 교실이 부족하게 되었다.

1950년도에는 당지부 윤대건 서기가 나서서 마을사람들을 이끌고 5칸짜리 초가집을 짓고 교무실과 교실을 두 칸씩 더 만들었으나 여전히 교실이 부족하여 한 교실에 두 개 반 학생을 앉혀놓고 두 가지 내용으로 수업하지 않으면 안 되었다. 1949년도에 박제진 선생님이 참군하게 되고 이어서 1950년도에는 이순필 선생님이 참군하게 되어 가르칠 교사들이 부족하였다. 이 시기에 국가기관에서는 주진철 선생님을 교장으로 파견하였고 이어서 연변에서 강용한, 문명철, 김택수, 박희 등 교사들을 파견해 왔다. 이 시기에 총 학생은 136명에 달했고 교사는 4명이었다.

이 마을의 권기동 서기는 금풍촌을 조선족 집중촌으로 만들기 위해 동분서주하고 있었는데, 금풍촌은 다른 조선족 마을보다 여건이 좋았지만, 얼마전까지만 해도 심각한 인구유출로 해체위기를 겪었다. 지금도 전체 370여 가구에 1,250여명 규모의 이 마을 주민 중 200명 이상이 한국에 가 있으므로 마을주민의 국내 및 해외로의 인구유출이 심각한 상태이다.

금풍촌 권서기의 말에 의하면 "20년 전만 해도 마을이 북적댔다. 학생 수도 300명이 넘었고, 그 중 3분의 1이 대학에 진학 할 정도였다. 그러나 점점 한국으로, 도시로 돈벌이를 나가면서 상황이 악화됐다. 현재 남아 있는 학생은 50여 명이다. 길림시에도 원래는 조선족학교 157곳이 있었으나 지금은 40여 곳만 간신히 명맥을 잇고 있다고 한다. 그나마 3년 후에는 또 20여 곳이 없어질 전망이다. 따라서 학교가 없어지다 보니 학생들이 자연스럽게 한족학교로 가고 있다. 우리마을에서도 이러한 문제들이 누적되면서 자연스럽게 조선족 집중촌을 만들자는 목소리들이 나온 것이다."고 하였다.[47]

아래에서는 김일곤 할아버지와 한기학 할아버지의 사적인 교육과정을 통하여 당시의 교육과 학교시설에 대해 알아보고자 한다.

• 군대 복무하시고, 소학교, 중학교 교장선생님으로, 서기로. 그럼 한 8년 정도 하셨네요?

한 7~8년 되지요. 62년도에 부대에서 전업해서 63년도 부터 71년도까지 선생질 했는데. 처음에 와서는. 내가 왜 전업했나 하면은 내가 부대에 있을적에 군부작전참모부에 있었는데, 한번은 비밀회의를 하는데 군단장이 거기에 차를 몰고 갈 사람이 나밖에 없었어. 군관으로서 지프차를 몰 줄 알고 군단장을 모시고서 갔지. 그래 가는데 그 회의에 참석하는 인원의 명단을 적는데, 이름은 뭐고 민족은 뭔지. 군단장 성이 왕씨인데 내 이름도 적었는데, 나도 한족이 아니라 조선족으로 되어있지. 그래 나도 회의를 참석했지. 거기에 조선족, 몽고족, 미그르족 등 여섯 개 민족이 있었는데, 그중에 소수 민족중에, 조선족이 적혀있지. 그때 생각에 중국이 아무리 민족평등이 되도 국가정치를 풀어나가는데 소수민족이 힘을 못 쓰겠구나. 딱 그 마음이 들지. 그래서 그때 집으로 가야겠다, 폐병이

47 전경업, "광복초기 길림 금풍촌 조선족학교", 2004. 4. 19(http://cafe.daum.net/gljang/BPO4/23?q=%B1%DD%C7%B3%C3%CC&re=1)

있다, 하고 군대를 나오지. 그때 전업을 하게 됐지.

- 소학교, 중학교 교장선생님으로 근무하신게 63년도 부터지요. 그 때 어디어디 계셨는지?

바로 여기. 조선족소학교에서 교장, 길림시 26중 내가 건립했거든. 교장 겸 서기를 했고〈김일곤, 남/80세〉.

한기학 할아버지는 당시 제일 고중을 졸업할 만큼 공부를 많이 했는데도 불구하고 평생 농사를 짓고 생활해 왔다. 그에 대한 사유를 들어보면 다음과 같다.

- 그 당시 제일 고중을 다니시면서 많이 배우셨는데 교사나 다른 일거리를 안하시고 바로 농사를 지으셨네요?

제가 실제는 그때 현 사회에 집에서 농사짓는 사람이 영 드물었어요. 그런데 소학교에서 임시교사로 들어가서 한 2달 하고, 한 달에 돈을 30원 밖에 안주니까. 그런데 집에서 농사를 지으면 적어도 돈 백원씩 버니까 나와버렸죠. 그 후에 현 세무국에서 또 임시로 일하다가, 안 갈려고 하니까. 그때는 사람 찾기가 힘들었어요. 고중 학습하고 농사짓는 사람이 없으니까, 너무 귀하니까 할수없이 거기 가서 한 석달간 일했었어요. 그 다음에 길림시 유하현 강과점. 원래는 세무국에서 세금받는거. 거기는 조선족이 많이 살아요. 산골로 가라하니까. 안갔어요. 왜 안갈라 하니까, 결혼도 했고, 그때 부모가 못가게 했어요. 원인이 있어요. 내 위에 형님이 세 분 있는데, 큰 형님이 6 · 25때 희생됐어요. 둘째, 셋째 형은 공작처로 나가버리고, 그니까 내가 집에서 제일 크죠. 그니까 공부는 제일 많이 하고 농촌에 처박혀 있고, 대학시험도 못치게 하지, 군대도 못가게 하지, 그 세무국 얼마나 좋아. 근데 못하게 하니까 방법이 없지〈한기학, 남/81세〉.

이상에서는 기존의 자료를 통하여 금풍촌조선족 소학교의 태동과 발전과정을 살펴보았다. 그리고 개혁개방 후 마을주민들의 유출에 따른 소학교 학생들의 감소와 조선족집중촌을 만들게된 배경을 설명하였다. 다음에서는 금풍촌마을의 답사를 통하여 알게 된 마을의 가옥구조에 대해서 살펴보고자 한다.

(2) 마을의 가옥구조

금풍촌의 집은 두 가지의 형태로 나뉘어져 있다. 첫째는 마을에서 집체로 지은 벽돌집이 있다. 둘째로는 2010년 8월 홍수에 의해 큰 피해를 당했던 금풍촌에 1기 10동의 아파트가 들어섰으며, 제 2기에는 부지 5만 800평방미터에 13동의 아파트가 들어섰고 세대수는 총 508세대이며, 평수는 60평방미터에서 120평방미터로서 평균가격은 2,500 위안이었다.

아파트를 제외한 주택은 벽돌집들인데 집체로 지은 집이어서 그런지 대부분 규모가 획일적이고 비슷하였다. 먼저 대문을 들어서면 정면에 단층으로 벽돌을 사용하여 건물을 지었으며, 건물 앞 공터에는 야채 등을 재배하여 활용할 수 있도록 공간을 할애하였으며, 집 옆의 공간을 활용하여 돼지나 닭을 기를 수 있도록 하였다. 집을 들어서면 중앙에 부엌이 보이는데 안쪽으로 들어가 보면 부엌에 찬장이 있고 냉장고가 있으며, 벽을 중심으로 길게 찬장같은 다이가 만들어져 있어서 다이 위에서는 요리를 하며 다이 아래서는 땔감을 이용하여 불을 이용거나 가스레인지를 활용하여 취사를 할 수 있도록 설계되어 있었다.

그리고 부엌을 중심으로 왼쪽과 오른쪽에 방이 위치해 있다. 방은 오른쪽이 거실역할을 하는 큰방인데, 큰방은 가족들이 주로 활동하는 공간이라 바깥으로 난 큰 유리창을 통하여 햇빛이 들어오므로 방안이 밝고 좋으며, 큰방에는 이불장과 옷을 넣어놓는 농이 한쪽 모서리를 차지하고 있고, 농 옆에는 화장대와 기타 TV 등이 놓여있다. 큰 방에서 바로 문을 열

사진 3.11 금풍촌 마을의 가옥구조

면 건너갈 수 있는 작은 방에는 주로 식품을 말린다거나 고구마나 감자 등을 얼지않게 보관하는 창고 대용으로 쓰는 방으로 사용할 경우가 많다.

건물의 뒷 켠으로 돌아가보면 겨우내 아궁이에 지필 장작더미가 쌓여 있으며, 이곳은 연장 등을 보관하는 창고대용으로 쓰이는 곳이기도 하다.

(3) 마을의 민속촌 개발

2010년 이후 금풍촌에서는 풍만구위 구정부의 지도하에 소도시발전을 계기로 "생태농업을 발전시키고 건강소비를 지향하며 생태문명으로 나아가는" 원칙을 견지하여 민속관광업을 크게 발전시켰다. 이에 금풍아리랑민속부락은 현대 휴가농업시범기지를 발판으로 풍만구의 민속관광자원을 대량발굴 정리 개발하여 민속문화가 길림시 관광산업을 활성화 하는데 기여하였다. 근년에 풍만구에서는 "산수풍광 민속풍정 빙설관광" 등 지역특성이 우수한 민속관광자원을 발굴하였으며, 민족문화를 융합시킨

사진 3.12 금풍촌 마을의 민속촌

관광제품을 활성화 하였다. 따라서 이 이념에 의거하여 2010년이래 풍만구에서는 민풍, 민정, 민속의 영역을 통하여 길림시 민속관광내용을 알차고 활기차게 구성하였다.

풍만구에서는 민속관광발전을 기초로 민속생활문화와 민간가무오락문화, 명절문화, 신앙문화 등을 전승하여 풍만구의 음식업과 숙박, 상업, 교통 등 산업발전을 이끌어 길림지구 경제일체화의 쾌속적인 발전에 참여하고 촉진시키려 하고 있다.[48]

이러한 시기에 필자는 2012년 2월 금풍촌에 도착하여 김일곤 전 금풍촌 촌장의 안내로 「아리랑 조선족 민속부락」을 방문하였다. 민속부락은 금풍촌의 끝자락에 있었고 민속부락의 주변은 수전과 밭이었으며 민속부락이 차지하고 있는 공간이 넓었다. 민속부락의 입구에는 「아리랑 조선족

48 중국항업연구사이트, 2013/6/24

민속부락」이라는 팻말이 크게 걸려있었으며 대문과 담장에는 짚으로 이은 덮게가 덮여 있어서 민속촌의 냄새가 물씬 풍기는 듯하였다.

한편, 민속촌을 둘러싸고 있는 벽면에는 한국의 전통적인 놀이인 춤과 윷놀이, 연날리기, 그네뛰기 등 전통문화에 대한 풍습을 그림으로 표현하여 그려져 있었다. 그리고 넓은 민속부락 안에는 여러 채의 초가집이 있었다. 초가집은 벽면을 흙벽으로 쌓아올려서 전통적인 시골 농촌의 농가를 연상케 하였으며 건물마다 짚으로 지붕을 덮은데다가 청사초롱을 초가의 처마에 주렁주렁 매달아 놓았었다. 건물내부에는 아직 눈에 띄게 민속관련 시설을 구비해놓지 않았고, 이제 그러한 시설들을 설치중이라 하였다. 밖에는 5월 단오절에 주로 타는 그네가 눈 속에 줄을 길게 늘어뜨리고 있었다. 이곳 민속촌이 아직은 외형만 갖추기에 급급하지만 향후 금풍촌 조선족들의 한민족의 정체성이 이곳 민속촌을 통하여 이어가리라고 본다.

이상에서는 금풍촌마을이 한민족 문화정체성을 유지해나가기 위한 마을의 민속촌 개발에 대한 정황을 필자가 금풍촌 민속부락 방문을 통하여 실제 보고 느낀 바를 기술하였다. 아래에서는 금풍촌마을의 문화생활의 특성을 길림시 조선족 군중예술 활동을 통하여 알아보고자 한다. 그리고 실제적으로 길림시 조선족들의 문화활동을 이끌어가고 있는 전경업 길림시 조선족군중예술관 관장과의 인터뷰내용을 소개하고자 한다.

5) 금풍촌 마을의 문화정체성

금풍촌은 개혁개방 이전에는 4개의 자연촌락에 634세대, 2,182명의 마을구성원이 거주하는 큰 마을이었다. 금풍촌조선족학교도 300여명으로 번창하였으며, 당시 주기적으로 열렸던 금풍촌 민족운동대회는 마을주민과 학생 그리고 고향을 떠나 타향에 가 있던 사람들까지도 고향을 찾아 서로의 정을 나누었던 마을의 큰 행사였다. 그러나 개혁개방이후 한국으로 그리고 대도시로 흩어지다보니 예전처럼 정겨운 마을 운동대회를 더 이상 열 수 없었다. 그러던 것이 2006년 9월 20일 금풍촌 제 11기 민족운동대회가 금풍촌소학교운동장에서 열렸다.

(1) 이도향 금풍촌의 마을운동대회

2006년 9월 20일에 이도향 금풍촌 제11기 민족운동대회가 권기동 촌당지부서기를 대표로 하는 촌지도부의 두 달간의 준비 끝에 금풍촌조선족소학교 운동장에서 개막식을 올렸는데, 여기에는 풍만구정부, 이도향정부, 조선족군중예술관 등에서 대거 참석했다. 금풍촌 촌장인 권기동서기는 개회사에서 "이번 운동대회를 개최함으로써 동네 친우, 친척들이 한자리에 모여 기쁨을 나누는 잔치를 벌이게 되었으며, 그리운 회포들을 풀고 금풍촌의 희망찬 앞날을 열어가도록 마음을 같이 하자"고 했다.

이번 금풍촌 마을 운동대회는 8년만에 열리는 운동대회로 특별한 의미가 있었다. 왜냐하면 개혁개방이래 한국 등 해외로의 출국과 대도시로의 이전에 의한 마을인구의 감소로 누차 운동회 개최를 시도해왔으나 그동안 열지 못하고 이제야 개최하게 되었다. 운동대회에는 외국에 나가있는 촌민들에게 촌지부, 가족, 친우들의 연락으로 외지에서 사업을 하고 있는 금풍촌 사람들이 적극 참여해 500여명이 한자리에 모이게 되어 모처럼 성황을 이루었다. 운동회 참석자들 속에는 이번 기회를 빌어 수년만에 고향마을을 찾게된 사람 또는 10년만에 서로가 얼굴을 보게 되는 사람도 있었다. 오랜만에 주고받는 안부인사에 옛날 시골동네 소박한 인정미들이 묻어났으며 시끌벅적이는 운동회에 온동네가 금새 활기를 띄었다. 마을의 어르신들은 이마살을 펴고 "사람사는 맛이 바로 이런겁니다. 너무 기뻐요."하며 감개무량해 하였다. 이번 마을운동대회는 3일간의 일정으로 육상, 축구, 배구, 그네, 널뛰기, 씨름 등 전통적인 민속경기를 이어받아 진행되었는데, 금풍촌에서는 5개 소대별로 팀을 구성하였으며, 구정부팀까지 도합 6개 팀으로 경기를 진행하였다.

근 1백년의 역사를 갖고 있는 금풍촌은 그동안 370여호에 1,240여명이 살고있던 조선족동네였으나 지금은 거의 반수이상의 촌민이 외국이나 외지에 나가있는 상황이다. 그러나 금풍촌은 도시인근에 위치해 있고 또한 편리한 교통과 물 좋고 공기 좋은 고장으로서 특히 근래에 들어서 지역가치가 급부상하고 있어서 촌민들 중 가옥을 팔아버린 촌민은 한 호도 없다고 한다.[49]

(2) 길림시 조선족 군중예술관

1953년에 설립된 길림시 조선족 군중예술관은 반세기동안 길림지역의 17만명 조선족들의 문화생활과 문화정체성을 유지하고자 노력해왔다. 그동안 예술관에서는 민족적 특성이 있는 문화활동을 조직하고 전개하였는데, 매년마다 길림시조선족저명인사 음력설맞이 모임과 길림시조선족각계인사 음력 설맞이 대형문예공연을 조직하고 길림시의 시정부나 시정협, 길림시문화국, 조선족중소학교, 유치원 등 각 기업단체지도자들과 길림시 조선족들과의 만남의 자리를 마련해 화기애애하고도 뜻 깊은 명절을 보내게 하였으며, 길림시 조선족들이 행복하게 살아가는 새 모습을 보여주기도 했다. 한편 매년 조선족의 전통명절인 정월대보름이면 민족복장을 화려하게 차려입은 조선족들이 예술관의 아리랑회관에 모여들어 50여개 팀에 700여명이 참가한 우리민족의 전통놀이인 윷놀이를 즐기곤 하였다.

한민족의 전통이 자자손손 이어지게 하고 조화로운 사회구축을 취지로 펼쳐지는 민속문화제에는 1,000여명이 참가한 개막식, 대형광장집단무 출연, 8개 팀에 1,000여명이 참여한 합창경연대회, 장구춤, 칼춤, 삼인무, 독창, 사물놀이, 노래자랑 등으로 풍성하게 꾸며졌다. 길림지역의 조

---

49 차영구, "사람사는 맛이 납니다", 『길림신문』, 2006.9.26.

사진 3.13 길림시 조선족 군중예술관

선족공동체로는 151개의 자연촌과 10개의 조선족중학교, 36개 조선족소학교, 길림시내 안의 7개 조선족노인협회로 구성되어 있다. 예술관에서는 경험이 풍부한 전문가들을 초빙하여 무용, 성악, 미술, 서예 등 강습반을 20여 차례나 구성하였으며, 새로 설립된 조선족진달래 무용양성학원, 조선족 성악지도양성반 등 활동센터는 조선족 대중문화기능을 충분히 발휘하였다.

한편, 마을의 문화정체성 유지를 위한 프로젝트는 예술관에서 장기간 심혈을 기울여오는 중요한 사업으로서, 2002년 반석시 길창진 쏘구조선족촌과 풍만구 금풍촌에 조선족 전통 문화발전을 위하여 많은 노력을 하였다. 예를들어 단오절에는 쏘구촌에 실무진을 파견하여 8,000여 위안에 달하는 사물놀이 타악기를 기증하였으며, 금풍촌에는 민속문화제를 계기로 1,600 위안에 달하는 악기를 기증하고 촌민들을 위해서 한주일간 양성지도반을 조직교육하였다.

아래에서는 길림시 조선족 군중예술관 전경업 관장으로부터 중국의 소수민족예술정책에 대해 살펴보고자 한다.

- 조선족 예술관이 조선족사회에 어떤 역할을 하는지 말씀해 주십시오.

먼저 여기는 지구급 이상은 예술관이고 아래는 문화관이라해요. 남방은 문화관으로 다 통일됐는데 옛날말로 직급으로 말하면 그렇습니다. 그런데 하얼빈, 대련, 심련, 단강, 길림, 연변, 장춘은 여기처럼 말하면 예술관급이 되는거에요. 그리고 이제 그 아래 현, 신이 문화관이라고 하는데 보통 길림시랑 장춘지구를 합쳐서 길장이라고 하는데 길장지구에 보면 종종 예술관이 하는 일이 사실은 이게 정부에서 공식기구 아닙니까. 길림시 장춘마을하면 길림시 장춘정부산하의 문화국 사업체거든요. 거기서 하는 일은 공식적으로 조선족을 상대로 한 민족문화유산의 발굴 보급 행사조직 진행이거든요. 그런데 문화사업이니까 글도 쓰고 노래도 하고 다 포함되요. 그러니까 예술관 자격이 커지는거에요. 종종 사회가 말하는 예술관 주도라고해서 많이 진행되죠. 문화관이나 예술관이 없는데는 학교에서 진행이 되죠. 또 학교가 없는데에서는 노인협회나 부녀협회에서 되고 다시 거꾸로 올라오거나 하죠. 정부 공식기구니까 행사를 하고, 하는 일들이 모두 정부의 지시를 받게되어 있습니다. 연초에 계획 올려보내고 행사과정에 신청하면 보통 100% 허가가 나와요. 그런데 한족이 뭐한다고 하면 다 물어봐요. 경비따지고 뭐따지고.. 근데 종족 문화관이니까.. 아래 산하의 사업체이니까 또 소수민족이 하니까 별로 따지지 않고 신청하면 연중에 행사하면 거의 다 지지해줍니다.

- 중국의 55개 소수민족들이 있는데 조선족은 200만이라 소수민족으로써 예술관 같은게 있는데 다른 민족들도 이런 예술관이 있습니까?

없습니다. 대신 회족은 우리보다 많아서 이슬람교인데 절도 있습니다. 국가 재정에서 지원해줍니다. 다른 민족은 아무것도 없습니다. 우리 민족은 유치원, 소학교, 중학교, 고등학교까지 지원해줍니다. 하지만 지원이 없는 민족들은 한족들과 함께 교육을 합니다. 한국에서는 정부차원의 특수한 행사 아니면 거의 지원을 안 해주지 않습니까? 하지만 여기는 자잘한 행사도 보고만 하면 다 지원해줍니다. 그건 참 좋은 것 같습니다. 하지만 조선족의 인구가 줄어드는게 가장 큰 문제입니다. 많은 젊은이들이 다 시내로, 해외로 나가버리니까.. 조선족 사회들이 다 망한다고들 합니다. 하지만 그런 것은 아닙니다. 그것은 해당 인원들이 중국내에서 다른데로 돌고 도는 거지 막상 조선족들이 없어지는 것은 아닙니다. 한국의 옛 말에도 사람 낳으면 서울로 보내고 말은 제주도로 보낸다 하지 않습니까. 이와 같은 이치입니다.

제가 많은 노력은 해봤지요. 많은 기업도 찾아가보고, 여기저기 회장들도 만나보고, 하지만 결과가 좋지 않네요. 제가 얼마전에 한족 한 분과 민족에 관한 이야기를 하기 위해서 만난 적이 있어요. 그런데 대뜸 그 분이 그러시더라고요. 나는 한족이고 당신은 조선족이요. 그런데 우리가 그것 때문에 우리가 술을 먹고 있는 것이오. 우린 만났기 때문에 술을 마시는 것이오. 민족이란 말은 지배계급이 지배를 쉽게하기 위해 만든 용어일 뿐이오. 이러시더라고요. 그말을 들었더니 공감이 되더라구요. 저는 그냥 단순히 살아가는거지 조선족을 배신한 것도 아니고, 중국을 배신한 것도 아닙니다. 조선족을 살리기 위해 한족학교에 자녀들을 보내지 말자는 운동은 취지는 좋은 운동이지만... 좀 다르게 보면 잘못된 것이 아닌가요. 외국에 사는 사람도 중국어를 배우는 판국에 조선족보고 중국에 살면서 중국어를 배우지 말라는 것은 이상한거 아닙니까? 지금 농촌에는 한국에 교류체험이나 교육 혹은 인력을 보내려구 하는데 비자 시험을 어디서 받는지도 모릅니다. 지원하면 추천을 해서 보내는데 지금 농촌에는 이런거가 있는지도 모르는 사람들이 너무 많아요. 한국이 실제로 그런 취지가 있다면 가난한 사람이나 그런 도움을 받아야 하는 사람들을 적극적으로 구해야 하는데 그냥 보여주기 식으로만 그러니까 참 아쉬운 상황이지요〈전경업, 남/50세〉.

4. 집단적 기억의 재현

1) 기념비(탑)을 통한 기억의 재현

연변지역은 근 · 현대 혁명투쟁역사가 유구한 지역으로 항일무장투쟁, 국내해방투쟁, 항미원조전쟁(한국전쟁)에 이르기까지 수많은 열사들이 배출되었으며, 이들의 혁명정신을 계승하기 위한 목적으로 혁명열사기념비가 마을 곳곳에 건립되었다. 연변지역 혁명열사는 총 1만 5천 453명이며, 그 중 조선족 혁명열사가 1만 4천 512명으로 94%를 차지하고 있다. 시기에 따라 구분해보면, 항일전쟁 시기 혁명열사는 3천 125명인데 그중 조선족 혁명열사가 3천 26명(97%)이며, 해방전쟁시기 혁명열사는 4천 313명인데 그중 조선족혁명열사가 3천 713명(86%)이고, 항미원조전쟁시기 혁명열사는 8천 14명인데 그중 조선족혁명열사가 7천 773명(97%)이다.[50] 현재 혁명열사기념비는 연변혁명열사릉원, 주덕해기념비 등 조선족을 포함한 연변지역 인민들에게 혁명전통교양 및 애국주의교양 활동의 학습자료로 활용되고 있다. 특히 중소학교에서는 청명절, '7 · 1절'(중국 공산당 창건기념일)과 국경절에 혁명전통 교양활동을 전개하고 있다.[51]

(1) 주덕해동지기념비

주덕해는 연변조선족자치주 창립의 산파이자 초대 주장을 지냈으며, 조선족의 융성과 위용의 반석을 다진 인물이다.

주덕해의 본명은 오기섭(吳基燮)이며, 원적은 함경북도 회령군 팔을면

---

50 『길림신문』, 2011.4.11., http://kr.chinajilin.com.cn/qihua/content/2011-04/11/content_41913.htm, 검색일: 2014.1.13.

51 조선족사이버박물관, http://history.zoglo.net/bbs/board.php?bo_table=com_news&wr_id=62, 검색일: 2014.1.13.

복생동이다. 주덕해는 1911년 3월 5일 러시아 연해주 우수리스크 부근의 도베아라는 한 산간마을에서 태어났다. 8살 때 그의 부친 오우서가 토비들에게 살해되자, 살길이 막힌 어머니 허씨는 가족을 데리고 고향인 회령군으로 돌아갔다. 그곳에서도 여의치 않자 1920년 2월 주덕해는 어머니와 세 삼촌들과 함께 두만강을 건너 화룡현 승지촌(현재 룡정시 지신향에 귀속)에 와서 정착했다. 주덕해는 1931년 5월 중국공산당에 가입하였으며 당지부서기직을 맡기도 했다. 1937년 연안조선혁명군정대학 총무처장을 맡았으며, 하얼빈에서 조선의용군 3지대 정치위원으로 활약하였다. 1949년 3월 연변으로 전근해서 연변전원공사 전원, 연변조선족자치주 제1임주장 겸 주위서기직무를 맡았다. 당 8차대표대회에서는 당중앙 후보위원, 성당위 상무위 겸 부성장, 전국정협위원으로 선출되었다. 그러나 주덕해는 문화혁명기간 억울하게 누명을 쓰고 박해를 받아 부득불 연변을 떠날 수밖에 없었으며, 1972년 7월 3일 호북성 무한에서 "나는 길림에 돌아가겠습니다"라는 마지막 한마디 유언을 남기고 한 많은 생을 마쳤다. 그는 연변의 경제발전, 문화교육, 사회안정, 민족자치의 제반 기반을 마련하는데 지대한 공헌을 한 걸출한 혁명가였으며, 중국조선족의 위상을 높이는데 공로를 세운 탁월한 지도자였다.[52]

문화대혁명시기 주덕해는 "한사코 개조하지 않고 자본주의 길로 나아가는 집권파, 매국적, 독립왕국, 지방민족주의 분자" 등 여러 죄목으로 낙인찍혀 타도의 대상이 되었다. 연변에서 갖은 수모와 탄압을 당한 주덕해는 1969년 호북성(湖北省) 중부의 강한평원(江漢平原)에 소재한 5·3농장으로 쫓겨났다. 주덕해는 그곳의 기계수리 공장에서 수리공으로 일했고 사탕수수밭에서도 일했다. 1972년 4월 주덕해는 주은래총리에 자신의 병세와 누명에 대한 보고를 하였으며, 이에 주은래총리는 중공 호북성위에 주덕

52 연변윤동주연구회, http://www.md1945.com/bbs/board.php?bo_table=tourist&wr_id=26. 검색일: 2014.1.13.

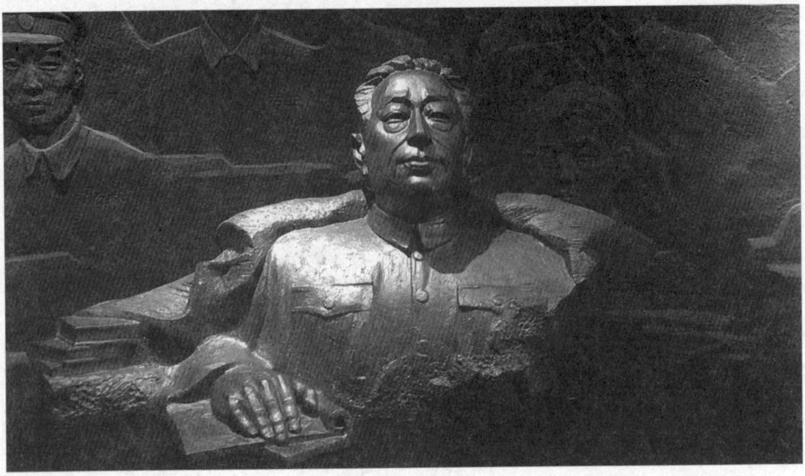

사진 3.14 연변조선족자치주 제1대 주장 주덕해 흉상[53]

해의 생명을 연장하라고 지시했지만 7월 3일에 61세의 일기로 누명을 벗지 못하고 세상을 떠났다. '4인방'[54]이 분쇄되고 문화대혁명이 종식된 1978년 6월 연변에서는 주덕해의 억울한 누명을 벗기고 명예 회복에 관한 '중공 연변주위 결의'를 채택하였다. 연변인민을 위해 헌신적으로 일한, 진리를 견지한 주덕해의 공적이 불편부당한 평가를 받게 되면서 드디어 원상회복된 것이었다. 1984년 5월, 중국공산당 중앙 총서기 호요방이 주덕해기념비를 세울 것을 지시하였다.[55] 이에 따라 1986년 7월 '주덕해동지기념비'가 준공되어 서거 14돐이 되는 날인 7월 3일에 제막식을 가졌다.

기념비는 연길시 인민공원의 서산마루에 세워졌는데, 기념비 주위의 사철 푸른 소나무들이 숲을 이루고 산 아래에는 연길시 인민경기장이 있다. 기념비는 높이가 20m인데 회백색 화강암으로 건축되었다. 호요방 총

53 출처: 중국 연길시 연변박물관

54 문화대혁명 기간 동안 무소불위의 권력을 휘둘렀던 4인방은 마오쩌둥의 부인인 장칭, 정치국 위원 야오원위안, 중국공산당 중앙위원회 부주석 왕홍원, 정치국 상임위원 겸 국무원 부총리 장춘차오를 말한다.

55 『일요주간』, 2013.8.16., http://www.ilyoweekly.co.kr/news/articleView.html?idxno=8011, 검색일: 2014.1.14.

서기가 친필로 "주덕해동지기념비"를 새겼다. 비갓은 당기와 송백, 진달래꽃잎으로 조각되었는데, 당기는 주덕해동지가 충직한 공산주의 투사였다는 것을 표징하고, 송백은 그의 혁명정신이 만고에 길이 전해진다는 것을 의미하고, 진달래꽃잎은 연변 여러 민족 인민들의 숭경의 뜻을 상징하고 있다.[56]

2008년 9월 17일, 주당위와 주정부에서는 장중한 안치 및 추모식을 갖고 "골회를 연변에 안치해달라"는 주덕해의 유언을 좇아 원래 성로간부국 골회당에 보관했던 골회를 기념비 서쪽 공지에 안치했다.[57] 현재 청명이나 추석 때에 연변 조선족들은 기념비를 찾아 추모하고 그의 혁명정신을 되새기고 있다.

(2) 혁명열사기념비

중국의 연변은 1986년 국가문화부 대리부장이며 시인으로 잘 알려진 하경지에 의하면, "산마다 진달래요, 마을마다 열사기념비"라 하여 연변의 혁명전통을 적절하게 묘사한 바 있다.[58] 연변지역에는 총 523개의 혁명열사기념비가 세워져 있다. 이 기념비는 항일무장투쟁에서 부터 해방전쟁, 항미원조전쟁, 사회주의 혁명과 건설기에 이르기까지 희생된 혁명열사들을 추모하기 위한 것이다.

연길시에는 촌급열사기념비가 총 32개가 있는데, 2007년에 건군 80돐을 기념하기 위해 보수했다. 새로운 기념비는 통일설계, 통일모양, 통일표준, 통일시공의 원칙에 따라 건립되었다. 열사기념비는 주체가 백색인데,

---

56 『중국조선어방송넷』, 2014.1.6., http://www.krcnr.cn/ztbd/zdh/njdz/201208/t20120827_374705.html, 검색일: 2014.1.13.

57 『연변인터넷방송』, 2009.7.21., http://ybrt.cn/board.php?board=news_photo&act=view&no=2155&page=93&search_mode=all&search_word=&cid=1&html=&item=&contents=, 검색일: 2014.1.13.

58 『길림신문』, 2009.4.7., http://www.jlcxwb.com.cn/cxz/content/2009-04/07/content_36050.htm, 검색일: 2014.1.13.

이는 혁명열사의 숭고하고 순결한 지향을 상징하고, 기념비중심부는 황색으로써 이는 혁명열사가 걸어온 풍운의 나날을 상징한다. 그리고 오성도안과 기념비 글자는 붉은색으로써 이는 혁명열사들의 영원한 정신을 상징한다.[59]

용정시에서 항일전쟁, 해방전쟁, 항미원조전쟁과 사회주의 혁명과 건설시기에 희생된 혁명열사는 총 5천 370명에 달하는데, 그중 조선족열사가 96%를 차지하고 있다.[60] 도문시 혁명열사기념비는 1천 14명의 혁명열사를 추모하고 있는데, 그중 조선족혁명열사가 982명(97%)이고 한족 혁명열사는 32명에 불과하다.[61] 화룡시는 국가 해당 부문에서 정한 길림성의 5개 중점혁명근거지의 하나이다. 항일전쟁, 해방전쟁, 항미원조전쟁, 미장특무숙청시에 이 시에서는 2천 569명의 혁명열사가 출현하였다. 화룡시의 혁명열사기념비는 총 68개에 이른다.[62]

'13용사기념비'는 화룡시 혁명전통기지의 하나이며 화룡의 상징이기도 하다. 1932년 화룡경내에 있던 네 개 유격대는 어랑촌에 집결해 중공 화룡현위가 영도하는 첫 항일무장인 항일유격중대를 건립하고 어랑촌에 화룡 현내의 첫 항일근거지를 창건했다. 1933년 2월 12일, 일제는 300명에 달하는 군대와 경찰을 동원해 어랑촌에 대해 토벌을 진행했다. 중공 화룡현위의 영도하에 항일유격중대 대원들은 어랑촌 근거지를 보위하기 위해 적들과 6시간에 달하는 격투를 벌였다. 이 전투가운데서 현위서기 최상동, 유격대 중대장 김세를 비롯한 13용사들은 장렬히 희생되었다. 열사

---

59 『연변일보』, 2007.7.24., http://www.iybrb.com/news_vew.aspx?id=2122, 검색일:2014.1.13.

60 『연변인터넷방송』, 2009.7.31., http://ybrt.cn/board.php?board=news_photo&act=view&no=2193&page=121&search_mode=all&search_word=&cid=1&html=&item=&contents=, 검색일: 2014.1.14.

61 『길림신문』, 2011.3.30., http://kr.chinajilin.com.cn/qihua/content/2011-03/30/content_39172.htm, 검색일: 2014.1.14.

62 연변생태문화예술협회, http://www.ybstwy.com/News/View.asp?newstype=1&num=4446&page=38, 검색일: 2014.1.14.

들의 혁명정신을 발양시키기 위하여 화룡시에서는 1981년 화룡시 체육장에 13용사기념비를 건설하였다.[63]

사진 3.15 13용사 기념비[64]

63 『연변인터넷방송』, 2009.8.12., http://ybrt.cn/board.php?board=news_photo&act=view&no=2229&page=139&search_mode=all&search_word=&cid=1&html=&item=&contents=, 검색일: 2014.1.13.

64 출처: 중국 연길시 연변박물관

(3) 3 · 13 반일운동기념비

1917년 러시아 사회주의 10월혁명의 승리, 1918년 제1차 세계대전의 종결, 1919년 한반도의 3 · 1운동 등의 영향으로 1919년 3월 13일 용정을 중심으로 반일시위운동이 일어났다. 이 운동이 바로 3 · 13 반일시위운동이다. 3 · 13 반일 대시위는 현 세기에 있어서 중국 조선족 인민대중의 첫 번째 대규모적 반일투쟁으로 평가되고 있다.[65]

1919년 3 · 1운동 소식을 전해들은 용정촌 각 사립학교의 학생들은 3월 8일부터 '정의', '인도' 등 표어를 들고 용정 거리에 나서 시위행진을 하고, 국자가의 도립중학과 농업중학, 소영자 광성학교, 와룡동 창동학교 등 학생들이 거리에 나와 '독립선언'을 발표한 소식을 대대적으로 선전하였다. 일부 학교의 학생들은 연합하여 동맹휴학을 하면서 반일군중대회를 개최할 것을 강력히 요구하기도 했다. 이러한 청년학생들의 반일운동 기세에 직면한 간도의 독립운동가들은 더는 미룰 수 없음을 알고 3월 9일 회

사진 3.16 1919년 용정 3 · 13 반일시위운동[66]

65 전병칠, 『20세기 중국조선족 10대사건』 서울: 환경공업출판사, 1999, p.31.

의를 소집하여 3월 13일 용정에서 '독립선언' 선포 경축대회를 개최하기로 결정하였다. 회의에서는 김영학을 회장으로, 배형제를 부회장으로 선거하고 3월 13일 용정촌에서 대규모 반일집회를 거행하기로 결정했다. 3월 13일 연변지역의 조선족들은 '대한독립선언서' 선포 경축대회에 참가하기 위해 용정촌 북쪽에 있는 넓다란 조이밭으로 몰려들었다. 대회 첫 순서로 애국가를 부른 후 대회 집행회장 김영학이 연변지구 조선인 대표의 신분으로 '대한독립선언서'를 낭독하고, 유여균, 배형식, 황지영 등이 조선에 대한 일제의 침략죄행을 규탄하고 모두가 일어나 조국의 독립을 위하여 싸울 것을 호소하였다. 대회가 끝나자 집회는 시위로 확대되면서 시위 대오는 일본 간도 주재 총영사관으로 진출했다. 일본 제국주의와 반동군벌은 즉시 대량의 군경을 동원하여 폭압적인 진압을 감행하였는바, 현장에서 19명이 희생되고 48명이 부상당하였으며 94명이 체포되었다.[67]

이 운동을 기점으로 한 연변지구 조선족 반일운동은 시간상, 규모상에서 연변지구 항일투쟁의 장거로써 중국 항일투쟁사에서 빛나는 한 페이지를 차지하는 의의를 가지고 있다.[68]

특히 3 · 13 반일 대시위 이후 전 동북지구 조선인 집거지에서 반일 민족독립단체들이 짧은 시간에 결성되고 무장한 독립군들이 활동하게 되었으며, 연길현, 화룡현, 왕청현, 훈춘현 등지에서 반일시위와 집회가 연일 계속되었다.

3 · 13 반일 의사릉은 용정시 동남교외의 합성리에 위치해 있으며, 반일시위운동 중 희생된 열사 가운데 13명을 안장한 곳이다. 묘소의 범위는 동서로 10미터, 남북으로 15미터이다.[69] 의사릉의 뒷면에는 "1919년 3월

---

66 출처: 중국 연길시 연변박물관

67 전병칠(1999), pp.37-44..

68 『길림신문』, 2009.3.14., http://www.jlcxwb.com.cn/cxz/content/2009-03/14/content_36544.htm, 검색일: 2014.1.14.

69 국가보훈처 훈터, http://mpva.tistory.com/107, 검색일: 2014.1.13.

사진 3.17 3 · 13 반일운동 기념비[70]

13일에 일어난 반일시위는 연변지구의 조선족 인민군중들이 일본제국주의의 조선침략과 중국침략 정책에 저항하여 일떠나 민족독립을 쟁취하기 위하여 벌인 군중성혁명투쟁이다"라고 기록하고 있다.[71]

70 출처: 중국 연길시 연변박물관

71 『연변일보』, 2007.10.17., http://www.iybrb.com/gih_vew.aspx?id=1349, 검색일: 2014. 1.14.

3 · 13 반일운동에서 좌절을 받은 조선인들은 일본제국주의와 싸워 이기려면 무장을 갖춰야 한다고 판단했으며, 이를 위해서는 막대한 자금이 필요했다. 1920년 1월 4일, 철혈광복단의 단원이었던 임국정, 윤준희, 최봉설, 한상호, 박웅세, 김준 등이 조선은행 회령지점에서 용정출장소로 운송되던 현금수송대를 습격하여 15만원의 군자금을 확보하였다. 이것이 바로 '15만원 군자금 탈취 의거'이다. 이 의거는 연변지역 조선족 인민들의 반일투쟁이 과거의 평화적인 시위에서 무장투쟁으로 전환하는 중요한 실천이기도 했다.[72]

(4) 청산리항일대첩기념비

1919년 3월 13일의 용정 반일 대시위 이후 연변지역을 비롯한 전 동북지구의 조선인 반일 운동가들은 수많은 무장단체를 결성하였다. 대표적으로 홍범도, 김좌진, 안무 등이 반일 무장부대를 결성하여 중조국경을 건너 두만강과 압록강 남안의 조선주둔 일본군 수비대들과 수십 차례의 전투를 벌여 일제에게 큰 타격을 가했다.[73] 그 대표적인 전투가 바로 청산리대첩이다. 청산리대첩은 항일독립운동사에서 가장 빛나는 전투로 기록되고 있다.

청산리항일대첩은 1920년 10월 21일부터 26일까지 길림성 화룡현 삼도구 청산리 부근과 와룡구 북쪽 산구 및 고동하반의 오도양차 일대에서 김좌진, 이범석, 홍범도 장군 등 무장독립군이 일본군을 맞아 백운평 전투, 완루구 전투, 천수평 전투, 어랑촌 전투, 맹개골 전투, 만기구 전투, 쉬구 전투, 천보산 전투, 고동하곡 전투를 통해 일본 정규군을 크게 격파한 6일간의 전투를 말한다. 당시 일본 정규군 병력은 5-6개 사단 20,000여명

---

72 『연변TV방송국』, http://www.iybtv.com/html/xinwen/yanbianxw/shwh/46211.html, 검색일: 2014.1.13.

73 전병칠(1999), p.53.

〔청산리 항일 대첩 기념비문[74]〕

해내외를 진감한 청산리항일대첩은 항일투쟁사상 천고에 빛날 력사적 전역이어늘 1920년 10월 21 - 26일 김좌진 홍범도가 통솔하는 항일련합 부대는 화룡시 23도구에서 연변 각 민족 주민의 대폭적 지원하에 협동 작전으로 백운평 와룡구 어랑촌 874고지 고동하반전투 등 대소 수차 격전을 거쳐 천으로 헤아리는 일본침략군을 섬멸하였거늘 소수로 다수를 타승한 이 전과는 연변 내지 동북지역 반일무장 투쟁사상 새로운 시편을 엮음은 물론, 조선 인민의 반일민족독립 운동을 주동한 력사로서 청사에 새겨졌어라. 청산리 대첩은 '일군 무적'의 신화를 깨뜨리고 연변 내지 전국 각 민족 인민의 항일투지를 지대히 고무하고 일본 군국주의의 위풍을 추풍 락엽처럼 쓸어버렸거늘, 그 실패를 달가와 않은 일본침략군은 연변 지역 무고한 백성에 대하여 선후로 2,600명을 참살한 보복의 '경신년 대학살'을 감행하였은즉 그 죄 하늘에 사무치고 그 참상에 치가 떨리는도다. 청산리 대첩 80주년에 즈음하여 연변 지역 각 민족 인민은 이 기념비를 세워 선열들의 충혼을 기리고 그 위업 천추 만대에 전하노라. 경신년 대참안 중 조난 당하신 동포 원혼들이여, 고이 잠드시라! 청산리 전역 중 피흘려 분전하신 항일 영렬들이여, 영생불멸하라! 연변 각 민족 인민 삼가 드림 2001년 8월 31일 준공

으로 청산리 전투에 참가한 독립군은 2,500여명 병력에 불과했다. 이 대첩에서 독립군은 유격 · 기습 · 산악전술 등을 성공적으로 전개해 일본군 1,200여명을 사살하는 등 무려 3,300여 명의 사상자를 내는 대승을 거두었다.[75]

청산리항일대첩기념비는 청산리대첩 80주년을 기념하여 건립된 기념비로써, 연변조선족자치주 인민정부와 화룡시 인민정부의 주도하에 주내 여러 민족인민들의 공동 노력에 의하여 2001년 8월 31일 화룡현 청산촌에 건립되었다. 특히 이 기념비는 한국광복회의 지원을 받아 건립되었다. 기념비는 5000평방미터의 부지에 넓이 25m, 높이 17m 60cm이다.

74 독립기념관, http://oversea.i815.or.kr/bbs/area/view.php?cd=1&idx=CN00158&nation=STACN&area=%EA%B8%B8%EB%A6%BC%EC%84%B1, 검색일: 2014.1.15.

75 『국방일보』, 2013.8.13., http://kookbang.dema.mil.kr/kookbangWeb/view.do?ntt_writ_date=20130814&parent_no=5&bbs_id=BBSMSTR_000000000125, 검색일: 2014.1.14.

청산리항일대첩 정신을 계승하기 위해 한국의 독립기념관에서는 기념 세미나를 개최하고, 백야김좌진장군기념사업회에서는 국내외 대학생들을 대상으로 '청산리 역사대장정' 프로그램을 운영하고 있다. 특히 청산리 역사대장정은 지난 2001년부터 매년 진행되고 있으며, 중국 북만주 일대의 항일독립운동 전적지와 고구려 및 발해의 유적지를 탐방하여 한민족의 드높은 기개와 기상을 체험하는 프로그램이다.

(5) 윤동주 시비

윤동주는 현재 연변조선족사회에서 "연변이 낳은 우리민족의 위대한 저항시인"으로 평가되고 있다. 그런 점에서 윤동주시인 관련 기념비와 생가복원, 자료관 건립 등이 활발하게 이루어지고 있다. 먼저, 윤동주시인이 다녔던 대성중학교(현재 용정중학교) 옛터 앞에는 '윤동주시비'가 건립되어 있다. 이 시비는 윤동주시인의 대표적인 시로 평가되고 있는 '서시'가 기록되어 있다.

사진 3.18 용정시 대성중학교 윤동주 시비

사진 3.19 용정시 명동촌 윤동주 생가

사진 3.20 용정시 명동촌 윤동주 전람관

윤동주시인의 생가는 용정시 지신향 명동촌에 있다. 생가 옆에는 김약연선생을 비롯한 항일독립운동가들이 모여 들었던 넓다란 교회당이 있다. 윤동주 생가는 1900년경에 그의 조부 윤하현선생이 지은 집으로써 기와를 얹은 10칸과 곳간이 달린 조선족 전통 구조로 된 집이었다. 윤동주는 1917년 12월 30일 이 집에서 태어났다. 1932년 4월 윤동주가 은진중학교로 진학하게 되자 그의 조부는 솔가하여 용정으로 이사하고 이 집은 매도되어 다른 사람이 살다가 1981년에 허물어졌다. 1993년 4월 명동촌은 그 역사적 의의와 유래를 고려하여 용정시정부에서 관광점으로 지정하였다. 이에 지신향정부와 용정시 문학예술계연합회는 연변대학 조선연구중심의 주선으로 한국의 해외한민족연구소로부터 지원을 받았으며, 국내외 여러 사람들의 정성을 바탕으로 역사적 유물로써 1994년 8월에 복원하였다. 이후 2012년 4월부터는 확장공사를 시작하였는데, 윤동주 시비, 윤동주 전람관, 정자 등이 자리를 하고 있다.

2) 기념 공간을 통한 집단적 기억의 재현

(1) 연변혁명열사능원

연변혁명열사능원은 연길시 인민체육장 북쪽의 높은 산 둔덕에 위치하고 있다. 연변의 특색 중 빠트릴 수 없는 것 중 하나가 바로 농촌 어느 지역에 가더라도 혁명열사기념비가 세워져 있다. 이중 연변에서 가장 큰 것이 연변혁명열사능원이다. 연변혁명열사기념관 영명록에는 항일전쟁, 해방전쟁, 항미원조전쟁, 사회주의 혁명과 건설시기 열사 1만 6000여명이 등록되어 있다. 탑 앞면에는 "혁명열사 영생하리"라는 전 중국공산당 총서기 장쩌민(江澤民)의 친필이 새겨져 있으며, 탑 뒷면에는 "항일전쟁, 해방전쟁, 항미원조전쟁에 목숨을 바친 선열들을 추모하고 후대들을 격려하기 위해 이 비석을 세운다"고 중국공산당 연변자치주위원회와 연변조선족자치주 인민정부의 이름으로 새겨져 있다.[76]

지난 20년간 연변혁명열사릉원에서는 "선인을 기념하고 후인을 교양"하는것을 취지로 삼고 "전 주 열사사적전", "9 · 18을 잊지 말자", "김광식

76 『오마이뉴스』, 2003.6.3., http://www.ohmynews.com/NWS_Web/view/at_pg.aspx?cntn_cd=A0000126158, 검색일: 2014.1.13.

열사사적전" 등 전시를 하고 있으며 선후로 전국중점기념건축물보호단위, 전국애국주의교양시범기지, 전국민족단결진보교양기지 등으로 명명되면서 연변의 여러 민족 인민들과 청소년들에게 혁명전통교양과 애국주의교양을 진행하는 중요한 장소로 자리매김하고 있다.[77]

중국은 청명절을 중시하는 전통이 있다. 그러한 이유로 청명절에는 조상의 묘에 성묘하고 돌아가신 조상들을 추모하는 예를 갖추고 있다. 이러한 맥락에서 혁명열사에 대한 추모도 매년 청명절에 전국적 차원에서 진행되고 있다.

(2) 연변박물관

연변박물관은 중국 연변조선족문화의 상징이며, 중국 '100개중점박물관' 중 하나이고 국가민족단결 진보교육의 기지 역할을 담당하고 있다.

연변박물관은 1960년에 건립된 이래 몇 차례의 개조를 거쳐 자치주 창립 60주년 헌례공사의 하나로 지난 2012년 9월 2일에 개관하였다. 이번에 개관된 연변박물관은 수장문물 1만 5천 건, 국가급 진귀 문물 600여 건이 전시되어 있다. 연변박물관은 문물보관, 문물복원, 민속체험, 공중레저, 과학연구 등 부동한 기능으로 획분된 7개 구역으로 나뉘어져 있으며, 도합 7개 전시청으로 구성되어 있다. 박물관의 주요 전시자료는 조선족민속문화, 조선족혁명투쟁력사, 연변주 60년 동안의 성과, 연변고대출토문물, 연변 미술, 촬영, 서법 작품 등이 있다.[78]

조선족민속전시실에서는 조선족의 이주로부터 시작해서 생산, 생활, 인생의례 및 문화, 오락 등 중국조선족의 우수한 민속문화를 전시하고 있으며, 중국조선족혁명투쟁사전시실에서는 조선족 계몽교육으로부터 반

---

77 『연변TV방송국』, 2012.4.27., http://www.iybtv.com/html/xinwen/yanbianxw/shwh/49633.html, 검색일: 2014.1.13.

78 『길림신문』, 2012.9.2., http://www.jlcxwb.com.cn/area/content/2012-09/02/content_94385.htm, 검색일: 2014.1.14.

사진 3.21 연변박물관

일, 항일전쟁시기, 해방전쟁시기, 자치주 창립을 이루기까지 중국조선족의 발전 역사를 한 눈에 볼 수 있다. 연변출토문물전시실에서는 연변박물관이 설립되어서 50여년간 출토된 많은 문물들을 전시하고 있다.[79]

(3) 중국조선족민속원

연길시 모아산 자락에 자리한 중국조선족민속원은 조선족의 풍속습관과 음식문화, 거주문화의 정수를 한자리에 집중시키고 그 우수한 전통을 계승, 발양하는 것을 목적으로, 연변조선족자치주 창립 60돐 기념 헌례 작품의 하나로 2012년 9월 2일에 개원했다. 중국조선족민속원은 휴식, 양생, 건강, 휴가, 거주를 일체화한 민속관광구역으로써, 전통민가전시구, 전통공예생산전람구, 전통문화교육구, 농경생활체험구, 농가생활체험구 등 여러 특색 구역으로 나누어져 조선족민속을 체험할 수 있게 했다.[80]

---

79 http://www.korea86.com/index.php?document_srl=1162&mid=news_cn, 검색일: 2014.1.14.

80 『동포투데이』, 2013.7.14., http://www.dspdaily.com/n_news/news/view.html?page_code=photo&photo_theme=netfu_85482_61265&no=1208&PHPSESSID=3d10431dd27f4135d8da1500de14102c, 검색일: 2014.1.13.중국조선족민속원은 총 부지면적 390헥타르에 달하

사진 3.22 중국조선족민속원

3) 의례를 통한 집단적 기억의 재현

(1) 9 · 3절 기념 경축행사

9 · 3절 기념 축제[81]는 연변조선족의 중요한 정치생활이며, 가장 큰 경사이다. 주지하다시피, 조선족은 항일전쟁과 해방전쟁에서 인구비례로 볼 때 중국의 56개 민족 중에서 가장 열성적으로 참여하여 신중국을 건설하는 데 큰 공헌을 하였다.[82] 이러한 조선족의 공헌이 인정되어 연변지역에 조선족자치구가 성립되었다. 1952년 8월 29일부터 9월 2일까지 연변

고, 총투자액 20억원에 이르며, 제1기 공사 부지면적은 70헥타르에 달한다. 제1기공사는 2012년 9월 2일에 완성되고, 현재 제2기 공사가 진행되고 있다.

81 이 축제에 대한 자세한 내용은 선봉규, "중국연변조선족의 9 · 3절기념축제의 콘텐츠와 정체성 연구", 『평화학연구』 제15권 3호, 2014, pp.117-136 참조.

82 항일전쟁에서부터 한국전쟁에 이르기까지 혁명열사의 현황을 보면, 연변자치주에 등록된 혁명열사 1만 4천 740명 중 조선족 혁명열사가 1만 3천 48명으로 88.5%를 차지하고 있다.

조선민족자치구 제1차 각 민족 각계 인민대표대회를 개최하여 '연변조선민족자치구 각 민족 각계 인민대표대회의 조직조례'와 '길림성연변조선민족자치구인민정부조직조례'를 채택했으며, 주덕해를 연변조선민족자치구 인민정부 초대 주석으로 선출하였다. 9월 2일 회의가 끝난 후 연변지위에서는 9월 3일에 연변조선민족자치구 창립대회를 소집하고 주덕해주석이 자치구의 창립을 선포했다. 그 이후 매년 9월 3일에 연변지역에 거주하는 조선족들은 물론 한족을 포함한 다른민족들과 함께 기념 축제를 진행하고 있다.

1952년 9월 3일 오후 3시, 연길인민광장에는 연길시 각계 인민 3만 여 명이 참가하여 연변조선민족자치구인민정부성립 경축대회를 거행했다. 이날 3만여 명의 인민들은 '연변자치구인민정부의성립을경축하자', '중화인민공화국만세', '중국공산당만세', '모주석만세' 등의 구호를 외쳤으며, 주덕해 주장을 비롯하여 모든 참가자들은 어깨춤을 추면서 '자치구 창립 경축의 노래'를 불렀다.[83]

이 노래는 민족적 정서가 짙은 명곡으로서, 노래에는 민족자치권리를 행사하는 조선족의 기쁨과 민족자치정책을 준 당에 대한 고마움, 그리고 여러 민족 인민들과 어깨 걸고 자치주를 건설해 가려는 다짐이 반영되어

〔자치구 창립 경축의 노래〕

에루화 어절씨구 좋구나 좋네. 해란강도 노래하고 장백산도 환호하네.
에루화 두둥실 장고를 울리세. 연변조선족자치구 세웠네.
에루화 어절씨구 좋구나 좋네. 모주석 우리에게 자치권리 주었네.
에루화 두둥실 장고를 울리세. 행복한 우리살림 춤추며 노래하세.
에루화 어절씨구 좋구나 좋네. 마을마다 공장마다 애국증산 크게 일궈
에루화 두둥실 장고를 울리세. 모주석 계시는 천안문에 전하세.
에루화 두둥실 모두다 뭉치여. 여러 민족 우애합작 대 가정 건설하세.

83 『길림신문』, 2012.8.27.

사진 3.23 연변조선족자치주성립 10주년 경축대회[84]

있다. 이 노래는 9 · 3절 60주년 기념행사 일환으로 2012년 8월 31일 연길시 진달래광장에 기념비를 세웠다.

(2) 3 · 13 반일시위운동 기념식

3 · 13 반일시위운동은 1919년 3월 13일에 발발한 것으로, 러시아 10월혁명, 제1차세계대전 종전, 한반도에서의 3 · 1운동 등 당시 중대한 사건의 영향을 받아 조선족을 주도로 한 연변 각 민족 군중들이 일으킨 반일운동이다. 3 · 13 반일운동은 연변 각 현 광범한 대중을 이끌어 전례 없는 반일애국의식을 불러일으켰다.

연변 인민의 항일투쟁정신과 영광스러운 혁명전통을 널리 알리기 위

84 출처: 중국 연길시 연변박물관

해 용정 3·13 기념사업회가 1990년에 결성되었다. 이후 기념사업회는 3·13 반일시위운동에 관한 자료 발굴 및 정리, 그리고 각종 기념행사들을 활발하게 진행해오고 있다. 먼저, 매년 3월 13일에 기념식을 거행하고 있다. 또한 기념사업회는 반일 유적지 답사 활동을 조직하여 3·13 반일 집회 장소였던 제1유치원에서 시작하여 반일시위 행진노선을 따라 유혈 사건 발생지인 번영로와 건설가 교차 십자거리, 간도 일본 총영사관 옛터(간도 일본총령사관 죄증전시관), 15만원 탈취사건 유적지 기념비, 명동학교 유적지와 명동교회 유적지 및 윤동주생가 등지를 탐방한다. 2010년에는 '의사릉의 향연(义士陵的香烟)' 이라는 사진집을 발간했다. 이 사진집은 용정 역사 유적지 발굴과 수선 사업, 용정 3·13 반일운동기념 활동, 용정경제문화 진흥 등으로 구성되어 있다.[85]

85 모이자한국, http://corea.moyiza.com/main_news/775501, 검색일: 2014.1.14.

제4장
러시아 연해주 고려인의 집단적 기억과 재영토화

러시아 연해주(Primorsky)는 발해 영토의 일부를 차지하고 있으며, 1863년 한인 이주 첫 기착지로써 오늘날 CIS지역 고려인의 마음의 고향이다. 1860년 제정 러시아시대에 러시아 중부 및 남부 지역 주민들을 이주시키면서 개발되기 시작하였으며, 당시 한인들 또한 이러한 개발 정책으로 이주하기 시작했다.[1] 일제 식민시대에는 항일독립운동의 전진기지가 되었으며, 1937년 스탈린의 지시로 중앙아시아로 강제이주를 당했다. 1991년 소련의 해체로 중앙아시아 국가들이 독립하면서 강력한 민족주의 정책으로 고려인들은 자신의 삶의 터전을 버리고 선대 및 자신의 고향인 연해주로 귀환하게 되었다. 현재 연해주 고려인들은 광활한 연해주 평야에서 재배한 유기농 식물들을 가공하여 연해주지역 및 모국인 한국과의 교류활동을 전개하고 있다.

1. 연해주의 개척[2]과 집거지 형성

1) 연해주 이주와 개척

연해주는 한반도와 접경을 이루고 있다는 지리적 특성상 1860년대에 한인이 처음 이곳으로 이주하여 삶의 터전을 마련한 역사적 의의가 있는 지역이다. 또한 1937년 소련의 스탈린이 이 지역의 한인을 중앙아시아로 강제 이주시키고, 1990년대 중앙아시아지역의 정치경제적 혼란과 민족관계의 악화로 고려인 일부가 연해주로 다시 귀환하는 등 한민족 디아스포라의 애환이 깃든 지역이다.

---

1 2010년 1월 1일 기준, 연해주의 인구는 총 198만 2천여명으로 러시아인이 89.8%, 우크라이나인 4.5%, 고려인 0.9%, 타타르인 0.7%, 벨라루스인 0.6%, 아르메니아인 0.3, 기타 3.3%에 이른다.

2 이에 대한 내용은 선봉규·전형권, "러시아 연해주 고려인의 디아스포라적 삶에 관한 연구: 구술사 연구방법론의 관점에서", 『한국동북아논총』 제17집 제4호, 2012, pp. 271-293의 자료를 인용함.

한인의 러시아 극동지역으로의 이주는 언제부터 시작되었을까? 학자들간에 차이가 존재하나, 현재 가장 널리 알려지고 있는 학설은 1863년 한인 농민 13가구가 두만강을 건너 포시에트라는 곳에 관유지를 점유하고 정착하면서 부터이다.[3] 이처럼 연해주지역에로의 한인 이주는 러시아 정부의 극동지역 개발에 따른 노동력의 필요와 조선후기 정치 · 경제 · 사회적 혼란 및 자연재해로 인한 극심한 기근, 그리고 1910년 일본 제국주의의 강제병합 등 대내외적 요인에 의해 이루어졌다.

1869년 기사 대흉년으로 기아에 허덕이고 있던 함경도지방의 수많은 농민들이 두만강하구를 월경하여 러시아 연해주 최남단지역인 하산, 크라스키노, 포시에트와 같은 변경지대로 이주했다. 러시아 변경지대에 정착한 한인들은 한민족 특유의 근면함과 선진적인 농업기술을 토대로 연해주의 황무지를 개간해 새로운 삶의 터전을 만들어가면서 한인마을을 형성하기에 이르렀다. 일부의 한인들은 적당한 일자리를 찾기 위해 하바로프스크, 아무르주 등 연해주 북쪽지역 내륙으로 진출했다.[4] 이들은 주로 금광사업장에서 시중을 드는 허드렛일을 하거나 직접 금광을 캐는 노동자로 고용되었다. 이와 같은 연해주 이주 초기의 상황을 다음의 인터뷰 내용을 통해 확인해보기로 한다.

> 우리 할아버지는 경기도 수원에서 사시다가 돈 벌려고 원동으로 왔대요. 할머니는 대구이에요. 몇 번 왔다 갔다 했는데, 국경 막혀서 못 나갔대요. 여기서 할머니를 우연히 알게 되어 결혼했답니다. 두 분 다 원래

3 이광규, 『재외한인의 인류학적연구』 서울: 집문당, 1997, p.147.

4 당시 러시아정부는 1869년 조선에서의 대기근으로 두만강을 넘은 이주행렬이 남우수리지방으로 끊이지 않고 대규모로 이루어지자 연해주내의 다른 지역으로 한인들을 이주시켰다. 러시아정부의 한인 이주정책은 무엇보다 조선과 러시아 국경지대가 한인들에 의해 장악될 수 있다는 가능성을 두려워했으며, 장차 이주해 올 러시아 이주민들에게 좋은 토지를 주기 위해 이루어졌다. 그리하여 한인들은 블라디보스토크, 수이푼강변(현재 라즈돌리노예강), 올가만 연안, 항카지역, 아무르강 유역 등 극동지역 전역으로 확산되었다. 보리스 박 · 니콜라이 부가이 지음, 김광환 · 이백용 옮김, 『러시아에서의 140년간』 서울: 시대정신, 2004, p.39.

결혼을 했었는데 여기서 나가질 못하니깐 만나서 결혼을 한 거래요. 부모님은 여기 보로실로프(현재 우수리스크)에서 태어났어요〈백조야, 여/69세〉.[5]

난 우리 아버지 보지 못했어. 먼저 돌아가셨어. 사진도 없단 말이지. 돈 벌라고 러시아 땅 온 것이지. 그래 건너왔는데 막아져서 나가지 못했어. 그래 우리 마마랑 결혼한거지. 내가 엄마 뱃속에 있을 때 돌아가셨지. 난 아버지를 모르고 아버지 제사를 3년 지내고 우리 엄마는 나른 아버지한테 시집갔지. 우리는 하바로프스크의 근교 농촌에서 살았지. 10살 때 처음 차를 봤어. 그런 시골에서 살았어. 하바로프스크에서 자동차를 3시간동안 타고 들어가는 그런데서 살았지. 완전 농촌에서 살았지〈강나리샤, 여/85〉.[6]

우리 할아버지 16살 때 1863년(?)에 아무르주에 있는 보우코보라는 늑대마을에 왔어요. 늑대마을, 지금은 없어졌소. 아버지(김승무)는 1883년 여기에서 태어낳는데, 정확히 어디에서 낳는지 기록이 없어요. 어머니는 1900년에 함흥서 났어요. 나는 1927년에 여기서 태어나고, 10살 때 까지 살았어요. 우리 할아버지 황해도 해주에 살다가 사금 캐러 여기로 왔소. 할아버지는 사금을 캐러 여러 곳으로 돌아다녔어요. 한 곳에 머무르지 않고. 우리 금 캐니까 돈 많았지. 아주 잘 살았어요. 금 캐면서 친척처럼 의형제도 있었고. 조선에서 온 사람들이 우리 아버지한테 와서 일터도 구하고 살았어요〈이류보비, 여/85세〉.[7]

1905년 을사늑약이 체결되고, 1910년 강제병합이 이어지면서 생계수단을 잃은 농민들뿐만 아니라 국내에서 항일운동을 전개하고 있던 항일애국지사들이 일본의 탄압을 피하기 위해 연해주지역으로 이주해갔다. 그리하여 연해주는 자연스럽게 해외 항일독립운동의 전진기지가 되었다.

---

5 2012년 2월 16일(목) 인터뷰.

6 2012년 2월 15일(수) 인터뷰.

7 2012년 2월 17일(금) 인터뷰.

연해주가 항일독립운동의 전진기지가 되면서 이주자의 수도 급격하게 증가하여 블라디보스토크에 '신한촌'이라는 한인 집단 거주지가 건설되고, 항일 무장투쟁은 더욱 더 활성화되고 조직적으로 이루어졌다. 이에 대한 증언을 살펴보면 다음과 같다.

> 우리 아버지(김만삼), 어머님(정희연) 한국 강원도에서 1919년에 일본놈들의 그 착취 견디지 못해서 두만강을 건너서 중국으로 넘어갔어. 처음에 밀산에서 살다가 1919년에 이 원동으로 건너왔지. 그때 이 러시아 원동에 큰 전쟁이 있었는데, 일본놈들이 이 원동을 착취한다고 해서 여기 빨치산부대에 우리 아버지도 참가했다가 1922년도에 일본놈들을 다 몰아냈지. 예.. 그때는 벌써 일본놈들도 다 몰아내고 사회주의를 건설하겠다고 표어를 내붙이고 그랬어요. 1925년도에 내가 우수리스크에서 탄생했단 말이오. 우리 어머니는 40세에 나를 낳으셨어요. 그래 늘그막에 나를 낳았다고 고생거리 생겼다고 했어. 어머니가 다 눈물을 흘렸단 말이야, 늘그막에 자식이 생겨서. 우리 맏형님과 내가 23살 차이란 말이야 〈김기룡, 남/87세〉.[8]

이와 같은 구술 자료에서 확인되듯이, 연해주 개척 이주시기의 한인 이주의 성격은 초기에는 '생계형' 이주로 생존수단을 잃은 농민들의 이주가 주를 이루었다면, 1910년 일제의 식민통치 이후에는 항일 독립투쟁을 위한 '정치적 망명'의 성격을 띤 이주자가 많아졌다. 그리하여 연해주는 모국의 정치, 경제, 사회적 혼란과 박해를 피해 이주해 온 한민족의 새로운 삶의 터전이 되었으며, 식민지 조국의 해방을 위한 항일무장투쟁의 진원지가 되었다. 이렇게 연해주지역은 한인들의 이주로 민족집거지가 나타나기 시작했다. 지신허, 연추, 신한촌 등이 대표적이다. 그러나 이들 한

8 2012년 2월 15일(수) 인터뷰.

인 집거지는 1937년 스탈린의 강제이주정책으로 인해 모조리 사라졌다.

2) 연해주의 한인 마을

(1) 지신허마을

'시신허(Tizinkhe)'는 1863년경에 만들어져 1937년 강제이주 정책으로 인해 사라진 러시아 연해주 남쪽지역에 위치해 있던 최초의 한인 마을 이름이다. 지신허는 CIS지역에 거주하고 있는 50만 고려인의 연원지이다.[9] 지신허마을의 초기 형성과정을 살펴보면, 지신허 마을의 주민 수는 국경지대의 육진지방의 농민들이 대거 월경해 넘어오게 되면서 빠르게 증가했다. 지신허 마을의 주민 수는 1863년 최초의 이주민 13가호에 불과했던 것이 1864년 가을에는 30가구 140명으로, 1865년에는 65가구 343명으로, 그리고 1866년에는 100여 호로 크게 늘어났다.

사진 4.1 지신허 마을 옛터[10]

9 반병률, 『러시아의 한인 발자취를 찾아서』, 『신동아』, 2003.

1869년 육진지방에 몰아친 대흉년은 1863년 이후의 간헐적인 이주와는 사뭇 다른 한인의 대량이주를 초래했다. 러시아자료에 기록된, 1869년 가을 · 겨울의 대이주를 살펴보면, 1869년 9월말-10월초 1,850명의 농민(남자 1,300명, 여자 550명)이 다양한 루트를 통해 지신허 마을로 이주해왔는데, 이들은 아무런 의복이나 비축한 식량이 없었다. 이어 같은 해 11월말 · 12월초에는 훨씬 더 많은 4,500명이 지신허로 몰려들었다.

이와 같이 지신허 마을은 러시아 최초의 한인마을로서, 이후 초기 이주민들의 대부분이 거쳐갔다는 점에서, 러시아 연해주를 비롯한 러시아 극동지역 각지에 형성하게 되는 한인마을들의 시원이라 할 수 있다.

(2) 연추마을[11]

연추마을은 러시아 최초의 한인마을인 지신허와 함께 연해주 남부 우수리지역의 가장 대표적인 한인마을이다. 연추마을은 블라디보스토크에서 남쪽 러시아, 북한, 중국 등 3개국의 접경지대 방향으로 기찻길로 280km 가량 떨어져 있는 곳이다. 지금의 크라스키노(Kraskino)와 가깝다. 국경지대인 두만강과 가까운 지리적인 위치 그리고 최대의 한인마을이었던 관계로 연추마을은 초기 한인사회의 중심을 담당했던 것이다. 1908년 이후 의병운동이 퇴조하고 교육문화운동의 중시되면서 블라디보스톡의 신한촌이 한인사회의 중심지로 부상하게 되는 20세기초반까지 연추마을은 러시아 한인사회의 중심지였다. 특히 연추마을은 한말 연해주 의병운동의 중심지였을 뿐만 아니라, 저명한 애국지사들이 북조선과 중국의 훈춘, 북간도를 왕래할 때면 거쳐간 곳이기도 했다. 연추마을은 특히 한국침략의 원흉 이등박문(伊藤博文)을 처단했던 안중근의사가 1908년 봄 최재형,

---

10 출처: 우수리스크 고려인문화센터내 박물관

11 사단법인 대한민국임시정부기념사업회, http://www.kopogo.com/bbs/board.php?bo_table=writing4&wr_id=18&page=1, 검색일: 2013.11.28.

이범윤, 이위종 등 한인 지도자들과 동의회(同議會)를 조직하고, 그해 여름 국내로 진격하여 일본군과 전투를 벌였던 연해주 의병운동의 중심거점이었다.

(3) 신한촌[12]

신한촌은 일제 식민지시대 러시아 연해주의 블라디보스토크에 위치한 한인 집단 거주지이다. 구개척리와 구별하기 위해 신개척리라고 불리기도 한다. 신한촌의 형성과정을 살펴보면 다음과 같다.

블라디보스토크에는 1870년대부터 한인이 점차 집중하기 시작해 1886년에 400명, 1891년에는 840여 명에 이르렀다. 한인 인구가 늘어가자, 시 당국에서는 1893년 한인들만 집단으로 거주하도록 하는 구역을 설정하였다. '카레이 스카야슬라보드카(한인촌)' 혹은 '개척리'라 부르던 이 지역은 블라디보스토크에서 신한촌 성립 이전 한인 집단 거주지로 비교적 시내 중심지에 위치해 있었다. 그러나 1911년 러시아당국은 페스트 창궐을 기화로 위생실행위원회 결의를 거쳐 개척리를 강제로 철거시켜 이 일대를 기병대 숙소로 삼았다. 그리고 5월 28일까지 시 서북편 외곽에 새로 설정된 구역으로 이주하도록 강제 조처하였다. 이곳은 구개척리로부터 북쪽으로 2km 정도 떨어진 산비탈로 높고 건조하며 아무르만을 굽어보는 경치 좋은 곳이었다. 신한촌지역은 동서 약 6정, 남북 약 7정 규모의 비교적 넓은 면적이었다. 이 지대의 토질은 자갈이 섞였으나 대체로 잡초가 무성하고, 중국인들은 밭에 무 · 파 등 채소를 심었다. 한인들은 그 곳에서 다시 피땀을 흘려 신개척리를 건설, 새로운 한국을 부흥시킨다는 의미로 '신한촌'이라 명명하였다.

신한촌의 공간구조를 보면, 도로는 4~5칸 정도의 너비로 아무르만을

---

12 민족문화대백과사전, http://encykorea.aks.ac.kr/Contents/Contents?contents_id=E0033537, 검색일:2013.12.17.

사진 4.2 신한촌 서울거리 2번지 집

따라 아래에서 위로 차례대로 스보로프스카야 · 아무르스카야 · 하바로프스카야 · 메리코브스카야 · 체리 파노프스카야 등 5개의 간선거리를 만들고, 동서로도 넓고 좁은 골목길을 만들었다. 가옥은 호당 건평이 대개 12~13평에 불과한 소형의 목조였으며, 너비 세 칸 반, 길이 네 칸 정도의 러시아풍으로 양철지붕에 유리창을 내었다. 옥내 한쪽은 헛간을 두어 부엌으로 쓰고 솥과 옹기를 두었다. 난방은 전부 온돌구조였다. 가옥 신축에 동원된 목공 · 석공은 한인이 70%, 중국인이 30%였다. 1911년 5월 31일 현재 겨우 50호 정도 신축가옥이 들어섰고, 8월 현재 313호가 있었다. 그 해 초여름까지 이곳으로 이주한 한인은 1,500명 정도였고, 그 뒤 1915년에는 신한촌의 한인수는 약 1만 명에 달하였다.

서북간도 및 연해주 한인사회를 배경으로 건설된 신한촌은 항일민족지사들의 집결지였고, 나아가 해외독립운동의 중추기지로 발전하여 한민족의 의기가 충천하게 되었다. 이곳으로 망명, 활동했던 인물로는 이범윤 · 홍범도 · 유인석 · 이진룡 등의 의병장을 필두로 하여 그동안 국내외에서 애국계몽운동을 주도하던 인물들이 망라되었다. 헤이그 특사인 이상설 · 이위종을 비롯, 북간도 용정촌과 서간도 삼원포에서 민족주의교육을 실시하던 이동녕 · 정순만, 미주지역에서 공립협회와 국민회를 조직 · 활동하던 정재관 · 이강 · 김성무 등이 이곳에 일차 집결하였다. 또한 국내에서 신민회를 조직, 활동하던 안창호를 비롯해 이종호 · 이갑 · 조성환 · 유동열 등도 이곳으로 집결하였다. 그 밖에도 민족주의 사학자 박은식 · 신채호도 합세했으며, 기독교계의 이동휘와 대종교의 백순 등을 비롯한 애국계몽 운동가들도 연이어 집결하였다. 이곳에 모인 항일독립운동가들은 당시 한인사회의 지도급 인물들인 최재형 · 최봉준 · 문창범 · 김학만 등과 협력해 1910년대 국내외 독립운동을 주도하였다. 일제는 신한촌 외곽 약 1km 지점에 영사관을 두고 신한촌을 중심으로 한 이와 같은 항일독립운동의 동태를 감시하였다.

신한촌에서는 항일독립운동을 위한 사회단체가 본격적으로 설립되기 시작했다. 신한촌에서 1910년대 초기 한인활동 가운데 가장 두드러진 것은 권업회의 항일독립운동이다. 권업회는 신한촌 건설과 같은 시기인 1911년 5월에 조직되어 1914년 9월까지 3년여에 걸쳐 활동한 한인결사체였다. 권업회는 조국독립을 위한 계몽활동과 민족주의 교육, 농상공업 등 실업 권장을 통해 한인사회의 정치적 지위향상을 도모하면서 독립전쟁론을 실현하는 것을 최고이념으로 삼았다. 또한 독립전쟁론을 구체화하기 위한 노력으로 1914년 신한촌에 대한광복군정부도 조직하였다. 대한광복군정부는 이상설과 이동휘를 정 · 부통령으로 각각 선출하고, 국외의 독립운동을 주도하면서 대한광복군을 양성해 강력한 항쟁을 개시하였다. 그러나 러시아의 전시체제 확립에 따른 권업회 해체와 동시에 폐지되고 말았다. 또한 신한촌 중심지에는 한인학교가 건립되어 민족주의 교육에 크게 공헌하였다. 원래는 개척리에 있던 계동학교를 확대, 개편해 개교했으

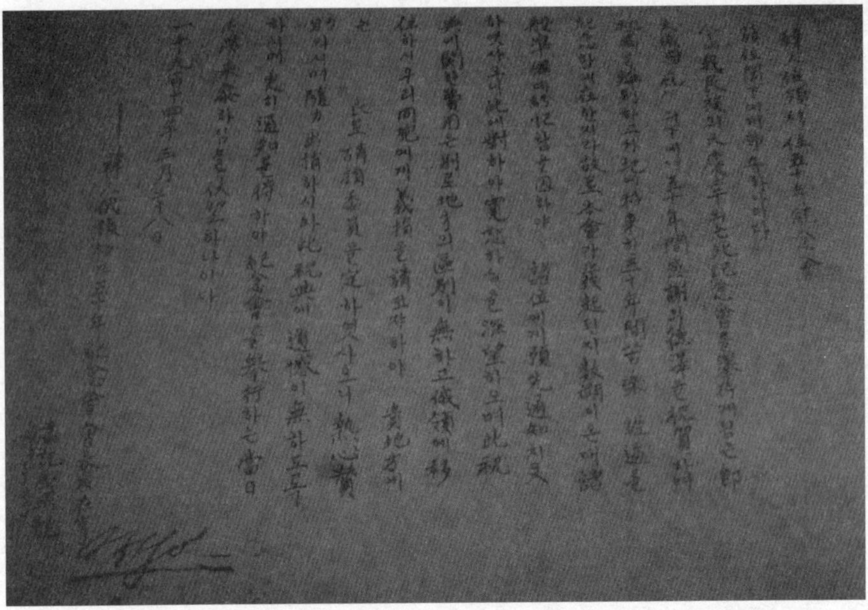

사진 4.3 한인 노령 이주 50년 기념증[13]

나, 1911년 신한촌 건립과 동시에 이곳으로 이전하였다. 1912년 3월에는 240명을 수용할 수 있는 양옥의 대형교사를 신축, 연해주 민족주의 교육의 본산이 되었다. 그리고 신한촌 외곽에는 조선사범대학 · 원동종합대학 등이 있어 한인 자제에게 고등교육의 기회를 제공하였다.

한편, 신한촌 안에는 신한촌민회라는 자치기구가 결성되어 한인사회의 자치를 신장시켜 나갔다. 이 기구는 원래 블라디보스토크 거주 한인들을 모두 규합하고자 1911년 결성된 해삼위거류 민회가 1912년 6월 발전적으로 해체되면서 탄생하였다. 임원으로 회장 김병학, 부회장 이동환이하 20명의 평의원을 선출하였다. 특히 한인학교의 운영과 유지 문제, 신한촌 내에서의 한인의 권리 보호, 시당국과의 행정타협 문제 등의 사안에 중점을 두고 활동하였다. 또한 한인들은 민족계몽과 항일독립운동을 위

13 출처: 우수리스크시 고려인문화센터내 박물관

ᄒᆡ죠신문

사진 4.4 연해주 한인 최초의 신문: 해조신문[14]

14 출처: 우수리스크 고려인문화센터내 박물관

해 신문을 창간하였다. 그 첫 장을 연 신문은 1908년 2월 26일에 창간호를 낸 『해조신문』이다. 뒤를 이어서 『대동공보』가 창간되었으며, 1912년 4월에 권업회의 기관지인 『권업신문』이 창간되었다. 신채호, 이상설, 장도빈 등이 활약한 『권업신문』은 105인 사건, 의병운동 등 항일독립운동을 전하는데 앞장섰다. 그 이외 『동아공산』, 『붉은기』, 『선봉』, 『연해주어부』 등 1917년 러시아혁명 전후에는 사회주의계열 신문도 창간되었다.

신한촌을 중심으로 이처럼 활발하게 전개되던 항일독립운동도 1914년 제1차 세계대전 발발과 함께 러시아의 전시체제 확립으로 탄압을 받아 이후에는 항일독립운동의 중심지가 북간도로 옮아가게 되었다. 결국 1937년 극동 한인의 중앙아시아 강제이주로 신한촌은 폐쇄되었다.

2. 연해주의 재이주와 마을만들기

1) 재이주의 배경[15]

근 · 현대 코리안 디아스포라 역사에서 한반도로부터의 첫 해외이주는 조선인들의 연해주 이주로 기록되고 있다. 이후 연해주에는 일제강점기에 본격 이주가 이루어졌고, 17만명이 넘는 한인들이 민족공동체를 이루었다. 하지만 1937년 스탈린의 강제이주 정책에 의해 전체 한인들이 연해주로부터 중앙아시아지역으로 강제 이주당하고, 약 10%에 달하는 동포들이 희생당하는 등 엄청난 시련을 겪었다. 1991년 소련이 붕괴하면서 독립한 중앙아시아 국가들에서 언어와 종교 등의 민족주의적 경향이 대두되고 지대 및 이자의 폭등으로 생활이 힘들어지자 고려인들은 '쫓겨났던 옛 삶

15 이에 대한 내용은 선봉규 · 전형권(2012), pp.271-293의 자료를 인용함.

터'인 연해주를 다시 찾기 시작하였고, 현재 약 4만여 명이 연해주로 재이주 한 상황이다.

중앙아시아 고려인의 연해주 귀환은 산발적이지만 구소련시기에도 있었다. 1953년 스탈린사망 이후 흐루시초프의 등장으로 연해주로 이주하는 고려인들이 있었다. 중앙아시아지역에 거주하는 고려인의 연해주 재이주는 소연방 해체와 독립국가연합의 등장과 더불어 본격화되었다.

중앙아시아의 고려인들이 본격적으로 연해주로 귀환하는 데는 몇 가지 이유가 있다. 먼저, 중앙아시아지역에서의 요인을 보면 다음과 같다. 1980년대 후반 고르바초프의 페레스트로이카 정책과 1991년 소련 연방체제의 붕괴, 그에 따른 중앙아시아 국가들의 독립은 고려인들에게 많은 영향을 끼쳤다. 소련으로부터 독립한 중앙아시아 국가들은 공식어로 러시아어에서 자국의 언어를 채택함으로써 소수민족들은 독립된 국가의 공용어, 러시아어, 그리고 민족어 등 3중 언어를 습득해야 하는 부담을 갖게 되었다. 특히 러시아어에만 익숙해 있던 고려인들은 자신뿐만 아니라 자녀교육에도 부정적인 영향을 미칠 것으로 판단하여 심각하게 이주를 고려해야만 했다.[16] 1990년대 중앙아시아지역의 국가들에서는 크고 작은 내전과 민족갈등이 발생했다. 1992년 5월에 이르러 타지키스탄에서 본격적으로 내전이 발발하기 시작하면서 고려인들의 국내외의 재이주가 본격화되었다.[17]

다음은 연해주지역의 요인으로, 연해주는 고려인들의 조상이 거주하던 제2의 고향이라는 정서적인 이유와 함께 한국과 지리적으로 매우 인접해 있다는 것이다. 또한 연해주 정부가 재이주 고려인을 배려하고 있다는

16 이채문·박규택, "중앙아시아 고려인의 러시아 극동지역 귀환 이주," 『한국지역지리학회보』 9(4), p.562.

17 이애리아, "타지키스탄의 민족분쟁과 고려인," 전남대 사회과학연구소 편, 『중앙아시아한인연구』, 1999.

점도 작용하였다. 즉 1991년 러시아는 최고회의에서 "피억압 민족의 복권에 관한 법안"과 강제이주 된 한인들의 "명예 회복법"이 통과되었다. 1993년 4월 1일 러시아정부는 1937년부터 시작하여 주 러시아 한인들을 대상으로 채택되어 러시아연방 국토 내 이전 거주지로부터의 강제이주, 유배지에서의 특별 거주제도 설정, 자유와 기타 권리 제한 하에서의 강제노동 강요 등 반 한인 정치탄압의 근거를 이루었던 일체의 결정서가 불법적이라고 결정하였다. 이와 같이 국가에 의한 복권이 이루어지면서 극동지역으로 귀환하는 고려인이 급증하였다. 고려인의 연해주에로의 귀환에 관한 구술 참여자의 증언을 차례대로 살펴보기로 한다.

> 저는 여기 우수리스크 언제부터 알았냐면 66년부터 알아요. 그래 와 보고 우리 아버지가 뭐라고 했는가면 집들이 다 이렇게 해서 물이 차 있었어요. 그 때 타쉬겐트는 지진나서 무너지고 여기는 홍수나고. 처음 그래서 우리 아버지가 물어봅니다. 우수리스크 어떠냐? 그러면 나는 우수리스크 왜 가자고 했냐고 거기 화장실도 떠다니고 엉망이다고 하면, 아버지가 그러지마 거기 내 고향이다 이랬어요. 그런데 우리 딸이 여기 오니깐 할 수 없이 왔어요〈백조야, 여〉.[18]

> 1962년에 두삼베로 왔지. 집도 크고, 포도밭도 있고 불편한 거 없이 잘살았어. 고려인들이 한 천 가구 있었는데, 아주 좋았어. 그런데 전쟁이 일어난거야. 우즈벡으로 가고, 모스크바로도 가고 여러 군데로 흩어졌어. 그래서 막 이렇게 나가니깐 사람들이 고려인들은 가지말라고 말렸어. 왜냐하면 전기 만드는 러시아 전문가가 다 나가니깐. 고려인들은 돈 보고 일한게 아니라 순수하게 열심히 일만 했기 때문에 나가지 말라한거야. 1992년도에 우수리스크로 왔지. 여자들은 비행기 타고 오고 남자들은 짐 싣기 때문에 다 기차로 왔어. 〈최블라디미르, 남〉[19]

---

18 2012년 2월 16일(목) 인터뷰.

캐슬과 밀러(Castles & Miller)에 의하면, 국제이주의 흐름은 초기 단계에서는 개인단위의 이주가 대부분을 차지하다가 그들의 이주 경로를 따라 연쇄이주(chain migration), 그리고 가족 및 집단 이주가 이루어지면서 하나의 공동체가 형성된다.[20] 이러한 점에서 고려인들의 연해주 귀환 이주는 이미 거주지에서 자리를 잡고 있던 가족 혹은 친척 등 사회적 연결망(social networks)에 기초하여 이루어진 측면이 있다. 다음 증언을 통해 이를 확인해 볼 수 있다.

> 1988년에 셋째 딸이 우수리스크로 먼저 갔지. 원동에 이미 친척들이 있으니까 거기 가서 일하라고. 그래 셋째 딸은 병원 일 다녔지. 그래, 셋째 딸이 우수리스크로 나오라고 했는데 우즈벡에서 아들이랑 같이 살겠다고 안 나갔지. 며느리가 나한테 애들 둘 데리고 어떻게 혼자 일 하겠는가 해서 셋째 딸이 있는 우수리스크로 나왔어. 그래, 나중에는 아들 식구들까지 다 여기로 이사 온 거야〈박소피야, 여〉.[21]

이와 같이 고려인들은 연해주지역에 미리 터전을 잡고 있는 가족 및 친척들의 존재와 권유, 그리고 중앙아시아에서의 정치경제적 상황이 복합적으로 작용하여 자신들의 또는 선조들의 마음의 고향인 연해주로 귀환한 것이다.

---

19 2012년 2월 17일(금) 인터뷰.

20 Stephen Castles and Mark J. Miller, *The Age of Migration*,(London: Macmillan Press Ltd, 1996) ; 전형권, "국제이주에 대한 이론적 재검토: 디아스포라 현상의 통합모형 접근," 『한국동북아논총』 13권 4호, 2008, p.276에서 재인용.

21 2012년 2월 16일(목) 인터뷰.

2) 고려인의 새로운 마을 만들기

(1) 우정마을

① 우정마을 개요

우정마을[22]은 러시아 연해주 미하일로프카군에 위치한 곳으로, 블라디보스톡에서 약 130km 서북쪽에 자리 잡고 있다. 이 마을은 연해주지역에 살고 있던 한인들이 1937년 소련의 이민족 이주정책에 따라 중앙아시아로 강제 이주되었다가 부모와 자신의 고향이었던 연해주로 다시 돌아올 수 있도록 계획 조성된 정착촌이다. 우정마을은 2001년부터 무료분양하

사진 4.5 우정마을의 텃밭

22 이 마을의 정식명칭은 '카레이스키 두르즈바 제레비냐'(고려인 우정마을)이다.

여 2004년도까지 총 33가구가 입주하여 100여명이 살고 있다. 카자흐스탄 출신 고려인이 20가정, 우즈베키스탄 출신 고려인이 5가정, 러시아인이 6가정, 한국인이 2가정이다. 현재는 농업센터인 그루터기 건축 등 신축된 가구가 추가되어 총 36가구가 모여살고 있다. 우정마을의 주택은 전용면적 18~25평 규모이며, 집집마다 450평 정도의 텃밭이 있다.

이 마을은 본래 1990년대 후반 한국의 대한주택건설협회에서 중앙아시아 고려인들의 연해주 재이주를 지원하기 위하여 시작되었다. 국내 독립유공자의 낡은 집을 개・보수하는 등 지원사업을 펴오던 대한주택건설

표 4.1 우정마을의 역사

년도	주요 내용
1998	대한주택건설협회내 연해주 한인동포 재활기금(이사장 : 박길훈) 설립 기금과 연해주 미하일로프까군에 고려인 우정마을 1000호 건축 계획 승인, 100ha 착공
2000	31가구 입주식
2003	주택 31동, 운동장, 축구장, 공원으로 마을 준공식
2004	대한주택건설협회 철수, 동북아평화기금이 고려인 마을 만들기 프로그램으로 마을 운영 승계 동북아평화기금 사택과 솔빈 문화센터 완공하며 입주, 비닐하우스 30여 동 분양, 유기농 채소 농사로 영농사업 시작
2005	건축 기념비 제막, 고 박길훈 대한주택건설협회 회장 추모비 제막 농업지원센터 그루터기 건축(KBS 6시 내고향의 백년가약 프로그램) 이를 본부로 연해주 6개 마을에 고려인 정착마을의 농업지원 센터 역할 청국장 생산 시작
2007	고도원의 아침편지 60여명 방문으로 차가 청국장 활성화
2013	그루터기 마을 한글교육문화센터로 전환 결정, 현재 36호/ 솔빈 센터/그루터기한글교육센터 두부, 콩나물, 생산시설 운영하며 바리 생협 시작 우스리스크와 블라디보스톡 약 35 소비자 가구에 유기농 먹거리 배달)

출처: http://blog.daum.net/hichun92/29, 검색일: 2014.08.06.

협회가 이를 확대해 1999년부터 본격적으로 마을 건설을 추진해왔다. 여기 조성중인 택지는 연해주 정부로부터 49년간 임차하여 진행했다. 협회측은 당초 해마다 100여채씩 10년간 1000가구까지 세울 계획이었으나 사업규모를 대폭 줄일 수밖에 없었다. 1997년 '외환위기' 이후 국내 건설 경기가 워낙 침체돼 재원조달이 어려워졌기 때문이다. 초기에는 약 1000동의 주택과 함께 유치원, 학교 등을 지어 대규모 고려인 정착촌을 조성할 계획이었으나, 1997년에 외환위기가 터지는 등 악재가 겹쳐서 도중에 중단되었다. 그 후 2004년부터 동북아평화연대에서 입주하여 경제자활, 문화 사업 프로그램 등을 진행하고 있다.[23]

사진 4.6 우정마을의 고려인 주택

23 『재외동포신문』(http://www.dongponews.net/new/articleView.html?idxno=8778, 검색일: 2013.08.06)

사진 4.7 우정마을의 러시아인 주택

미하일로프카군이 무상 불하한 터에 건설된 우정마을은 연해주에서 유일한 고려인 집단 정착촌은 아니다. 연해주 정부는 재이주하는 고려인을 위해 폐쇄된 군인 거주 지역 여덟 곳을 1997년 연해주 고려인재생기금에 무상 임대했다. 이보다 몇 해 앞서 통과된 고려인명예회복법은 중앙아시아로 강제 이주된 고려인의 연해주 정착을 러시아 정부가 지원하도록 하고 있지만, 정부의 재정난으로 실질적 지원은 이루어지지 못했다. 그러다가 인구 감소를 막고, 한국 자본을 유치하는 데 고려인 이주 지원이 효과적이라는 연해주 정부의 이해와 고려인 단체의 노력이 맞아 떨어져 낡은 건물을 정착촌으로 이용할 수 있게 되었다.[24]

---

24 미하일로프카 우정마을 이외에 순얏센, 아시노프카, 끄레모바, 치카일노브카, 노보루사노프카에 고려인 정착촌이 형성되었다.

현재 우정마을은 동북아평화연대와 재외동포재단 등의 도움으로 선진 농업 및 축산 기술을 도입해 경제적 자립기반을 마련하는 다양한 실험을 진행하고 있다. 대표적인 것이 비닐하우스 농법과 톱밥을 이용한 미생물 농법 돼지우리 보급이다. 현재 우정마을엔 비닐하우스 30동과 돈사 2개동이 운영중이며, 겨울 농한기 등에 마을 부수입을 올리기 위한 공동 청국장 제조시설도 마련했다.

〔동북아평화연대의 연해주 고려인 농업정착지원 사업 활동[25]〕

구소련 붕괴이후 미래의 식량자원 확보를 위해 연해주에 진출한 한국의 기억, 단체들은 초기의 현지적응의 어려움을 견디지 못해 철수하였다. 동북아평화연대는 이러한 자원들을 인수하여 현지 고려인들의 생활터전을 확보하고, 미래의 식량 확보를 위한 씨앗을 뿌리는 작업을 진행해오고 있다.

중앙아시아에서 연해주로 이주한 고려인들은 변변한 직업을 가질 수 없는 상태였기 때문에 단순한 구호성 지원사업은 한계가 있을 수밖에 없었다. 동북아평화연대는 2004년부터 러시아 연해주 농업의 가능성에 주목하여 고려인 농업정착지원사업을 시작하였다.

연해주 고려인 최초 정착마을인 우정마을을 시작으로 끄레모바 마을, 순얏센 고향마을 등 6개 마을에서 주택을 지원하고 자연농업을 지도하고 공동작업장을 꾸리면서 농업정착을 통해 고려인의 자활을 돕는 한편, 차가청국장, 메주, 된장 등 오염되지 않은 연해주에서 나온 유기농 먹거리를 사회적기업 ㈜바리를 통해 한국소비자들에게 공급하고 있다.

동북아평화연대의 농업정착지원사업을 살펴보면 아래와 같다.

- 제1기: 2004-2005(모색 및 시동)
  우정마을 솔빈 개소, 비닐하우스 실험
  고려인 농업희망운동본부 출발, KBS 6시 내고향 방영
- 제2기: 2006-2007(6개 마을 건설과 가구별 소액 대출)
  그루터기, 보금자리, 아름드리, 코피온센터
  6개 마을 주택 결연 50여 가구
  MBC 귀향 다큐 방영, 고향마을 시작, 사회적기업 바리의 꿈 설립
- 제3기: 2008-2009(프림코 농장과 공동작업장)
  프림코 농장 인수(약 6백만평), 공동작업장 5곳 신설 및 확충
  고향마을 본격 건설(총 18가구)
- 제4기: 2010-2111(동평생협 건설기)
  연해주 동평 생산자 협동조합 조직
  우수리스크 동평 생협 매장 및 동평 생협 조직

---

25 동북아평화연대, http://www.peaceasia.or.kr/bbs/board.php?bo_table=contents&wr_id=10, 검색일: 2013.12.15.

② 우정마을의 공간구성

마을이 있는 곳은 연해주 미하일로프카군으로, 블라디보스톡에서 약 130km 서북쪽에 자리잡고 있다. 마을의 정식 이름은 '카레이스키 두르즈바 제레비냐(고려인 우정마을)'이다. 마을에는 공원, 축구장, 아이스하키장 등이 있으며, 마을 입구에는 봄과 여름에 모종과 야채를 파는 자연 유기농 시장 건물도 지어져 있다. 반듯한 사각형의 우정마을을 외곽으로 감싸는 네 개의 길은 '아리랑로', '우정로', '사랑로', '평화로' 로써 모두 한글 이름으로 표기 되어 있다.

그리고 우정마을 지원사업을 펼치고 있는 동북아평화연대의 지휘부이자 마을 회관격인 문화마당 '솔빈'[26]이 있다. 2006년에 새로 지은 농업기술

사진 4.8 우정마을의 한-러 우정공원

26 솔빈이란 옛 발해시대의 지방행정구역 5경, 15부, 62주에서 15부 중의 하나이다.

사진 4.9 러시아 연해주 우정마을 아리랑로

센타인 '그루터기'가 있으며, 그루터기에서는 우정마을 사람들의 생계를 위해 현재 청국장 사업을 하고 있다.

우정마을에서는 2004년부터 동북아평화기금의 경제자활, 문화 사업 프로그램 등을 진행하고 있다. 동북아 평화기금은 재외동포재단과 대한주택건설협회의 후원에 힘입어 약 50평 규모의 솔빈 문화센터와 솔빈 실험농장, 25평형의 사택 1동을 건축하였다. 솔빈 문화센터에서는 어린이, 청년, 성인 등을 대상으로 한글반, 사물놀이반 등을 운영하고, 영화상영, 마을회의도 하는 마을의 센터 역할을 하는 곳이다.

솔빈 실험농장에는 재외동포재단과 시민들의 후원으로 이곳 경제프로그램의 일환으로 2004년에 비닐하우스 실험 5동을 건설하였으며 2005년에 성공적으로 유기농 실험을 마치고, 마을에 비닐하우스 25개동을 추가로 신설하고, 육묘장도 만들었다. 솔빈의 유기농 재배는 이후 꾸준히 계속되어 현재에는 우수리스크와 블라디보스톡 한인들을 회원으로 하는 '생협 바리바리'로 성장하였다. 생협 바리바리에서는 겨울에는 약 20가구가 장 공장을 중심으로 메주, 청국장, 된장을 만들고, 여름에는 비닐하우스에서 신선한 채소 농사와 김치, 두부 등 식품을 중심으로 생산하고 있다. 블라디보스톡에는 현재 약 400여 명의 교민사회가 형성되어 있는데 좋은 먹거리와 고려인 농업 정착지원에 뜻을 둔 분들이 소비자로 참여하고 있다.[27]

2004년부터 우정마을 사람들의 소득을 위하여 청국장을 만들어 한국의 회원들에게 공급하는 것을 시작으로 하여 현재 2013년에는 고려인 농업 정착지원 사업의 중심이 되어 청국장, 메주, 된장 등을 한국에 수출하고 있다. 고려인 정착1호 마을인 우정마을은 연해주 자연 유기농 재배와 고려인 정착지원 사업의 산실이 되어 고향마을 등 고려인들이 살고 있는

사진 4.10 우정마을의 비닐하우스 내부

27 『통일뉴스』, 2013.5.19.(http://www.tongilnews.com/news/articleView.html?idxno=102585, 검색일: 2013.12.18.).

사진 4.11 우정마을의 아리학교 건물

타 농촌마을을 지원하는 센터 역할을 하고 있다. 그리고 우정마을에서는 한국 대학생들의 봉사활동이 매년 이루어지고 있다.[28]

(2) 고향마을

① 고향마을 개요

고향마을은 미하일로프카군의 순얏센 마을 끝에 위치하여 있으며 우정마을과는 9km 떨어져 있고 로지나 마을로도 불려지고 있다. 러시아어로 로지나는 '고향'이라는 뜻이다. 이곳은 대한주택건설협회가 우정마을 건설 본부로 쓰던 곳으로 20만평의 대지 내에 밭 9만평과 연해주 최대의 계사가 있던 농장이었다. 2007년 동북아평화기금이 우즈베키스탄에 가서

---

28 조선대의 학생들은 우정마을에서 일손 돕기, 한국문화수업, 러시아어 수업 등의 활동을 통해 조국에서도, 거주국에서도 이방인이 될 수밖에 없는 고려인 동포들의 애환을 직접 체험하면서 연대와 협력을 추구한다. 특히 올해는 조선대학교 동문인 창원 한마음병원 하충식 이사장의 지원을 받아 우정마을 현지의 헌집 3채를 구입하여 깨끗하게 수리해 고려인들에게 기증할 계획이다. 또한 발해와 부여의 옛땅인 연해주 일대의 신한촌기념비, 이상설유허비, 발해유적, 블라디보스토크의 신한촌기념비 등을 답사한다. http://www.newswire.co.kr/newsRead.php?no=263878, 검색일: 2013년 12월 15일.

표 4.2 고향마을의 역사

년도	주요 내용
1998년	미하일로프까군으로부터 우정마을 건설 본부로 불하 받음
2006년	농장 건물중 일부를 쑨야센 고려인들의 마을센터 아름드리로 재건축
2007년	MBC '귀향' 특집 프로그램 통해 중앙아시아에서 5가구 이주, 마을 만들기 출발
2008년	청소년 수련장을 위한 호수공원(270ha) 확보, 마을센터 및 게스트 하우스 운영
2009년	계사 건물 재건축 통해 13가구 확보, 10가구 입주(함께 일하는 재단)
2011년	메주 가공장 건립(경기도, 경희대 등 지원)
2013년	한글학교 로지나 서당 운영, 전통장 시설 및 장독대건설(재외동포재단 지원), 생협작업장 건설(경기도 지원)

출처: http://blog.daum.net/hichun92/29, 검색일: 2014.08.06.

사진 4.12 고향마을 입구의 간판

연해주로 다시 돌아오기를 원하는 고려인 가정들을 데려와 고향마을에 정착할 수 있게 하였으며, 마을이름도 이때 고향마을(로지나 마을)로 지었다. 2007년 농장의 부속 건물로 이용되던 곳을 주택으로 개조하여 우즈베키스탄에서 온 5가정과 우수리스크에 살고 있던 고려인 5가구가 고향마을에 입주할 수 있도록 하였으며 현재는 20여 가구가 살 수 있는 마을로 자리 잡혀 가고 있다.[29]

② 고향마을의 공간구성

고향마을에는 일반가구 외에 한국 대학생들의 해외자원봉사단, 청소년들의 역사 여행팀과 연해주를 찾아오는 한국 사람들의 숙박시설로 이용되고 있는 게스트하우스와 재외동포재단과 경기도청의 지원으로 건설된 장류 가공공장(메주, 청국장, 된장생산), 생협 작업장, 장독대 시설, 돈사 등이 있으며 이외에도 집집마다 돼지, 닭, 소 등도 키우고 있다.

2007년 이곳에 입주하기 시작했을 당시에는 어린 아이들이었는데 이제는 학교에 가는 어린이들로 성장하면서 이 아이들의 한글교육을 위해 2013년 봄에 로지나 서당을 열었다. 로지나 서당은 주말학교로 고향마을 어린이와 주변 우정마을, 우수리스크 어린이들 20여 명이 열심히 한글과 한국문화를 배우고 있다.

2014년에는 고향마을 내에 유기농야채 재배를 위한 비닐하우스와 농지를 조성할 예정에 있으며 여기서 재배된 유기농 야채는 바리바리 생협의 회원인 블라디보스톡 한인들에게 제공될 예정이다.

향후 고향마을은 장(메주, 된장, 청국장), 두부, 떡 등의 한국전통음식을 알리고 체험할 수 있는 한식 전통마을과 유기농 야채재배를 통한 유기농마을로 자리 잡아 갈 것이다. 고향마을은 한민족의 선진 농법과 문화를 전파

29 http://blog.daum.net/hichun92/29, 검색일: 2013.12.18.

하는 고려인들의 정신적 메카로 자리잡아가고 있다.[30]

사진 4.13 고향마을의 게스트하우스

사진 4.14 고향마을의 청국장 공장

---

30 http://blog.daum.net/hichun92/29, 검색일: 2013.12.18

3. 집단적 기억의 재현

1) 기념비(탑)을 통한 집단적 기억의 재현

(1) 지신허 마을 옛터 기념비

지신허마을은 러시아지역 50만 고려인 역사의 발원지이다. 1863년 러시아 최초의 한인마을인 이곳에 13가구가 정착하여 형성한 첫 번째 마을이 바로 지신허이다. 지신허는 서쪽으로 10여킬로미터 떨어진 항일세력 근거지 연추와 더불어 대규모 한인집단 거주지로 성장해 갔다. 1908년 안중근 의병장이 동의회 소속 국내진공 의병부대 부대원들이 체력증강, 훈련 등 진공준비를 한 후 두만강 하류로 떠난 장소이기도 하다.

이 기념비는 러시아 한인 이주 140주년을 기념하고 항일독립운동가를 기리는 차원에서 가수 서태지가 헌정한 것이다. 지난 2004년 6월 12일에 지신허 옛 터에서 제막식을 가졌으며, 기념비는 가로 110cm, 세로 100cm에 2.5t 규모로 보령 오석으로 만들어졌다. 이 기념비는 서태지가 2004년 5월 8일 블라디보스토크시에서 열린 '라이브 인 블라디보스토크' 공연 당시 기념비 헌정을 약속하면서 이루어졌다.[31] '지신허 마을 옛터' 라는 제목의 기념비에는 다음과 같은 내용이 담겨 있다.

---

31 『연합뉴스』, 2004.6.16.

〔지신허 옛터 기념비문〕

이곳은 연해주 핫산지역 비노그라드노예에 있던 지신허라고 하는 옛마을로써 1863년 함경도 농민 13세대가 두만강을 건너와 정착한 극동 러시아 최초의 한인마을로 현재는 옛터만 남아 있다. 그러나 1937년까지 1천 7백여명의 한인들이 모여 살던 매우 큰 마을이었으며, 현재 50만에 이르는 CIS지역 거주 한인들의 발원지가 되는 곳이다. 이에 우리는 이 비를 세워 한인 이주 140주년을 기념하고 한국과 러시아의 친선우호를 돈독히 하며 우리 민족의 무궁한 발전을 기원하는 바이다.

2004년 5월 9일

한인 러시아 이주 140주년 기념 사업회

대한민국 음악인 서태지 헌정

(2) 신한촌 기념비

신한촌은 일제강점기에 러시아 연해주의 블라디보스토크에 자리 잡고 있던 한인 집단 거주지이다. 이 곳은 1914년 제1차 세계대전 발발 이전까지 해외 독립운동의 중추기지 역할을 하였다. 신한촌은 고종이 파견한 헤이그 특사 중 한 명인 이상설, 연해주 일대의 재정적 후원자였던 최재형, 단재 신채호, 안중근 의사 등 항일 민족 지사들이 활동하였던 곳이다.[32]

신한촌 기념비는 1999년 8월 해외한민족연구소가 3 · 1독립선언 80주년을 맞아 연해주 한인들의 독립운동을 기리고 고려인들을 위로하기 위하여 건립하였다. 기념비의 왼쪽은 북한, 가운데는 남한, 오른쪽은 고려인을, 기념비를 둘러싸고 있는 작은 비석들은 해외동포를 상징한다. 이는 우리 민족이 하나 되는 것을 상징한다.

기념비의 오른쪽에는 한글과 러시아어로 안내문이 쓰인 비석이 있다. 구체적인 내용은 다음과 같다.

32 『경향신문』, 2013.8.12.

사진 4.15 신한촌 기념비

〔신한촌 기념비문〕

민족의 최고 가치는 자주와 독립이다. 이를 수호하기 위한 투쟁은 민족적 성전이며, 청사에 빛난다. 신한촌은 그 성전의 요람으로 선열들의 얼과 넋이 깃들고, 한민족의 피와 땀이 어려 있는 곳이다. 1910년 일본에 의하여 국권이 침탈당하자 국내외 지사들은 신한촌에 결집하여 국권회복을 위해 필사의 결의를 다졌다. 성명회와 권업회 결성, 한인학교 설립, 신문 발간, 13도의군 창설 등으로 민족역량을 배양하고 1919년에는 망명정부(대한국민의회)를 수립하여 대일항쟁의 의지를 불태웠다.

그러나 한민족은 1937년 불행하게도 중앙아시아에 흩어지게 되고 신한촌은 폐허가 되었다. 이에 해외 한민족연구소는 3.1독립선언 80주년을 맞아 선열들의 숭고한 넋을 기리고 재러・중앙아시아 고려인들의 마음의 상처를 위로하며, 후손들에게 역사인식을 일깨워 주기 위하여 이 기념탑을 세운다.

1999년 8월 15일

한국 사단법인 해외한민족연구소

신한촌 기념비에서는 주요한 국가 경축일을 기념하기 위한 행사가 이루어지고 있다. 대표적으로 3.1절과 8.15광복절에 블라디보스톡 한국총영사를 비롯한 영사관 직원과 고려인 등이 참가하여 선열들의 뜻을 기리고 있다.[33] 특정일을 중심으로 한국에서는 역사탐방단과 같은 프로그램을 기획하여 집단적으로 기념비를 방문하는 행사도 진행되고 있다.[34]

(3) 4월참변 기념탑

4월참변은 일본군이 1920년 4월 4일부터 5일까지 연해주지역-블라디보스토크, 니콜스크-우수리스크, 라즈돌리노예, 스파스크에, 하바로프스크, 포세트, 스챤 등-에서 러시아 혁명군의 관공서는 물론 한인 집단거주지를 대대적으로 공격, 방화하고 학살하는 만행을 저지른 것을 말한다. 4월 참변이 일어나게 된 배경을 보면, 일본은 1917년 러시아에서 10월 혁명이 일어나자 이듬해 시베리아로 군대를 파병하였다. 파병 명분은 시베리아에 거주하는 일본인을 보호한다는 것이었다. 일본군이 시베리아에 출병하여 멘셰비키 측을 후원하면서 1922년에 철수할 때까지 5년 이상 연해주 지역에서 복잡한 내전 상태가 지속되었다. 1920년을 전후하여 일본군은 볼셰비키의 붉은 군대와의 전투에서 수세에 몰리면서 어려운 처지에 놓이게 되었다. 1920년 3월에는 일본인과 조선인이 많이 거주하는 현재의 우수리스크 지역을 붉은 군대가 공격하여 다수의 일본 민간인이 살해되는 일이 발생했다. 이에 일본군은 보복을 단행하게 되었다. 당시 연해주의 조선인은 제정 러시아의 기존 체제를 지지하는 원호세력과 볼셰비키 혁명파를 지지하는 여호세력으로 나뉘어 있었다. 고려공산당의 전신인 한인

---

33 2010년 3월 1일 11시에 김무영주블라디보스톡 한국총영사를 비롯한 영사관 직원과 교민 등 50여 명이 모여 일제 당시 블라디보스톡을 비롯한 극동 러시아 일대에서 항일독립만세 운동과 항일무장투쟁을 펼쳤던 선열들의 뜻을 되새겼다. 이 기념 행사는 국민의례, 순국선열들에 대한 묵념, 애국가 제창, 대통령 경축사 낭독, 만세삼창 등의 순서로 진행되었다.

34 2013년 8월에 진행된 '시베리아횡단역사도전탐사대장정'에서는 독립유공자 후손들이 참가하여 기념비를 탐방하기도 했다.

사진 4.16 우수리스크시 4월 참변 기념탑

사회당을 결성한 여호세력이 좀 더 우세한 편이었고, 멘셰비키 측이 일본군과 합동하여 조선인을 핍박하면서 한인 사회는 급격히 볼셰비키 세력을 지지하게 되었다.

1920년 3월 12일에 붉은 군대의 공격으로 일본 군대가 전멸당하고 민간인까지 학살된 사건에 분개한 일본군은 4월 5일에 조선인 마을인 신한촌을 습격하여 조선인 민간인을 학살하였다. 붉은 군대에 조선인 항일 세력이 가담해 있었기 때문이다. 한민학교와 한민보관 등 신한촌 조선인 사회의 주요 건물에도 방화를 하였다. 신한촌 뿐 아니라 연해주 곳곳에서 살인과 방화, 검거 사태가 이어지면서 이 지역 조선인 사회 지도자인 최재형과 김이직, 엄주필, 황경섭 등 블라디보스토크 신한촌에 거주하던 한인 300여명이 학살되었다. 블라디보스토크와 우수리스크에서 각각 수십 명의 조선인이 체포되었다. 일본군은 헌병대 분견대를 주둔시키고 자위대라는 보조기구를 설치하여 신한촌을 무력 통제했다. 조선인 사회를 이간시키기 위해 한편으로는 선심 정책을 실시하고 괴뢰 단체를 조직하였다. 친일 단체에 참가한 세력은 주로 조선인 재산가들이었다. 이 사건 이후 항일 운동 기지로서 신한촌의 역할은 크게 퇴색되었다.

(4) 항일독립투사 12인 단지동맹비

1909년 3월 2일, 동의회 소속 안중근을 비롯한 김기룡, 강순기, 정원주, 박봉석, 유치홍, 김백춘, 백규삼, 황병길, 조응순, 김천화, 강창두 등 12명의 항일독립투사들이 단지회(斷指會, 일명 단지동맹)라는 비밀결사를 조직하여 조국의 독립과 동양의 평화를 다지면서 왼손 무명지를 단지했다.

2001년 광복회와 고려학술문화재단은 안중근과 11명의 동지들이 조국 독립을 기원하며 단지한 것을 기념하기 위하여 크라스키노시를 관통하여 서쪽으로 빠지는 다리인 쥬넌카노브카 다리 밑에 단지 동맹비를 세웠다. 그러나 현재의 단지동맹비는 이곳에 없다. 비의 앞면은 한글로, 뒷면은 러시아어로 되어 있는데, 의도성을 가진 사람들에 의하여 비문의 일부가 판독이 불가능할 정도로 훼손되어 결국 좀 더 관리가 가능한 곳으로 이전하게 되었다.[35]

〔12인 단지회 성명서〕

오늘날 우리 한국 인종이 국가가 위급하고 생민(生民)이 멸망할 지경에 당하여 어찌 하였으면 좋은 방법을 모르고 혹 왈 좋은 때가 되면 일이 없다 하고, 혹 왈 외국이 도와주면 된다 하나 이 말은 다 쓸데없는 말이니 이러한 사람은 다만 놀기를 좋아하고 남에게 의뢰하기만 즐겨하는 까닭이라. 우리 이천만 동포가 일심단체하여 생사를 불고한 연후에야 국권을 회복하고 생명을 보전할지라. 그러나 우리 동포는 다만 말로만 애국이니 일심단체이니 하고 실지로 뜨거운 마음과 간절한 단체가 없으므로 특별히 한 회를 조직하니, 그 이름은 동의단지회(同義斷指會)라. 우리 일반 회우가 손가락 하나씩 끊음은 비록 조그마한 일이나 첫째는 국가를 위하여 몸을 바치는 빙거(憑據)요, 둘째는 일심단체하는 표라. 오늘날 우리가 더운 피로써 청천백일지하에 맹세하오니 자금위시(自今爲始)하여 아무쪼록 이전 허물을 고치고 일심단체하여 마음을 변치 말고 목적에 도달한 후에 태평동락을 만만세로 누리옵시다.

사진 4.17 항일독립투사 12인 단지동맹비

---

35 사단법인 대한민국임시정부기념사업회, http://www.kopogo.com/bbs/board.php?bo_table=writing4&wr_id=19&page=1, 검색일: 2013.11.28.

(5) 이상설선생 유허비

이상설은 1907년 네덜란드 헤이그에서 개최된 제2회 만국평화회의에 이준 · 이위종과 함께 고종의 특사로 참석하였으며, 만주 용정에서 항일민족교육의 요람인 서전서숙을 설립하여 이동녕 등과 역사 · 지리 · 수학 ·

사진 4.18 우수리스크시 이상설선생 유허비

〔이상설선생 유허비문〕

보제 이상설선생은 1870년 한국 충청북도 진천에서 탄생하여 1917년 러시아 연해주 우수리스크에서 서거한 한국 독립운동의 지도자이다. 1907년 7월에는 광무황제의 밀지를 받고 헤이그 만국평화회이에 이준, 이위종을 대동하고 사행하여 한국독립을 주장하다. 이어 연해주에서 성명회와 권업회를 조직하여 조국독립운동에 헌신 중 순국하다. 그 유언에 따라 화장하고 그 재를 이곳 수이푼 강물에 뿌리다. 광복회와 고려학술문화재단은 2001년 10월 18일 러시아 정부의 협조를 얻어 이 비를 세우다.

국제법 · 정치학 등의 신학문과 민족교육을 실시하였다. 연해주에서는 성명회와 권업회를 결성하여 활동한 대표적인 항일독립운동가이다.[36] 이상설선생의 유허비는 연해주 우수리스크 수이푼강 유역에 설치되었다. 이곳에서는 8 · 15 광복절 등과 같은 기념절에 우수리스크 거주 고려인들이 모여 기념식을 거행하고 있다.

(6) 우정마을 건설기념비

우정마을 건설 기념비는 한국의 대한주택건설협회가 2004년 러시아 이주 140주년을 기념하기 위해 우정마을 공원에 건립한 것이다. 이 비는 무엇보다 한국과 러시아의 돈독한 우정을 상징하고 있다.

〔우정마을 건설 기념비문〕

한반도에서 불어온 소생의 기운이 여기에 동포애로 약동하여 우정의 마을을 세웠다. 한민족의 피와 땀과 눈물이 어린 이 고려인의 영지에 한국동포들의 우정어린 정성으로 새 보금자리를 세웠으니 그 숭고한 뜻 갸륵하다. 순국선열들이 일제와 싸웠던 항일독립운동의 요람지에 사랑의 손길이 미치게 되어 동포간의 우의를 돈독히 하는 계기가 되었다. 이는 대한민국의 대한주택건설협회 박길훈 회장을 중심으로 뭉친 임원들이 의기투합하여 '러시아연해주한인동포재활기금'을 설립하여 우정마을건설, 장학금지원, 한글학교개설, 농장운영 등을 1998년부터 2004년까지 다양한 활동을 전개한 그 성과다. 고려인 우정마을은 대한민국과 러시아 양국간의 긴밀한 협력의 산물로서 앞으로 더욱 우의

36 한국민족문화대백과사전, http://encykorea.aks.ac.kr/Contents/Index, 검색일: 2013.12.15.

를 돈독히 하고자 하는 의지의 표현으로서의 상징적 의미를 지닌다. 이 상징적 실체가 연해주와 중앙아시아 지역에서 고난을 이겨낸 동포들을 위로하고, 귀향의 꿈을 실현시키는 관문이 되며, 여기에 정착한 동포들의 삶의 보금자리를 위해 진력한 그 높은 뜻을 기리기 위해 고려인 러시아 이주 140주년을 맞아 이 비를 세운다.

2004년 10월 3일
대한민국 대한주택건설협회

사진 4.19 우정마을 건설 기념비

2) 기념 공간을 통한 집단적 기억의 재현

(1) 최재형의 집

최재형은 연해주지역에서 항일독립운동을 전개한 대표적인 인물로써, 최근에는 '노블레스 오블리주(noblesse oblige)'를 실천한 인물로도 평가받고 있다. 최재형은 1860년 8월 15일 함경북도 경원군에서 출생하여 9세 때인 1869년에 아버지와 형을 따라 중국 훈춘을 지나 연해주 지신허 마을에 정착한 이주 1세대이다. 12살 때인 1871년에 지신허 마을을 떠나 포시에트 항구에 정착하여 러시아인 선장 부부의 극진한 사랑을 받으면서 러시아어뿐만 아니라 문학과 과학 등 서양학문을 배우게 되었다. 러시아인 선장 부부는 최재형을 친아들처럼 키우면서 한국인 최초로 러시아 학교에 입학하게 되었으며, 러시아어 실력을 배양하여 통역사로 일을 하게 되었다. 즉 1884년 연추에서 라즈돌리노예에 이르는 200km의 도로 건설공사에서 러시아어를 모르는 한인 노동자들의 권익을 대변하는 통역사로 참여하면서 러시아 관리들의 깊은 신뢰를 얻게 되었다. 연추는 당시 러시아의 군사도시로 성장하고 있었기에 군인들의 생필품이 무엇보다 필요하여 이들을 상대로 군납업 사업을 벌이면서 많은 이윤을 남겼다. 1893년에는 한인 최초로 러시아 도헌[37]에 선출되어 러시아 행정조직의 일원으로 역할을 수행했으며, 이로 인해 당시 한인사회에서 막강한 영향력을 발휘하게 되었다.[38]

최재형은 단순한 사업가로서만 활약하지는 않았다. 1908년 4월 최재형의 집에서 이범윤, 이위종, 안중근 등이 중심이 되어 연추[39](현재 크라스키노)에서 러시아 최대 의병조직인 '동의회'[40]를 결성하여 두만강지역 일대 일

37 도헌(都憲)은 우리나라의 군수에 해당하는 자리이다.

38 http://cafe.daum.net/Dong-do2010/9G5x/196?q=%C3%D6%C0%E7%C7%FC&re=1, 검색일: 2014.1.5.

39 연추는 한반도 진공작전을 전개하던 연해주 의병들의 근거지였다.

40 총회에서 임원 선거를 행한 결과를 보면, 총장 최재형, 부총장 이범윤, 회장 이위종, 부회장 엄인섭

사진 4.20 우수리스크시 최재형의 집

본군을 상대로 국내 진공작전을 감행하였다. 최재형과 동의회의 국내진공 작전으로 위협을 느낀 일본군은 최재형을 항일운동의 배후로 지목하고 러시아를 압박한 결과, 러시아정부는 한인 의병들의 활동을 저지하고 통제하는 정책을 취하게 되었다. 이에 최재형은 러시아 도헌을 그만두고, 연해주 한인들의 민족의식을 고취하기 위해 '대동공보'를 발행하였다. 최재형은 일본과 러시아의 간섭 및 통제가 심해지자 동의회를 통한 무장투쟁에서 언론을 통한 항일투쟁을 전개해 간 것이다. 이 시기에 최재형은 안중근의 항일운동을 적극 지원하게 되는데, 1909년 10월 26일 이토 히로부미의 저격 사건이 일어났다.

1911년 5월 21일, 블라디보스토크 신한촌에서 한인자치기구인 '권업

등이 선출되었으며, 안중근은 평의원으로 선출되었다. 한국민족운동사학회 편, 『안중근과 한인민족운동』 국학자료원, 2002, p.67.

회'를 결성하였다. 초대회장에 최재형, 부회장에 홍범도가 선임되었으며, 12월 회칙이 개정되면서 의사부와 집행부로 나뉘고 신임의장에 이상설, 부의장에 이종호가 선출되었다. 집행부는 13개 부서로 나뉘어 업무를 관장하였으며, 기관지인 '권업신문'을 발간했다. 권업회는 일제와 러시아 당국의 탄압을 피하기 위해 표면적으로 한인들에게 '실업을 장려한다'는 뜻을 표방하는 의미였으나, 궁극적으로는 연해주에 살고 있는 한인들에게 민족의식을 고취하고 항일독립운동을 전개하기 위함이었다. 1914년에는 회원이 8,500여 명에 달할 정도로 세력이 확장되어 연해주의 대표적인 독립운동단체로 부각되었다. 처음에 러시아정부의 공인을 받고 조직되었으나, 제1차 세계대전이 일어나면서 러시아와 동맹국인 일본의 항의로 1914년에 강제 해산당했다.[41]

최재형은 1920년 4월, 이른바 4월참변때 일본군에 의해 연행되어 살해되었다. 1962년에 대한민국 건국훈장 독립장이 추서되었다. 〈사진 4.20〉은 4월참변 당시 연행되기까지 거주했던 집이다. 안내판은 한·러 수교 20주년을 맞아 2010년에 설치되었다.

(2) 대한국민의회[42] 건물

대한국민의회는 한말 이후 러시아령 지역에서 전개된 독립운동의 전통을 계승하고 그 역량을 총집결하여 활발한 항일운동을 전개한 러시아령 지역의 한인 임시정부로서 독립운동사상 뚜렷한 위치를 차지하였던 단체이다.

1917년 러시아에서 2월혁명이 일어나자 이에 자극된 한인들은 블라디보스토크 신한촌에서 한족회·대한교육청년연합회·권업회 등 각종 조

41 다음 백과사전, http://100.daum.net/encyclopedia/view.do?docid=b02g3210a, 검색일: 2014.1.5.

42 한국민족문화대백과사전, http://encykorea.aks.ac.kr/Contents/Index, 검색일: 2014.1.5.

직과 단체활동가들이 총망라된 전로한족회중앙총회를 조직하였다. 대한국민의회는 의장에 문창범, 부의장에 김철훈, 서기에 오창환을 선출하였으며, 독립을 선포하고 일제가 불응하면 혈전을 포고하겠다는 내용의 다음과 같은 결의안을 채택하였다.

① 대한국민의회는 조국독립의 달성을 기약하며 세계민족자결주의에 기인하여 한국민족의 정당한 자주독립을 주장하였다.
② 한일합방조약은 일본의 강압적 수단으로 성립한 것이고 우리 민족의 의사가 아니므로 그 존속을 부인하며 일본의 통치 철폐를 주장하였다.
③ 프랑스 파리에서 열리는 평화회의에 대표를 보내어 우리의 독립운동과 정부 건설의 승인을 요구하며 국제연맹에의 참가를 주장하였다.
④ 한국 독립운동의 실정을 세계에 선전하며 정부 건설의 사실을 각국 정부에 통지하여 우리의 주권을 주장하였다.
⑤ 이상의 목적이 인도와 정의의 공정한 판결을 받지 못하면 일본에 대하여 혈전 포고를 주장함 등이다.

그리고 별도의 행정부를 조직하여 대통령에 손병희, 부통령에 박영효, 국무총리에 이승만, 탁지총장에 윤현진, 군무총장에 이동휘, 내무총장에 안창호, 산업총장에 남형우, 참모총장에 유동열, 강화대사에 김규식을 각각 추대하였다. 대한국민의회는 70~80명의 의원으로 구성되었는데 각계각층의 인물을 망라하였다. 집행 부서로는 독립군의 조직과 훈련을 담당한 선전부, 독립군자금 모금을 담당한 재무부, 무기 조달을 담당한 외교부를 두었다.

다음의 사진은 1919년 제2회 특별전로한족대회를 열었던 곳이다. 러시아 혁명 이후 한인들이 자치권을 인정받기 위해 조직적으로 움직이기 시작한 것이다. 이 건물에서 최초의 해외 임시정부라고 할 수 있는 대한국

사진 4.21 우수리스크시 대한국민의회 옛 건물

민의회가 태어났다. 역사적 의의는 크지만 상하이 임시정부 이외 임시정부를 기억하는 이들은 많지 않다.

(3) 연해주 고려인재생기금

연해주 우수리스크 고려인들의 회관으로 평소 고려인에게 많은 관심을 기울이던 고합그룹의 장치혁 회장이 1995년에 구입, 고려인재생기금에 기증한 것으로, 연해주로 재이주하는 고려인을 돕기 위해 설립된 단체이다.

연해주고려인재생기금안에는 아래와 같은 〈사진 4.22〉를 볼 수 있다. 현재 남북한의 분단의 현실과 통일된 한반도의 상을 제시하고 있다. 그리고 한 켠에는 1937년 스탈린의 강제이주 정책 이전에 자행된 정치탄압에

사진 4.22 연해주고려인재생기금

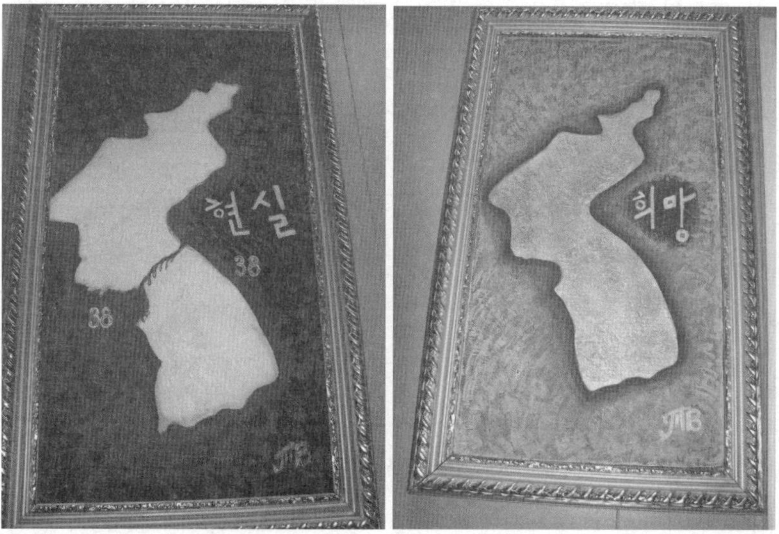

사진 4.23 한반도의 현실과 희망

사진 4.24 소련시대(1937-1938) 정치탄압 고려인 희생자들

의해 희생된 한인 지도자들의 활동에 대해 전시하고 있다. 한명세, 김만겸, 오하묵, 남만춘, 김 미하일 미하일로비치, 박건순, 김 아파나시 아르세니세비, 최성학, 박 니키보르 알렉산드로비치, 이봉수 등 10명의 한인 지도자들을 소개하고 있다.

당시 연해주지역에서 활동한 주요 한인지도자들을 소개하면 다음과 같다.

■ 한명세(한 안드레이 아브라모비치, 1885~1937)

한명세는 1885년 8월 10일 니콜스크-우수리스크현 지신허 마을에서 농부의 아들로 태어났다. 1904년~1905년까지 연해주의 반일시위에 열성적으로 참가하였다. 수차례에 걸쳐 군, 현, 주의 토지위원회나 사회안전위원회, 주농민사무국에 선출, 지방의원 및 전러시아 한인소비에트의원이기도 하였다. 1920년 일본군의 간섭기때 무장투쟁을 조직하였으며, 2차례에 걸쳐 지하활동을 위해 만주로 출전했다. 그의 애국활동을 잘 알고 있던 일본은 본격적으로 '한명세사냥'에 나서 100만 엔의 현상금을 걸었다. 한명세는 고려공산당(이르쿠츠크파) 창당을 주창한 사람들 중 한 명이었으며, 1921년 3차 및 4차 코민테른의 대표이기도 했다. 한명세는 연해주 한인들을 위해 많은 일을 하였고, 소비에트 기관에서 근무했으며, 대학과 기술학교에서 강의를 하였고, 1931년-1933년 까지 이르쿠츠크 사범대학 총장을 역임하였다. 이 대학에서는 한인문화를 위한 불꽃과도 같은 존재인 한국과가 있었다. 1937년 소비에트 정권에 의해 근거 없이 탄압받고 총살당하였다. 1957년 레닌그라드 군사재판소에 의해 복권되었다.

■ 오하묵(효리스토포르 니코라에비치 오가이, 1895~1937)

오하묵은 러시아 니콜스크-우수리스크에서 태어났다. 고등보통 학교를 마치고 교사로 근무 중 제1차 세계대전이 발발하자 징집되어 이르쿠츠크에서 군사학 과정을 마치고 소위보로 전선에 배치되었다. 1917년 2월 러시아에서 혁명이 일어나 임시정부가 수립되었을 때 전선의 병사들에 의해 연대위원회 위원으로 선출되었다. 그러나 두 차례의 큰 부상을 당해 종전 직전에 이등대위로 징집이 해제되었다. 고향에 돌아온 직후인 1917년 10월 러시아혁명이 일어났다. 그러나 모스크바 등과 달리 시베리아쪽은 여전히 차르(tsar)를 지지하는 잔존세력이 권력을 장악하고 있었다. 더욱이, 미국 · 영국 · 일본 등은 시베리아지역의 이권을 염두에 두고 이들 잔존세력과 연합해 볼셰비키세력과 대립하였다. 이 때 그는 조선인 자위대의 지휘관, 연합부대의 참모부 요원으로 활동하면서 백위군 및 그 후원세력들과 싸웠다. 그는 1920년 여름 블라고베셴스크에서 소련공산당에 입당하였다. 가을에 소총대대의 지휘관으로 있으면서 자유시에 주둔하기도 하였다. 1921년에 들어 그의 지위는 더욱 높아져서 조선인 빨치산부대의 군사소비에트부의장, 조선인 빨치산부대 통합여단장으로 활약하였다. 1918

년 1월 22일 김철훈과 함께 이르쿠츠크에서 결성된 '이르쿠츠크공산당 한인지부'를 조직하였다. 그리고 1919년 9월 5일에는 이르쿠츠크에서 '전로한인공산당'을 조직하였다. 그리고 그는 볼셰비키혁명에 가담했을 뿐만 아니라 우리 나라 초기 공산주의운동에서 지도적인 위치에 있었다. 1922년 가을 모스크바 최고군사교육기관인 프룬제군사아카데미에 입학해 군사학을 전공했으며, 수료 후 대령에 임명되었다. 이후 레닌그라드 국제군사학교 조선과 창설을 위임받고 조선과 과장으로 취임하였다.[43]

■ 김만겸(김 쎄레브라코프 이반 스테파노비치, 1886~1938)

김만겸은 러시아 극동 지방의 농촌에서 출생하였고, 블라디보스토크에서 중학교를 졸업하고 1905년 그 곳에서 조직된 한족회에 가담하였다. 1906년에는 한인학교를 창설, 한인교육에 힘을 쏟았다. 또한 신한촌에서 초등학교를 관리하기도 하였다. 1911년부터 『먼 변경』이란 신문의 편집부원으로 있었고, 1914~1917년에는 러시아 정부의 국경대표부 통역원으로 일하였다. 1917년 3월 제2차 러시아혁명 후 대한국민의회의 간부가 되어 한인사회의 정치적 지도에 나섰다. 같은 해 11월 볼셰비키혁명이 일어나자 볼셰비키파와 동지적 관계를 유지하며 반일민족독립운동에 힘썼다. 1920년 4월 일본군의 블라디보스토크 소탕전(4월참변)을 피해 상해로 갔다. 여기에서 코민테른 원동국 비서 보이틴스키와 손잡고, 한인공산당을 조직하는 일에 뛰어들었다. 여운형이 상해에서 공산당에 입당하게 된 것도 그의 주선으로 보이틴스키와 접촉을 가진 데서 이루어진 것이다. 1920년 8월에는 강한택과 함께 레닌 집단의 한인공작원으로 선임되어 공작금 4만원을 가지고 상해로 왔다고 한다. 이동휘가 세칭 상해파 고려공산당을 조직하게 된 것도 그의 공작금과 보이틴스키의 정치적 지원에 의한 것이다.

---

43 한국민족문화대백과사전, http://encykorea.aks.ac.kr/Contents/Index, 검색일: 2014.1.5.

한편, 사회과학연구소라는 합법적 간판을 걸고 이르쿠츠크파의 상해조직을 지원하였다. 박헌영 · 김태연 · 임원근 등 3인은 모두 이 연구소 출신이다.[44]

■ 남만춘(1892~1938)

남만춘은 1892년에 러시아 극동 아무르주 블라고슬로벤노예에서 부유한 농민의 아들로 태어났다. 고향인 블라고슬로벤노예는 러시아 한인들 사이에 '사말니'라고 불리던 곳이다. 그 곳은 한인 이주의 역사가 깊고 토지가 비옥하여 '천혜의 낙토'라는 일컬음을 받았다. 2,500명에 달하는 한인 주민들은 대다수 부농이었고, 러시아에 귀화했으며, 의복 · 음식 및 살림살이가 모두 러시아 풍속을 좇았다고 한다. 고향에서 러시아식 초등교육을 마쳤다. 1901년에 아무르주의 수도인 블라고베셴스크로 유학해 러시아정교 신학교에 입학했다. 1908년에 신학교를 중도에 그만 두고 자바이깔주의 수도인 치따로 가서 부친을 도와 군납업에 종사했다. 현지 주둔 러시아 군대에 채소를 납품했다고 한다.

1910년 중등학교(김나지움) 시험에 합격하여 5학년에 편입했다. 재학중에 짜르 러시아에 반대하는 비밀 학생운동에 가담했다. 실로프, 브로체낀 등의 볼셰비키와 관계를 맺었으며, 치따역 철도 창고 파업 계획에도 간여했다. 1914년 김나지움을 졸업했다. 러시아의 정규 초 · 중등 교육을 이수했기 때문에 그는 세련된 러시아어를 유창하게 구사할 수 있었다. 고등 교육을 받기 위해 끼예프 의과대학에 입학하려고 했으나 1914년에 터진 제1차 세계대전 때문에 좌절되었다. 전쟁 발발 후 제정 러시아 군대에 징집되었다. 그는 사병이 아니라 장교로 근무하게 되었다. 징집과 동시에 사관학교에 입학해 단기 사관 양성 교육을 받고 1915년 2월 졸업했다. 졸업 후 소위 후보생으로 임관해 시베리아의 요충지인 옴스크로 파견되었다. 1916년

44 한국민족문화대백과사전, http://encykorea.aks.ac.kr/Contents/Index, 검색일: 2014.1.5.

소위로 진급했다. 전쟁의 와중인 1917년 2월에 전 러시아에서 혁명이 일어났다. 이른바 2월혁명이 그것이다. 혁명 직후에 군대 내에 결성된 소비에트에 참가하여 연대 소비에트 군사위원으로 선출되었다. 그 해 5월 제536연대 소속 1개 중대를 지휘하다가 전투 중 다리 부상을 입고 에까쩨린부르크로 후송되었다. 퇴원 뒤 잠시 장교식당 관리인을 지냈다. 그 해 10월 볼셰비키 혁명이 발발했으며, 이듬해인 1918년 1월에 소집해제가 되어 귀향했다. 그 즈음 전 러시아가 내전에 휘말리자 남만춘은 적군 편에 가담했다. 고향에서 비밀리에 사회주의 운동에 종사하다가 백위파의 추적을 피해 가족과 함께 이르쿠츠크로 이주했다. 그 곳에서 본격적으로 사회주의 운동에 가담했다. 1920년 1월 러시아공산당 이르쿠츠크현위원회 고려부 결성에 참여했다. 또한 한인과 중국인을 주축으로 하는 '합동민족부대(인떼르나찌오날 오뜨랴트)'를 편성해 참모장을 지냈다. 이 부대는 볼셰비키를 지지하는 러시아내 소수민족 출신자들의 비정규 무장부대로서 백위군에 맞서 여러 차례 전투에 참전했다. 같은 해 3월 러시아공산당 이르쿠츠크 현당대회에서 현 당 간부로 선출되었으며, 현당위원회 소수민족부장이 되었다. 7월에는 이르쿠츠크에서 개최된 전로고려공산단체 대표자대회에 참석했으며, 대회가 끝난 뒤 이 단체의 중앙위원이 되었다. 1921년 5월 이르쿠츠크에서 개최된 고려공산당 창립대회에 참가했다. 이 대회에서 결성된 고려공산당은 같은 시기 상해에서 창립된 당과 구별짓기 위해 통상 이르쿠츠크파 공산당이라고 불린다. 이 당의 중앙위원 겸 코민테른 파견 대표자로 선출되었고, 곧이어 열린 코민테른 3차대회에 출석해 고려공산당을 대표해 연설했다. 그 해 가을에는 북경으로 파견되었다. 당의 조직 기반이 러시아에 한정되어 있음을 반성하고, 조선 국내와 중국내 한인 망명자들 속에 당세를 확장하려는 의도였다. 그러나 일본 영사관 경찰의 추적을 받아 위험에 처했으나 만주를 거쳐 치따로 귀환하는데 성공했다. 그 해 10월 베르흐네우진크 고려공산당 연합대회에 출석했다. 이 대회는 이르쿠츠크파와 상해파, 양당을 통합해 통일 고려공산당을 조직하기 위해 개최된 것이었다. 이 대회에서 소수파로 몰린 이르쿠츠크파는 대회장에서 퇴장해 치따에서 별도의 당대회를 개최했다. 남만춘도 이에 참가했다. 1922년 12월 러시아 내전이 종결되고, 이후 러시아 연해주에 정착해 현지 한인사회의 지도자로 부상했다. 1923년에는 러시아공산당 극동국 소수민족부장으로 승진했다. 그 뒤 연해주공산당 집행위원 겸 혁명자후원회 회장, 니꼴스크-우수리스크 벼재배전문학교 교장 등의 직위에 올랐고, 식민지 한국의 반일 혁명운동에도 참가했다. 1924년 4월 블라디보스토크에서 열린 고려공산당 책임자회의에 출석해 고려공산당창립대회준비위원회 결성에 참여하고 위원으로 선임되었다. 1925년 말에는 코민테른 극동국 고려부원으로서 중국 상해로 파견되었다.

1927년 1월에는 고려공산청년회 만주단체협의회에 출석해 「반제국주의통일전선」에 관한 정치테제를 보고했다. 이처럼 연해주, 상해, 만주를 무대로 하여 해외 망명지의 한인 사회주의 운동에 지도자적 역할을 수행했다. 그는 소련공산당 내부 알력의 한 희생자가 되었다. 1929년 소련공산당 숙청 시에 출당처분을 당한 바 있다. 그 뒤 다시 복당해 연해주 한인 사회의 지도자로 복귀했다. 그러나 1933년 당 숙청 시 또다시 출당을 당하고 체포되었다. 체포된 뒤의 운명은 정확히 알려져 있지 않으나, 1936~38년경에 처형당한 것으로 추정된다.[45]

(4) 고려인문화센터

고려인문화센터는 러시아 한인 이주 140주년을 기념하기 위해 건립되었다고 해서 '140주년 기념관'이라고 불린다. 고려인문화센터는 연해주에 재이주한 고려인을 껴안고, 항일독립운동의 산실인 연해주의 의미를 간직

45 한국민족문화대백과사전, http://encykorea.aks.ac.kr/Contents/Index, 검색일: 2014.1.5.

하여 민족정체성을 회복하는 역사적 사업으로 2004년 기획되어 2010년 준공되었다.

이 센터는 연해주 고려인 사회에서 특히 경제적 상황을 개선하고 문화를 발전시키며 다른 소수민족과 상호 협력하는 사업을 수행하고 있다. 구체적으로는 연해주로 재이주하는 고려인의 한민족 정체성 회복과 문화·복지·의료 등 현지 적응을 돕는 고려인을 위한 기반 시설이다. 다른 한편으로 한국과 러시아의 교류와 협력을 위한 다민족, 다문화 공존의 장이기도 하다. 또한 항일운동의 정신이 살아 있는 우수리스크에 건립하여 동북아 평화 공존과 민족번영을 추진하는 데 있다.[46]

고려인문화센터는 연해주 우수리스크시 아무르스카야 63번지에 위치

사진 4.25 고려인문화센터

46 최영진(2013), p.242.

사진 4.26 항일 영웅 59인[47]

하고 있으며, 규모는 대지 3000여평에 건평 1200여평으로 2층으로 이루어져 있다. 주요 시설은 고려인민족문화자치회, 아리랑가무단, 고려신문, 한글 및 컴퓨터 교육시설, 고려인역사박물관, 의료시설, 고려인단체활동공간, 기타 편의시설 등이 입주해 있다. 특히 박물관은 연해주의 초기 정착에 관한 자료와 독립운동을 한 혁명가들의 유물 및 1937년 강제이주를 당한 시기의 자료 등을 모아 전시하고 있다.

3) 의례를 통한 집단적 기억의 재현

(1) 4월 참변 추모제

1920년 4월 일제에 의해 살해된 항일독립운동가 최재형 등 '4월참변' 희생자를 추모하기 위한 추모제가 매년 4월 4일 러시아 우수리스크 고려인문화센터에서 개최되고 있다. 4월참변 추모제는 초기에는 한국 정부에 의해서 이루어지다가 2006년부터는 러시아와 공동으로 협력하여 추모제를 진행하고 있다.

추모제는 역사적 참변의 과거를 추모하고 항일공동투쟁에 대한 구체

47 출처: 우수리스크 고려인문화센터내 박물관

사진 4.27 4월참변 추모제

적인 사례를 통하여 한러 친선과 유대를 강화할 수 있는 기회가 되고 있다. 또한 구 소련 붕괴 이후 러시아가 안정을 추구하고 있는 시점에서 과거의 한인들이 러시아의 친구로 아픔을 함께 했던 과거를 되새기며 희망찬 미래를 열어갈 진정한 동반자라는 것을 다짐하는 자리가 되고 있다. 아울러 현재 어려움에 처해 있는 연해주지역 고려인들에 대한 러시아 사회 내 인식 개선에도 기여하고 있다. 4월참변 추모제는 사진전을 시작으로 진혼제, 추모제, 학술회의, 유적답사 등으로 구성되어 진행되고 있다.[48]

(2) 주요 기념일 기념식

연해주 고려인들은 '3 · 1운동,' '8 · 15광복절' 등을 기념하기 위해 기념행사를 개최하고 있다. 기념식 장소는 우수리스크에서는 '이상설선생유허비'에서, 블라디보스토크에서는 '신한촌기념탑'에서 기념식을 거행한다.

48 (사)고려인돕기운동본부, http://koreis.com/main/06_koreis/news_view.asp?nSeq=89&table=News, 검색일: 2013.12.15.

사진 4.28 이상설선생 유허비 앞에서 열린 제63회 광복절 기념식[49]

위의 사진은 이상설선생 유허비 앞에서 열린 2008년 제63회 8·15 광복절 기념식 장면이다.

(3) 연해주 고려인 문화의 날

연해주 고려인들은 매년 한 번씩 '고려인 문화의 날'이라는 축제를 개최하고 있다. 이 행사는 2001년에 처음 개최되었으며, 2003년 행사에서는 동북아지역의 5개국이 모두 참여하는 성과를 보이기도 했다. 북한에서 약 40명의 북한 예술단과 100여 명의 북한 노동자들도 참가했다.[50] 예술 공연은 한국, 북한, 일본, 러시아 등에서 찬조 공연을 하고 민속놀이로는 씨름, 줄다리기, 줄넘기, 제기차기, 태권도 등이 이어졌다. 그 밖에 2007년부터 연해주 소수민족들이 공동 주최하는 한마당으로 '다민족·다문화 평화 축제'를 열고 있다. 우정마을의 솔빈문회센터가 주최하고 연해주의 모든 소수민족이 참가하는 축제다. 각 민족별로 특유한 의상과 고유의 춤을 자

49 출처: (사)광주평화재단

50 박태규 외, 『러시아 한류에 관한 연구조사 및 진흥방안』 국회문화관광위원회, 2005, p.190.

랑하는 무대공연이 있었다.[51]

사진 4.29 연해주 고려인 문화의 날[52]

51 이광규, 『우리에게 연해주란 무엇인가』 성남: 북코리아, 2009, pp.197-200.

52 출처: (사)광주평화재단

제5장
재일코리안의
집단적 기억과 재영토화

코리안 디아스포라 역사에서 '재일코리안'[1]은 1910년 한·일 강제병합에서 시작되는 일본제국주의 식민지 통치의 산물이다. 대부분의 재일코리안은 일제의 식민지배 정책으로 인해 비자발적이거나 강제적으로 일본으로 이주한 사람들이거나 그의 후손들이다. 그 이외에 1989년 한국정부의 해외여행 자유화 조치와 일본의 경제호황과 맞물려 노동이주자가 도쿄 지역을 중심으로 코리아타운을 형성하고 있다.

1. 올드커머의 민족집거지 형성

1) 올드커머의 이주

일본으로의 한인의 이주와 정착은 한반도에 대한 일제의 식민지 지배라는 역사적 산물로서 진행되었다. 물론 1910년 한일병합 이전에도 한반도에서 일본으로 많은 한인이 도항하거나 혹은 연행되어 간 기나긴 역사가 존재한다. 기원전 2세기경부터 한반도로부터의 도래인 집단이 일본에 이주하였고, 도요토미 히데요시의 조선침략 때에도 많은 조선인들이 강제적으로 연행되어 갔다. 그러나 근대 이전의 도래인이나 조선인 포로 및 그 자손들은 일본인의 한 구성요소가 되었기 때문에 근대의 재일코리안과는 질적으로 그 성격을 달리한다. 그리고 일본의 근대화시기에 조선에서의 많은 정치가들과 유학생들이 조선의 근대화를 위해 도일하였으나, 학업을

1 학계에서 일본에 거주하는 '또 다른 우리'에 대해 '재일동포,' '재일교포,' '재일한국인,' '재일조선인,' '재일코리안,' '재일(자이니치),' '한국계 일본인' 등 다양한 용어로 부르고 있다. 국적으로 보면 대한민국, 조선민주주의인민공화국, 귀화 일본인, 무국적 등 네 가지가 있다. 이처럼 용어부터 시작하여 국적에 이르기까지 매우 복잡한 현상을 보이고 있다. 이는 무엇보다 일본 제국주의의 식민지배와 해방 이후 남북한의 분단으로 인한 이념 대립의 결과라 할 수 있다. 이 글에서는 국적, 이념의 구분 없이 일본에 거주하는 한인들을 포괄하는 의미로 '재일코리안'이라는 용어를 사용하고자 한다. 재일코리안의 용어에 대한 자세한 내용은 정진성(2012); 이창익(2014)의 자료를 참조할 것.

마치기까지의 일시적 체류자로서 지위를 가졌기 때문에 식민지 통치하의 재일코리안과는 질적으로 그 성격이 다른 것이다.[2]

일본으로의 재일코리안의 이주와 정착은 크게 네 단계로 나누어 볼 수 있다. ① 제1기: 일제의 식민지 정책과 조선의 농민층의 몰락에 따른 도일(1910-1938); ② 제2기: 강제연행에 의한 도일(1939-1945년 8월); ③ 제3시기: 일본의 패전 후 일본 잔류; ④ 제4시기: 1989년 한국의 해외여행 전면 자유화 조치 이후 도일한 뉴커머의 이주(1989-현재) 등이다.[3]

해방이전의 재일코리안들은 당시 조선의 농촌사회의 몰락과 열악한 취업 환경에 따라 생존을 위해 불가피하게 일본으로의 이주를 선택하였다. 아울러 일본 제국의 강력한 식민지 정책, 특히 전시체제하의 강제 동원정책에 의해 비자발적이면서 강제적 성격의 이주가 이루어졌다.

〈표 5.1〉을 보면 일본으로 이주한 올드커머의 인구 현황을 알 수 있다. 구체적으로 시기별 인구 변동 상황을 보면, 1922-24년, 1927-28년, 1932~ 35년, 1939~45년 등의 시기에 인구가 급증한 것을 알 수 있다.

1920년대부터 일본은 식민지 본국의 원활한 식량수급을 위해 조선총독부의 주도로 미곡 생산을 상업화하는 '산미증산' 정책을 실행했고, 조선의 농촌사회에서는 농지의 합병으로 수많은 농민이 몰락하였고, 그로 인해 대규모의 이농이 발생했다. 또한 재일코리안의 이주 증가율이 가장 컸던 시기는 1939년 이후부터 1945년 8월 이전이었는데, 이는 일본이 중일전쟁 발발 후 전시 총동원의 일환으로 조선인에 대한 대대적인 강제동원이 이루어졌기 때문이다.[4]

---

2 강재언・김동훈 지음, 하우봉・홍성덕 옮김, 『재일한국・조선인-역사와 전망』 서울: 소화, 2000. pp.23-28.

3 윤인진, 『코리안 디아스포라: 재외한인의 이주, 적응, 정체성』 서울: 고려대학교 출판부, 2003. pp.152-153; 장윤수・임채완 외, 『재외한인 집거지역 사회경제』 서울: 집문당, 2005. p.99.

4 김광열, 『한인의 일본이주사 연구: 1910-1940년대』 서울: 논형, 2010. p.18-19.

표 5.1 해방 이전 재일코리안의 인구 변화(1914-1945)

연도	거주인구 (명)	이주증가 (명)	연도	거주인구 (명)	이주증가 (명)
1914	4,176	4,168	1930	419,009	25,468
1915	5,046	802	1931	437,519	12,621
1916	7,255	2,082	1932	504,176	59,871
1917	17,463	10,003	1933	573,896	61,995
1918	27,340	9,507	1934	639,651	56,472
1919	35,995	8,171	1935	720,818	71,465
1920	40,755	4,211	1936	780,528	49,204
1921	48,774	7,362	1937	822,214	30,619
1922	82,693	32,806	1938	881,347	47,270
1923	112,051	27,850	1939	1,030,394	135,177
1924	168,002	53,690	1940	1,241,315	194,213
1925	187,102	16,582	1941	1,469,230	208,139
1926	207,853	17,953	1942	1,625,054	133,951
1927	246,515	35,344	1943	1,768,180	119,326
1928	341,737	90,622	1944	1,911,307	117,401
1929	387,901	40,943	1945	2,100,000	160,427

출처: 김광열, 『한인의 일본 이주사 연구: 1910-1940년대』 서울: 논형, 2010. p.18.

1910년대 이후 일본으로의 한인 이주가 본격적으로 이루어졌는데, 이들은 일본 전역에 정착하였다. 특히 오사카, 도쿄, 교토, 후쿠오카 등 7대 도시가 포함된 부현(府縣)에 집중되었다. 이들의 정착은 일본 사회의 산업구조나 노동조건과 밀접한 관련을 갖는다. 즉, 일본지역에서도 홋카이도와 규슈가 탄광지대로 유명하다면, 상공업의 중심지는 오사카를 중심으로 한 간사이(관서) 지방이었다. 이러한 일본의 산업구조로부터 나타나는 지역적인 특성은 재일코리안의 거주지 특성 가운데 한 양상으로 나타났다.[5]

5 최석신 · 임채완 외, 『재일코리안사회의 경제환경』 서울: 집문당, 2005. pp.30-31.

표 5.2 해방 이전 재일코리안의 일본 내 지역별 분포(상위 10위)

1928년			1938년			1943년		
지역	인원(명)	비율(%)	지역	인원(명)	비율(%)	지역	인원(명)	비율(%)
오사카	55,290	23	오사카	241,619	30	오사카	395,380	21
도쿄	28,320	12	도쿄	78,250	10	후쿠오카	172,199	9
후쿠오카	21,042	9	후쿠오카	64,321	8	효고	135,170	7
아이치	17,928	7	아이치	61,654	8	야마구치	132,526	7
효고	16,701	7	효고	60,105	8	아이치	126,325	7
교토	14,322	6	교토	53,446	7	도쿄	123,126	7
카나가와	10,207	4	야마구치	45,439	6	홋카이도	82,950	4
야마구치	8,839	3	홋카이도	24,878	3	교토	74,079	4
홋카이도	6,446	2	카나가와	16,663	2	히로시마	68,274	4
히로시마	5,827	2	히로시마	12,063	2	카나가와	54,795	3
총수	238,102		총수	799,878		총수	1,882,456	

출처: 1928년 통계는 박경식, 『재일조선인운동사:8·15해방 전』, 1979자료; 1938년과 1943년 통계는 강재언·김동훈, 『재일한국·조선인-역사와 전망』 2000 자료 인용.

특히 오사카 지역은 이주 초기부터 1940년대 초까지 재일코리안의 최대 집거지역으로 나타났는데, 이는 오사카 지역의 특성에서 비롯된 것으로 보인다. 오사카는 일본내에서 비교적 노동시장과 양호한 노동조건을 갖추고 있어 재일코리안 노동자의 밀집 지역으로 되었다. 또한 일본에서 먼저 삶의 터전을 마련한 재일코리안을 찾아 연쇄적인 이주가 늘어남에 따라 오사카 거주 재일코리안의 수가 증가하였다. 강제동원이 이루어졌던 1943년의 자료를 보면, 탄광지대를 많이 끼고 있는 후쿠오카, 야마구치, 홋카이도에서 인구 증가가 이루어졌다. 오사카지역으로의 이주과정을 인터뷰 내용을 통해 살펴보면 다음과 같다.

> 열세 살에 이쿠노쿠에 왔어요. 우리 고모네가 여기 살아가지고 오빠들도 와 있고 하니까 올라고 안했었는데 어떻게 해서 그냥 오게 됐어요.

고모네 집에서 놀면서 한 1-2년 있다가 신발공장에 가서 일했어요. 그때는 한국 사람이고 일본 사람이고 한 집 걸러서 공장을 했어요. 그러다가 열여덟 살이 된 해에 공습이 있다고 해서 아버지가 데리러 왔어요. 전쟁 난다고. 한국에 다시 들어가 한 3년 있다가 다시 일본 나왔어요. 남편이 먼저 나가고 그래서 저도 밀항으로 왔어요〈이경일, 여/87세〉.[6]

우리 어머님은 재밌어요. 어머니 집안은 부자는 아니지만 조금 돈 있는 집이었어요. 어머니는 큰 딸이고 외할머니랑 사이가 안 좋았다고 그래요. 어머니는 당시에 여자가 학교를 못가는 상황이라 해방이 되니까 일본을 보고 싶다고 놀러 왔어요. 놀러 진짜에요. 오사카에 친척이 많이 있으니까 1945년 10월에 왔어요〈오광현, 남/57세〉.[7]

2) 오사카 이쿠노쿠의 정착과 집거지 형성

오사카는 일본의 긴키 지역 중부에 위치하고 있으며, 수도인 도쿄도(都)에 이어 제2의 도시이다.[8] 오사카는 16세기 이래 수로와 강을 개척하고 바다를 향해 도시를 개발하면서 일본의 제일 상업 중심도시로 성장하였다. 오사카에 재일코리안들이 이주한 것도 해상교통의 요지이고 편리하며, 상공업이 발달하여 노동력의 유입이 필요한 도시였기 때문이다. 구체

---

6 2014년 4월 19일(토) 인터뷰.

7 2014년 4월 20일(일) 인터뷰.

8 일본의 지방자치제도는 도도부현(都道府縣)과 구시정촌(區市町村)의 이중 구조로 되어 있다. 양자는 대등한 지방공공단체이며 분담 협력해 지역의 행정사무를 담당하고 있다. 도도부현은 시정촌을 포괄하는 광역의 지방공공단체이며 광역행정사무를 담당한다. 47개의 도도부현이 있으며 도쿄도(都)도 그 중 하나이다. 시정촌은 주민과 직결된 기초 지방공공단체이며 주민과 밀접하게 관련된 사무를 담당한다. 2009년 4월 1일 현재 783개 市(지정 도시 포함), 802町, 192村이 있다. 市, 町, 村 사이에 본질적 차이는 없다. 市는 인구 5만 이상 및 그 외 요건을 갖추어야 하며 町은 都, 道, 府, 縣의 조례에서 정하는 요건을 갖추어야 한다. 또, 都, 道, 府, 縣과 區, 市, 町, 村이라는 보통 지방공공단체에 추가해 특정 목적을 위해 설치된 특별구(도쿄도의 23구를 가리킨다. 시에 관련된 규정이 적용되며 인구가 고도로 집중된 대도시 지역의 행정 일체성 및 통일성 확보 관점에서 설치되었다), 조합, 광역 연합 등의 특별 지방공공단체가 있다.

적으로 오사카의 지역적 특성을 살펴보면 다음과 같다.[9]

오사카를 포함하는 간사이지방은 긴키 지역(오사카부, 교토부, 나라현, 효고현, 시가현, 와카야마현)에 미에현, 후쿠이현, 토쿠시마현을 포함한 2부(府), 7현(縣)으로 이루어져 있다. 이 간사이지역은 일본 전국토의 11%에 불과하나 인구로는 19.2%(2,100만 명), 지역총생산은 17.1%를 차지하고 있으며, 공장 및 상점의 집적도가 매우 높은 편이다. 오사카부는 33개의 시 · 9개의 정 · 1개의 촌으로 구성되어 있으며, 면적은 약 1,890 평방킬로미터로 전 국토의 0.5%밖에 되지 않으나 인구는 약 880여만 명으로 전국의 약 7%를 차지하여 도쿄도, 가나가와현 다음으로 많은 사람이 거주하고 있다.[10]

오사카시는 오사카부청의 소재지이며, 24개의 구로 구성되어 있다. 오사카시는 경제활동의 규모가 싱가포르의 2배에 이를 만큼 왕성한 경제활동이 이루어지고 있으며, 도쿄에 이어서 상업거래, 금융정보 교류가 활발하다. 또한 오사카 광역도시권에는 간사이국제공항을 비롯한 교통물류 인프라와 국제견본전시회장 등 국제교역 관련 시설이 정비되어 무역을 비롯한 투자와 관광, 정보교류의 분야에서 국제적인 연계가 잘 이루어져 있다

오사카시는 2005년 현재 국세조사에 의하면, 전체인구(2,628,811명) 비율 중 재일코리안이 2.7%(71,123명), 중국인이 0.4%(11,848명) 등 외국인들의 비율이 높으며, 이는 다문화사회의 지표가 되는 비율을 상회하는 것으로 이 공간 구성의 특성을 반영한다. 대표적인 재일코리안 집거지인 이쿠노쿠(生野區)는 오사카시의 동남부에 위치하며, 2010년 9월 1일 현재 구의 총인구 133,626명 중 외국인 등록자 수는 30,220명(22.6%)으로 오사카 시내에서 가장 많다. 그 중 재일코리안은 27,903명으로 92.3%를 차지하고, 중국적은

9 장윤수 · 임채완 외(2005). pp.116-117.

10 오사카부청 홈페이지(http://www.pref.osaka.jp/ko/introduction/index.html, 검색일: 2011/06/25)

1,792명으로 5.9%이다.[11]

일반적으로 오사카 지역은 올드커머들이 집거하고 있는 지역으로, 대부분 이쿠노쿠의 미유키도오리(御幸通), 츠루하시(鶴橋), 이마자토신지(今里新地)에 집중하여 거주하고 있다. 오사카 외곽지역에 위치한 이쿠노 지역은 옛 이름이 '이카이노(猪飼野)', 즉 '산돼지를 기르는 토시(들판)' 이라고 불리던 척박한 땅이었다.[12] 일본인들이 버린 이 땅을 강제징용으로 끌려온 재일코리안들이 온갖 차별과 멸시를 이겨내며 일궈냈다. 즉, 1920년대에 이쿠노를 가로질러 흐르는 히라노(平野) 운하 건설 공사를 위해 많은 노동력이 필요하게 되었고, 조선의 노동자들이 이 공사에 강제 동원되었다. 당시 조선은 일본의 식민지였기 때문에 매우 싼 임금으로도 위험이 따르는 육체노동을 강제할 수 있는 대상이었다.

1923년부터 제주도와 오사카 사이를 연결하는 '기미가요마루'라는 정기 여객선이 운항되면서 많은 제주도 출신 조선인들이 이카이노로 유입되면서 커다란 밀집지역을 형성하게 되었다. 조선인들은 히라노강 운하 건설공사 현장을 중심으로 모여살기 시작했고, 공사가 끝난 뒤에도 그대로 일본에 눌러앉아 항만, 건설, 광산 노동자로 삶을 이어가게 되었다.[13] 나아가 이 지역에 거주하게 된 친척과 친구들을 근거지로 삼아 더 많은 조선인들이 연쇄 이주하였다. 특히 해방 후에는 제주도 4·3항쟁을 계기로 고향인 제주도를 떠나 이쿠노로 건너온 사람들이 적지 않았다. 그 후 자연스럽게 조선시장이 생겨났고[14], 학교가 만들어지고, 작은 민족 집거지가 형

11 문재원·박수경, "이카이노의 재현을 통해 본 재일코리안 디아스포라 공간의 로컬리티", 『로컬리티 인문학』 5, 2011. pp.128-129.

12 양영희, "이쿠노 마을 이야기," 김남일· 서경석 외, 『분단의 경계를 허무는 두 자이니치의 망향가』 서울: 현실문화연구, 2007. p.244.

13 김남일·서경석 외, 『분단의 경계를 허무는 두 자이니치의 망향가』 서울: 현실문화연구, 2007. p.226.

14 오사카 이카이노(현재 이쿠노쿠)에서는 1931년경부터 조선의 물건을 파는 조선시장이 생겨났다. 오사카에는 13만 3천명의 조선인이 거주하고 있었으며, 조선시장에는 약 50여개의 상점이 밀접해 있었다.(재일코리안역사박물관)

성되었다.[15]

오사카지역 코리아타운에 거주하고 있는 연령별 인구 구성의 특성을 살펴보면, 아래 〈표 5.3〉과 같다. 오사카지역에는 2009년 현재, 전체 한인의 22.6%(129,992명)이 거주하고 있다. 연령별로 분류해서 보면, 50대가 16.9%(21,994명)로 가장 많이 거주하고 있으며, 다음으로 40대가 16.1%(20,955명), 60대가 15.6%(20,319명), 30대가 15.0%(19,499명), 20대가 11.9%(15,501명), 70대가 9.2%(11,917명), 10대가 6.9%(8,984명), 80세 이상이 4.7%(6,138명), 10세 미만이 3.6%(4,735명) 순으로 나타났다. 오사카 지역은 50대 이상이 전체의 46.4%인 6만 318명으로 올드커머들이 많이 거주하고 있음을 알 수 있다.

표 5.3 오사카지역 재일코리안의 연령별 인구 구성(2009년 현재)

연령	전체	오사카	연령	전체	오사카
10세 미만	24,174 (4.2%)	4,735 (3.6%)	50대	90,695 (15.8%)	21,944 (16.9%)
10대	37,82 3(6.6%)	8,984 (6.9%)	60대	77,393 (13.5%)	20,319 (15.6%)
20대	84,552 (14.7%)	15,501 (11.9%)	70대	43,458 (7.6%)	11,917 (9.2%)
30대	100,727 (17.5%)	19,499 (15.0%)	80세 이상	24,800 (4.3%)	6,138 (4.7%)
40대	94,873 (16.5%)	20,955 (16.1%)	총계	578,495 (100%)	129,992 (100%)

출처: 日本 獨立行政法人 統計센터, "都道府縣別 年齡·男女別 外國人 登錄者(韓國·朝鮮)," 2009(홈페이지 http://www.e-stat.go.jp/SG1/estat, 검색일: 2011/06/25); 선봉규(2011), p.190에서 재인용.

15 양영희(2007), p.245.

그런데 한 가지 주목할 만한 점은 40대 이하의 인구를 보면 6만 9천 674명으로 전체의 53.6%에 이르고 있음을 볼 수 있다. 이러한 사실은 오사카 코리아타운은 올드커머들이 많이 거주하고 있다는 사실과 함께 그들의 자손과 뉴커머들도 함께 코리아타운을 형성하고 있음을 확인할 수 있다.

오사카 이쿠노쿠 코리아타운은 츠루하시, 미유키도오리, 이마자토신지 등으로 구성되어 있다. 국제시장으로 잘 알려진 츠루하시 지역은 일본인 상점가와 혼합되어 중층구조를 이루고 있는 것이 특징이다. 츠루하시에는 색동저고리와 같은 한복가게와 생선, 건어물, 육류, 반찬 등 한국시장에서 볼 수 있는 풍경이 즐비하다. 이 지역은 올드커머가 대부분의 상점을 운영하고 있었으나, 최근에는 올드커머와 뉴커머의 집주비율이 반반으로 뉴커머가 증가하고 있다. 몇 년 전까지만 해도 올드커머가 상권을 쥐고 있었는데 최근 뉴커머의 시장참여율이 증가하면서, 취급상품도 한국에서 직수입한 다양한 문화상품으로 바뀌고 있다.

이마자토신지는 미유키도오리 코리아타운의 동쪽에 위치하고 있으며, 대부분 1980년대 이후 진출한 뉴커머들이 개척한 지역이다. 원래 이 지역은 일본인이 경영하는 집창촌이었으나, 뉴커머들이 풍속업, 크라브(술집클럽)나 스나쿠(일본식 술집)를 중심으로 진출하기 시작하면서 한인 집거지가 형성되었다. 이런 이유로 이마자토신지는 '오사카의 한국 술집 촌'으로도 불리고 있다. 이 지역은 미유키도오리나 츠루하시와는 달리, 뉴커머가 도쿄 지역에서 개척한 것과 유사한 업종인 크라브(club), 스나쿠, 에스테, 한국 가정요리, 비디오와 식품점, PC방을 중심으로 상점가를 형성하고 있다.[16]

16 『재외동포신문』, 2004.11.8.

3) 오사카 이쿠노쿠 미유키도오리 코리안타운[17]

오사카 이쿠노쿠 코리아타운, 특히 미유키도오리 상점가는 재일코리안의 경제생활이나 소비생활의 중심지일 뿐만 아니라 재일코리안 사회를 상징하는 곳이다. 미유키도오리 코리아타운은 일제 식민지시대에 형성된 조선시장으로부터 비롯된다. 그런 점에서 아직도 기성세대나 이쿠노쿠 주민들은 '조센이치바(조선시장)'라는 애칭으로 불리고 있다. 이 시장은 1920년대부터 재일코리안들이 무허가 좌판을 펼치고 김치, 된장, 그리고 생활용품 등을파는 장사를 하기 시작했으며, 장사에 나서는 사람들이 점차 많아지면서 조선시장으로 불리게 되었다. 이렇게 형성된 조선시장은 단순히 상품의 거래만 이루어지는 곳만은 아니었다. 조선시장은 주변 지역에 살고 있는 재일코리안 간의 상품 거래와 함께 모국의 소식이나 지역내의 생활 및 구직 정보 등을 나누는 곳이 되었다. 특히 1960년대까지는 일본 내에서 모국의 전통문화관련 상품을 파는 메카로서의 역할을 하였다. 이 시장은 관혼상제나 명절 때가 되면 한복이나 제수음식 재료 등을 구입하는 곳으로, 명절 무렵이면 일본에 거주하고 있는 재일코리안들이 방문하면서 성대한 시장이 형성되기도 했다.[18]

이 시장은 1970년대 이후 재일코리안 사회의 세대교체가 진행되면서 점차 모국의 음식문화 및 전통문화에 대한 의식이 바뀌게 됨에 따라 민족관련 상품에 대한 수요가 줄어들게 되어 점차 쇠락의 길로 들어서게 되었다. 이 시장은 1980년대까지 '셔터의 길'이라고 할 정도로 재일코리안이나 일본인으로부터 큰 주목을 받지 못해 문 닫는 가게가 늘어나기 시작했다.[19] 이러한 상황에서 미유키도오리 상점가의 활성화를 위한 방안으로

---

17 이에 대한 내용은 임채완 · 선봉규, "디아스포라적 문화접변과 동반성장에 관한 연구: 일본 오사카지역 재일코리안을 중심으로", 『민족연구』 제60호, 2014, p.132-155의 내용을 부분적으로 발췌하였음.

18 이상봉, "오사카 조선시장의 공간 정치: 글로벌화와 장소성의 변용", 『한국민족문화』, 41, pp,239-241.

1988년 '코리아타운 추진위원회'가 결성되면서 새로운 계기를 마련하였다. 그러나 미유키도오리 코리아타운 추진 계획은 재일코리안과 일본인 상점주간의 인식 차이로 인해 흐지부지 되었다. 그러던 것이 1993년 새롭게 구성된 코리아타운 추진위원회가 동쪽 상점가 입구에 코리아타운을 상징하는 게이트(백제문)을 세우면서 본격화되었다.

오사카 이쿠노쿠 미유키도오리 코리아타운은 서쪽의 미유키도오리진자(御幸森神社)에서 동쪽의 히라노 운하까지 약 600m 도로의 좌우에 상점가가 형성되어 있는 곳이다. 이곳은 미국 LA의 코리아타운과 같이 행정구역상으로 붙여진 명칭이 아니다. 미유키도오리 코리아타운은 1993년에 동 상점가, 중앙 상점가, 서 상점가 등 3개의 상가 입구에 '코리아타운'이라는 문을 설치하면서 불리어지게 되었다.[20] 동 상점가의 입구에는 서울의 남대문 형상을 띠고 있는 문이 서 있는데, 그 문에는 '百濟門(백제문)'이라고 적혀 있으며, 그 아래에는 'KOREA TOWN'이라고 쓰여 있다. 그리고 중앙상점가에도 'KOREA TOWN'이라는 글씨

사진 5.1 오사카 이쿠노쿠 미유키도오리 코리아타운

사진 5.2 오사카 이쿠노쿠 미유키도오리 코리아타운 내 김치반찬 가게

19 『제주투데이』, 2010/07/26.

20 이상봉(2011), p.238.

사진 5.3 오사카 이쿠노쿠 미유키도오리 코리아타운 내 한복 가게

사진 5.4 오사카 이쿠노쿠 미유키도오리 코리아타운 내 한류숍

와 함께 일본어 및 한글로 'オイソ 오이소, ボイソ 보이소, サイソ 사이소' 라는 글귀가 쓰여 있다.

현재 미유키도오리 코리아타운 거리에는 재일코리안과 일본인의 상점 150개가 운영되고 있다. 이 중 120여 개의 점포가 재일코리안들이 운영하고 있다. 재일코리안들의 점포는 주로 김치 및 반찬류, 건어물 및 생선류, 식육점, 야끼니쿠 가게, 한복가게 등이다. 이와 같이 오사카 이쿠노쿠 미유키도오리 코리아타운은 식민지시대에서부터 현재에 이르기까지 재일코리안들이 일본사회에서 모국의 식문화와 전통문화를 향유하고 유지하는 공간으로 자리 잡아가고 있다.

최근 2002년 월드컵의 한 · 일 공동개최와 2003년 '겨울연가'가 NHK에서 방영된 이후 일본에서 한류 붐이 확산되면서, 이쿠노쿠 한인 사회에 새로운 변화의 바람이 불고 있다. 코리아타운에 한류 전문 상점이 생기고, 관광객들은 한국 요리를 먹거나 '욘사마'의 포스터나 관련 상품을 구매하기도 한다. 이 지역의 재일코리안들은 일본사회에 조성된 한류 붐을 적극 활용하여 새로운 문화를 창조하고 있다.

이러한 한류의 확산은 그 동안 재일코리안만의 공간으로만 위치 지어진, 즉 보수적이고, 폐쇄적인 민족 집거지라는 인식을 전환시키는 데 기여하고 있다. 대표적으로 미유키도오리 코리아타운내 반가식공방(班家食工房)에서는 2002년 10월에 '이문화체험센터'를 개설하여 김치 만들기, 한국 요리 교실, 한국어강습 등 한국의 전통 음식과 문화를 일본인에게 소개하고 직접 체험하게 함으로써 일본인과 재일코리안 간의 공생과 상호문화 이해의 증진을 위한 프로그램을 운영하고 있다.

오사카 이쿠노쿠 지역의 재일코리안들은 〈코리아NGO센터〉를 설립하여 다민족, 다문화 공생 사회 실현을 위한 다양한 프로그램을 운영하고 있다.[21] 이 단체는 2004년 3월 7일에 재일한국민주인권협의회, 민족교육문화, 원코리아페스티벌실행위원회 등 세 단체가 통합하여 설립되었다. 이 단체는 재일코리안의 민족교육권의 확립과 다민족 · 다문화 공생 사회의 실현을 위한 활동을 중심적으로 펼치고 있다.[22] 먼저, 민족교육권 확립 사업은 지역 내의 소학교에 '민족학급'을 개설, 운영하고 있으며, 이를 통해 재일코리안의 민족문화 및 정체성을 유지, 확립하는 데 노력하고 있다.

오사카지역 내 민족학급 및 민족클럽은 소 · 중학교 106개교에서 운영되고 있으며, 1992년부터는 민족학급 지원 사업으로써 '민족클럽 기술지도자 초빙사업'을 실시하고 있다. 이 사업은 2007년부터 '국제이해교육 추진사업'으로 개편하여 운영되고 있다. 오사카시립 소학교에 재적 중인 재일코리안 아동 수

사진 5.5 오사카 이쿠노쿠 나카가와 소학교 민족학급 시업식

21 코리아NGO센터 홈페이지, http://korea-ngo.org, 검색일: 2014/09/15.

22 이외에도 재일코리안 사회의 풍부한 사회 기반 창조와 동아시아에 있어서의 코리안·네트워크의 구축, 재일코리안과 일본간의 시민, NGO의 교류·협력 사업의 전개와 시민사회의 상호 발전에의 기여, 남북 코리아의 통일과 동아시아 공동체 형성에 기여 등을 목적으로 활동하고 있다.

는 1,633명이며, 민족학급에 다니고 있는 아동 수는 1,020명에 이른다. 오사카시에서는 재일코리안의 민족교육 실시에 필요한 예산을 지원하고 있는데, 대표적으로 국제이해교육의 민족강사 및 시간강사의 급여 및 교통비 등을 지급하고 있다.[23] 또한 다민족 · 다문화 공생 사회 실현을 위한 사업은 '미유키도오리 코리아타운 현장 체험 학습' 프로그램이다. 이 프로그램은 일본의 초 · 중 · 고 학생들의 수학여행, 교직원이나 학부모회의 인권연수, 일반인들의 이문화 이해 및 역사학습 등을 중심으로 이루어진다. 아울러 이문화로서의 재일코리안 문화를 직접 체험할 수 있는 프로그램을 운영하고 있는데, 한글, 김치, 장구 등의 강습을 비롯하여 한복, 전통공예, 태권도, 지지미 등 한국의 전통문화 및 음식을 배울 수 있는 기회를 제공하고 있다.[24]

이와 같이, 오사카 이쿠노쿠 미유키도오리 코리아타운에 거주하고 있는 재일코리안들은 자신의 고유한 문화와 민족정체성을 유지하고 지역사회 내 일본인과의 적극적인 교류 및 관계를 증진시키는, 이른바 통합전략을 취하면서 지역사회의 구성원으로서 살아가고 있다. 이러한 사실은 오사카 이쿠노쿠 코리아타운에서 거주하고 있는 재일코리안의 인터뷰에서도 확인할 수 있다.

> "내는 일본에서 한국 사람으로 살아도 곤란한 점이 없어. 왜냐하면 일본 사람도 친하고, 한국 사람도 친하고, 민단, 총련 다 친하게 지내요. 일본에서 살려면 무엇보다 동네 인심을 잃으면 안돼요. 일본 국회의원, 시의원, 경찰 다 좋게 지내고 있어요. 한국 사람, 조선 사람들이 운영하고 있는 병원에 일본 환자들이 많아요. 왜냐하면 간호사들이 친절하게 잘 하니까."〈이복숙, 여/78세〉[25]

---

23 국제이해교육 추진사업의 예산을 보면, 2010년도에는 3,929만엔, 2011년도에는 3,855만엔이 책정되었다.

24 이상봉(2011), p.255.

"5년 전 부터 게스트하우스를 운영하고 있는데, 내 이익만을 위해서 하는 게 아니다. 여기(미유키도오리 상점가)는 재일코리안에게 중요하기 때문에 이 거리가 없어지지 않도록 뭔가 해야 한다고 생각하고 있다. 일본 사회에서 한국 문화도 알 수 있고, 일본 문화도 만날 수 있고, 전 세계 사람들도 만날 수 있는 곳으로 만들고 싶다. 그렇게 하면 이 동네의 발전에 공헌할 수 있다고 생각한다."〈임고홍, 남/45세〉[26]

2. 뉴커머의 민족집거지 형성

1) 뉴커머의 이주

뉴커머(new comer)[27]는 1965년 한·일 국교정상화 이후, 특히 1989년 한국정부의 '해외여행 전면 자유화' 조치와 거품경제 시기의 일본의 국제화 정책으로, 일본으로 이주한 한국인을 의미한다. 이들은 올드커머가 가지고 있는 강제징용, 민족차별 등 과거사로부터 비교적 자유롭고 역동적이고 당당하여 재일코리안 사회 및 일본사회의 의식변화에 큰 영향을 주고 있다.

〈표 5.4〉에서 보는 바와 같이, 재일코리안의 인구는 1965년 58만 3천여 명에서 뉴커머가 본격적으로 이주하던 1990년대 초까지 비교적 완만하게 증가하고 있는 것을 알 수 있다. 시간이 흐르면서 인구가 증가하는 것은 특히 재일코리안의 경우에 있어 특별한 의미를 갖는다고 볼 수 있다. 즉 재일코리안의 사회구성이 1세에서 2세로의 세대교체를 의미하는 것이다.[28]

---

25 2014년 4월 18일(금) 인터뷰.

26 2014년 4월 21일(월) 인터뷰.

27 뉴커머는 1952년 샌프란시스코 강화조약 발효로 식민지 출신자들의 법적 지위가 외국인으로 변경된 뒤 일본으로 들어온 외국인들을 부르는 일본식 조어이다.

표 5.4 해방 이후 재일코리안의 인구 변화(1965-2008)

연도	인구수(명)	연도	인구수(명)	연도	인구수(명)
1965	583,537	1980	664,536	1995	666,376
1966	585,278	1981	667,325	1996	657,149
1967	591,345	1982	669,854	1997	645,373
1968	598,076	1983	674,581	1998	638,828
1969	607,315	1984	687,135	1999	636,548
1970	614,202	1985	683,313	2000	635,269
1971	622,690	1986	677,959	2001	632,405
1972	629,809	1987	676,982	2002	625,422
1973	636,346	1988	677,140	2003	613,791
1974	643,096	1989	681,838	2004	607,419
1975	647,156	1990	687,940	2005	598,687
1976	651,348	1991	693,050	2006	598,219
1977	656,233	1992	688,144	2007	593,489
1978	659,025	1993	682,276	2008	589,239
1979	662,561	1994	676,793		

자료: 일본법무성 외국인등록자 통계
출처: 『신동아』, 통권 611호(2010.08.01)에서 재인용.

그런데 1990년대 중반부터서는 재일코리안의 인구수가 점차적으로 감소하고 있는 추세이다. 이러한 변화의 가장 중요한 요인에는 재일코리안의 민족 정체성과 관련이 깊다. 현재 일본에서 태어나 성장한 세대가 재일코리안 사회의 중심이 되면서 자연스럽게 이들의 가치 지향성은 모국으로부터 거주국 중심으로 바뀌었다.[29] 즉 일본인과의 접촉과 교류가 활발해지면서 민족이나 혈통에 집착하는 정도가 약해지면서 일본인과 혼인하는 경우가 증가하였다. 또한 일부 젊은 세대들은 '일본에 산다'는 자이니치(在日) 의식이 강해지면서 재일코리안으로서 겪는 차별에서 벗어나고 일본 국민으로서의 권리를 찾기 위해 일본 국적을 취득하는 현상이 늘고 있다.

28 이광규, 『재일한국인: 생활실태를 중심으로』, 서울: 일조각, 1983. p.82.

29 윤인진(2003), p.165

표 5.5 재일코리안의 자연증가와 귀화자 수의 비교

(단위: 명)

연도	출생자수	사망자수	자연증가수(a)	귀화자 수(b)	차이(a-b)
1975	11,597	3,038	8,559	6,323	2,236
1980	9,907	3,173	6,734	5,870	864
1985	4,838	3,417	1,421	5,040	-3,619
1990	5,253	4,561	692	5,216	-4,524
1997	3,551	4,466	-915	9,678	-10,593
2001	2,458	4,513	-2,055	10,295	-12,350

출처: 윤인진(2003), p.168에서 재인용.

〈표 5.6〉에서 1992년과 1998년, 2002년에 재일코리안이 집중된 상위 10개 지역의 인구변화를 살펴보면, 특정지역의 순위, 한인 수와 비율에서 거의 변화가 없는 것으로 나타났다. 여전히 상위 10개 지역에 전체 재일코리안의 약 80% 가량이 집중되어 있는 것을 알 수 있다.

표 5.6 해방 이후 재일코리안의 일본 내 지역별 분포(상위 10위)

1992			1998			2002		
지역	인원(명)	비율(%)	지역	인원(명)	비율(%)	지역	인원(명)	비율(%)
오사카	183,822	26.6	오사카	163,067	25.5	오사카	152,768	24.4
도쿄	95,955	13.9	도쿄	92,984	14.6	도쿄	101,389	16.2
효고	71,108	10.3	효고	66,869	10.5	효고	62,714	10.3
아이치	54,581	7.9	아이치	49,264	7.7	아이치	46,134	7.4
교토	46,671	6.8	교토	42,606	6.7	교토	39,166	6.3
카나가와	34,188	5.0	카나가와	32,338	5.1	카나가와	34,435	5.5
후쿠오카	25,502	3.7	후쿠오카	22,994	3.6	후쿠오카	21,484	3.4
히로시마	15,947	2.3	사이타마	16,484	2.6	사이타마	18,274	2.9
사이타마	19,754	2.2	치바	16,265	2.5	치바	17,896	2.8
치바	15,233	2.2	히로시마	14,066	2.2	히로시마	12,713	2.0
총수	688,144		총수	638,828		총수	625,422	

출처: 1992년과 1998년 자료는 윤인진(2003), p.172에서 재인용; 2002년 자료는 최석진·임채완 외(2005), p.53에서 재인용.

일본의 지리상 주요 거점지역인 간토, 간사이, 규슈 3개 지역의 거주 현황을 보면(2002년), 간토지역에는 179,032명(28.6%), 간사이지역에는 261,585명 (41.8%), 규슈지역에는 21,484명(3.4%) 등의 순으로 거주하고 있다. 구체적으로 지역별 거주분포 양상을 보면(2002년), 오사카 152,768명(24.4%), 도쿄 101,389명(16.2%), 효고 62,714명(10.3%), 아이치 46,134명(7.4%), 교토 39,166명(6.3%), 가나가와 34,435명(5.5%), 후쿠오카 21,484명(3.4%), 사마다 18,274명(2.9%) 등에 집중되어 있다. 요약하면, 해방 이전과 이후의 재일코리안의 일본 내 지역별 분포 특성을 보면 오사카와 도쿄, 효고 등 몇 개의 도시 지역에 집중적으로 거주하고 있음을 알 수 있다.

2) 뉴커머의 집거지 형성과 특성[30]

(1) 도쿄의 지역적 특성

도쿄의 지역적 특성을 살펴보면 다음과 같다.[31] 도쿄는 400년의 역사를 가진 도시이다. 1603년 도쿠가와 이에야스가 이곳에 도쿠가와 막부를 세우면서 번성하기 시작했다. 당시 도쿄는 '에도'로 불리며 일본의 정치·문화의 중심지였고, 18세기 중엽에는 인구 100만을 넘는 대도시가 되었다. 1868년 에도막부가 무너지면서 에도는 도쿄로 개명됨에 따라 천황은 교토에서 도쿄로 옮겨와 도쿄는 명실상부한 일본의 수도가 되었다.

도쿄도(都)는 일본 열도의 중앙인 간토 지방의 남부에 위치하며 동으로는 에도가와 강을 경계로 치바현, 서로는 산지를 경계로 야마나시현, 남으로는 타마가와 강을 경계로 카나가와 현, 북으로는 사이타마 현에 각각 접하고 있다. 도쿄권은 도쿄와 인접하는 세 현(사이타마, 카나가와, 치바현)으로 이

30 선봉규(2011), pp.191-194의 내용을 부분적으로 발췌하였음.

31 도쿄도의 홈페이지에서 제공하는 내용을 바탕으로 재구성함. http://www.metro.tokyo.jp/KOREAN/PROFILE/overview05.htm, 검색일: 2011/06/25.

루어지며, 일본 인구의 약 28%를 차지하고 있다. 도쿄도와 주변 7현(사이타마, 카나가와, 치바, 군마, 토치기, 이바라키, 야마나시)은 수도권을 구성한다.

2009년 10월 1일 현재, 도쿄도의 인구는 1,298.9만 명이며 전국 총인구의 약10%를 차지하고 있다. 지역별 인구로는 區部가 880.2만 명, 市郡部가 415.9만 명, 島部는 2.8만명이다. 도쿄도에 거주하는 외국인(2005년 현재)은 중국인(123,661명), 한국인(106,697명), 필리핀인(31,077명), 미국인(18,848명), 영국인(7,696명), 브라질인(5,300명), 프랑스인(3,000명) 순이다.

도쿄는 20세기에서 두 번의 대재해를 겪었다. 1923년의 관동 대지진으로 14만 명이 죽거나 실종되었으며, 1945년의 도쿄 대공습으로 7만 5천 명에서 최대 20만 명이 사망하였고 도시의 절반이 파괴되었다. 1943년에는 도쿄 부와 도쿄 시를 도쿄 도로 합쳤고, 이전의 도쿄 시 지역은 도쿄도구부(東京都区部)로 불리게 되었다. 전쟁 후에 도쿄는 완전히 재건되었고 1964년 하계 올림픽을 개최하여 세계에 그 모습을 보여주었다.

도쿄도는 2006년 12월에 2016년의 도쿄가 목표로 하는 모습과 그를 위한 정책 전개의 방향성을 시사한 '도시 전략'으로 "10년 후의 도쿄 - 도쿄 이렇게 변모한다"라는 비전을 제시하였다. "10년 후의 도쿄"에서는 확대와 성장의 단계를 거쳐 성숙에 이르고 있는 도쿄가 더욱 기능적이고 매력 넘치는 도시로 다시 태어나기 위해 도시 생활의 기간산업 정비는 물론, 환경 · 안전 · 복지 · 문화 · 관광산업 · 스포츠 등 다양한 분야에서 보다 높은 수준의 성장을 이루어가는 모습을 제시하고 있다.

(2) 도쿄 신오쿠보 코리아타운

도쿄 지역 내 코리아타운은 크게 해방 이전에 이주해와 정착한 올드커머와 1988년 서울 올림픽과 1989년 해외 여행 전면 자유화 조치 이후 일본으로 건너와 집거지를 형성한 뉴커머 한인타운으로 나눌 수 있다. 올드커머의 집거지는 아라카와구의 미카와시마 역 주변, 아다치구 세키바라,

사진 5.6 도쿄 신오쿠보 코리아타운

히가시우에노, 아사쿠사 니쵸메 등이 대표적이다. 이들은 주로 슬리퍼나 샌들 등의 가내공업으로 제조하는 고무 제품 제조업, 한국의 전통적인 음식점 및 상점 등을 운영하고 있다.

뉴커머 집거지는 도쿄의 서쪽에 위치한 신주쿠(新宿)역을 중심으로 형성되어 있으며, 간토지역 최대의 집거지이다. 특히 쇼쿠안(職安) 도오리와 오쿠보(大久保) 도오리 사이에서는 한국어만을 구사해도 무엇이든 할 수 있다. 이 지역은 일본인들이 '리틀 코리아' 라고 부르고 있으며, 약국, 병원, 은행, 슈퍼, 비디오 대여점, 서점, 떡 방앗간, 음식점, 옷가게, 세탁소, 교회, 절, 미용실, 인쇄소, PC방, 호텔, 사우나, 여행사, 박물관 등 300여개의 점포가 밀집해 있어 한국에서 사는 것과 같은 편안함을 만끽할 수 있다.[32]

신주쿠에 코리아타운이 형성된 것은 1980년대 중반 크라브가 성업하면서 수천명의 한인 호스티스들에 의해 개척되기 시작했다. 이들을 상대로 한 상점과 식당들이 하나둘씩 개업하고, 1989년 한국의 해외 여행 전면 자유화로 인해 본격적으로 한인들의 이주가 이루어졌다. 이처럼 신주쿠구의 한인 집거지 형성 과정은 크게 3단계를 거치는데, 첫째 단계는 1980년대 중반 이후 유학생과 한인 여성 호스티스들의 이주, 둘째 단계는 1989년 이후 한국의 해외여행 자유화 이후의 이주, 셋째 단계는 1997년 외환위기를 맞아 일거리를 찾아 온 한인들의 이주이다.[33] 뉴커머의 이주

---

32 『오마이뉴스』, 2004.1.3.

과정을 인터뷰 내용을 통해 살펴보면 다음과 같다.

대학 다닐 때 학생운동을 하다가 부모님께서 더 넓은 세상을 보는 게 좋지 않으냐 니 보는 세계가 너무 좁다하시고. 일본에 가서 일본어 공부라도 하나 하면 그래서 왔어요〈이상호, /남/45세〉.[34]

1990년에 츠루미구 꽃 박람회가 열렸어요. 그때 박람회 구경하러 왔다가 여기에 머물렀어요. 남자들은 주로 노가다하고 여자들은 식당에서 많이 했지요. 3개월 있다가 한국 들어가고 다시 일본으로 나오고. 1995년에 고베지진이 일어나면서 많은 사람들이 한국으로 돌아갔어요〈문○○, 여/51세〉.[35]

도쿄 지역 내 코리아타운에 거주하고 있는 연령별 인구 구성의 특성을 살펴보면, 아래 〈표 5.7〉과 같다. 도쿄지역에는 2009년 현재, 전체 한인의 19.9%(114,273명)가 거주하고 있다. 연령별로 분류해서 보면, 20대가 23.6%(26,958명)로 가장 많이 거주하고 있으며, 다음으로 30대가 21.9%(25,049명), 40대가 15.6%(17,844명), 50대가 11.7%(13,415명), 60대가 7.5%(8,610명), 10세 미만이 5.5%(6,261명), 70대가 4.3%(4,893명), 80세 이상이 2.8%(3,185명) 순으로 나타났다. 특히 도쿄지역은 20대와 30대, 40대, 그리고 50대가 72.9%(69,851명)를 차지하고 있어 전체 한인의 연령대별 인구 구성과 큰 차이를 보여주고 있다. 이러한 사실은 도쿄지역 코리아타운이 다른 지역보다 뉴커머들이 중심이 되어 형성되어 있음을 확인할 수 있다.

---

33 장윤수 · 임채완 외(2005), p.110.

34 2014년 4월 19일(토) 인터뷰.

35 2014년 4월 21일(월) 인터뷰.

표 5.7 도쿄지역 재일코리안의 연령별 인구 구성(2009년 현재)

연령	전체	도쿄	연령	전체	도쿄
10세 미만	24,174 (4.2%)	6,261 (5.5%)	50대	90,695 (15.8%)	13,415 (11.7%)
10대	37,823 (6.6%)	8,058 (7.1%)	60대	77,393 (13.5%)	8,610 (7.5%)
20대	84,552 (14.7%)	26,958 (23.6%)	70대	43,458 (7.6%)	4,893 (4.3%)
30대	100,727 (17.5%)	25,049 (21.9%)	80세 이상	24,800 (4.3%)	3,185 (2.8%)
40대	94,873 (16.5%)	17,844 (15.6%)	총계	578,495 (100%)	114,273 (100%)

출처: 日本 獨立行政法人 統計센터, "都道府縣別 年齡・男女別 外國人 登錄者(韓國・朝鮮)," 2009 (홈페이지 http://www.e-stat.go.jp/SG1/estat, 검색일: 2011/06/25); 선봉규(2011), p.193에서 재인용.

이와 같이 신주쿠 코리안타운을 만든 사람들은 1980~90년대 취업・유학 등으로 도쿄를 찾은 뉴커머들이다. 뉴커머 한인들은 재일코리안 사회 및 일본사회에서 민족차별 등 과거사로부터 비교적 자유로우며, 당당하게 자신들의 이해와 요구를 실현해나가고 있다. 예컨대, 뉴커머들은 올드커머들과는 달리, '재일본대한민국민단'(이하 민단)에 가입하지 않고 독자적인 조직을 결성하여 활동을 벌이고 있다.

대표적으로 코리아타운 한국가게 경영자들이 중심이 되어 2001년 5월 20일에 '재일본한국인연합회'를 결성하였다. 이 한인회의 역할은 첫째, 이국생활에서도 민족적 정체성을 잃지 않도록 서로 격려하는 한편, 정보의 공유와 다양한 협력 사업을 통해 공동의 이익을 실현해 나가는 것; 둘째, 한인회는 재일 한국인의 권익옹호를 위해 노력할 것; 셋째, 재일 한국인들이 일본사회에 정착하는데 필요한 안내와 상담을 적극적으로 펼칠 것; 넷째, 일본 사회에서 우리에게 요구되는 책임과 의무에도 소홀히 하지 않을 것; 다섯째, 지역사회와 공존할 수 있도록 다양한 친목도모 사업을 전개할 것; 마지막으로 한 · 일 교류의 실질적 담당자로서의 역할을 적극적으로 개척해 갈 것이다.[36] 2010년에는 오사카 등 관서지역에 거주하는 뉴커머들이 '재일본관서한국인연합회'를 결성하여 활동하고 있다. 또한 신오쿠보, 아카사카, 우에노 등 뉴커머들이 운영하는 음식점 450여 곳이 중심이 되어 2008년에 '재일한국음식업협회'를 결성하여 한국의 문화를 일본에 거의 실시간으로 소개하고 있다. 2011년에는 지난 2월 20일부터 26일까지 도쿄 신오쿠보에서 '코리아타운 바르(bar)' 축제를 개최하였다.[37]

3. 집단적 기억의 재현

1) 기념비(탑)을 통한 집단적 기억의 재현

(1) 2 · 8 독립선언기념비

1919년 3 · 1 독립운동의 시발점이 된 것은 2월 8일 도쿄유학생들이 중심이 되어 결성된 조선청년독립단의 명의로 발표한 '2 · 8독립선언서'이다.[38] 2 · 8독립선언서는 서두에서 한국은 4,300여 년의 유구한 역사를 가진 자주독립국임을 강조하여 한민족의 독립의 근거와 그 정당성을 주장하고 있다. 그리고 일제침략과 국권찬탈을 사기와 폭력에 의한 수치스러운 역사였다고 전제하고, 왜 한민족이 그동안 수십만 명의 희생자를 내면서 독립운동을 전개하여야 했는가 하는 이유를 밝히고 있다. 또, 일제의 통치

36 재일본한국인연합회 홈페이지, http://www.haninhe.com/About/Info3.asp, 검색일: 2011/06/25.

37 『매일경제』, 2011.2/14.

38 한국민족문화대백과사전에서 인용하였음, http://encykorea.aks.ac.kr/Contents/Index, 검색일: 2013.12.20.

사진 5.7 2 · 8독립선언기념비

정책을 한민족의 모든 자유를 짓밟고 민족차별과 생존권 박탈을 자행한 고대적 노예정책이었다고 비난하고, 자유를 위한 조선민족의 투쟁은 앞으로 끊임없이 계속될 것이라고 경고하고 있다. 끝으로, 한민족의 독립운동으로 건립될 국가는 민주주의에 입각한 신국가임을 명시하고 세계평화와 인류문화의 발전에 기여할 것이라 약속하고 있다. 말미에는 결의문 4개 항이 제시되어 있는데, 첫째, 한일병합조약의 폐기와 조선의 독립을 선언; 둘째, 민족대회의 소집을 요구; 셋째, 만국평화회의에 민족대표를 파견; 넷째, 이 목적이 이루어질 때까지 영원한 혈전을 벌일 것 등이다.

'2 · 8독립선언기념비'는 당시 600여명의 재일 유학생들이 '2.8독립선언서'를 낭독했던 조선기독교청년회관(현 도쿄 치바다구 재일본기독교청년회관) 자리에 위치해 있다.[39]

이 기념비는 2 · 8독립선언이 일어난 지 63년 후인 1982년 재일본대한민국청년회 및 재일본대한민국학생회 등 민단계 청년단체에 의해 건립되었다.[40]

〔2·8 독립선언문[41]〕

2·8 독립 선언문

1919년 2월 8일 재일본동경 조선청년독립단

조선청년독립단은 우리 2천만 민족을 대표하여 정의와 자유의 승리를 득(得)한 세계의 만국 앞에 독립을 기성(期成)하기를 선언하노라. … 우리 민족은 일본의 군국주의적 야심의 사기와 폭력 아래 우리 민족의 의사에 반하는 운명을 당하였으니 정의로 세계를 개조하는 이때에 당연히 이의 광정(匡正)을 세계에 요구할 권리가 있으며, 또 오늘날 세계 개조의 주역이 되고 있는 미국과 영국은 보호와 합병을 지난날 자기들이 솔선하여 승인한 잘못이 있는 까닭으로, 이때에 지난날의 잘못을 속죄할 의무가 있다고 단언하는 바이다.
또 합병 이래의 일본의 조선 통치 정책을 보건대, 합병시의 선언에 밝혔던 우리 민족의 행복과 이익을 무시하고 정복자가 피정복자에게 대하는 고대의 비인도적 정책을 습용(襲用)하여 우리 민족에게는 참정권과 집회·결사의 자유, 언론·출판의 자유 등을 불허하며 심지어 신교의 자유, 기업의 자유까지도 적지않이 구속하며 행정·사법·경찰 등 여러 기관이 다투어 조선 민족의 사적인 권한까지도 침해하였다.

---

39 『통일뉴스』, 2007.10.23. http://www.tongilnews.com/news/articleView.html?idxno=75082, 검색일: 2013.12.20.

40 『광복회보』 제303호 2008, http://www.kla815.or.kr/sub5/sub5_1.asp?mode=read&IDX=572&Page=&Search_Type=&Search_Value=&Category=&Parent=MZDWB0000062&Cate=&Search_Cate=&menu=&top_menu_num=&Order_Name=Ref&Order_Type=Desc&pSchitem01, 검색일: 2013.12.30.

41 『서울의 소리』, http://www.amn.kr/sub_read.html?uid=8107, 검색일: 2014.1.3.

어느 방면으로 보아도 우리 민족과 일본과의 이해는 서로 배치(背馳)되며 항상 그 해를 보는 자는 우리 민족이니, 우리 민족이 우리 민족의 생존할 권리를 위하여 독립을 주장하노라.
우리 민족에게는 한 명의 병사도 없다. 우리 민족은 병력으로써 일본에 저항할 실력이 없다. 그러나 일본이 만일 우리 민족의 정당한 요구에 불응할진대 우리 민족은 일본에 대하여 영원히 혈전을 선언하노라. 우리 민족은 구원(久遠)히 고상한 문화를 지녔으며, 반만년 동안 국가 생활의 경험을 가진 민족이다.
비록 다년간 전제 정치 아래에서 여러 해독과 경우의 불행이 우리 민족의 오늘을 이르게 하였다 할지라도 정의와 자유를 기초로 한 민주주의 위에 선진국의 모범을 따라 새 국가를 건설한 뒤에는 건국이래 문화와 정의와 평화를 애호하는 우리 민족은 세계의 평화와 인류의 문화에 공헌할 수 있게 될 줄로 믿는 바이다.
이미 우리 민족은 일본이나 혹은 세계 각국이 우리 민족에게 민족 자결의 기회를 부여하기를 요구하며, 만일 불연(不然)이면 우리 민족은 생존을 위하여 자유의 행동을 취하여 이로써 독립을 기성(期成)할 것을 선언하노라.

1919년 2월 8일 재일본동경조선청년독립단 대표자 윤창석

(2) 강제징용 희생자 위령비

■ 오키나와 한국인 위령탑

오키나와에 있는 한국인 위령탑은 태평양전쟁 당시 마지막 격전지인 오키나와 전투에서 일본 학도병 지휘관으로 참전한, 그리고 유일한 생존자인 후지키 쇼겐이 세운 것이다.[42] 쇼겐은 전설적인 프로레슬러인 역도산과 함께 12년간 모금활동을 벌여 조선인 학도병 740인의 유골을 수습한 뒤, 1975년 8월 오키나와 마부니 공원에 위령탑을 세웠다. 최근에는 민간 평화기구인 '레츠피스 한일공동기구'가 앞장서 '제주국제평화공원'을 조성하고 오키나와 마부니에 있는 한국인 위령탑을 이곳으로 이전할 계획이다.

■ 후쿠오카현 오무타시 '징용희생자위령비'

일제 식민지시대 미쓰이미스케탄광으로 3천명 이상의 한국인들이 강제징용당하였다. 광복 50주년인 1995년에 재일본대한민국민단 오무타지부 우판근 지단장이 수년간의 노력 끝에 후쿠오카현 오무타시 아마기공원

42 『세계일보』, 2013.11.3.

에 '징용희생자위령비'를 건립했다.

■ 타가와 법광사 조선인탄광순직자기념비

일본 타가와의 법광사는 조선인탄광순직자기념비가 최초로 세워진 곳이다. 1975년 납골당과 숙광(寂光)이나는 비를 세워 고생 끝에 죽어간 2만여명의 영혼을 위로하고 있다.

■ 키타큐슈 와카마츠마을 오다야마 조선인묘지

오다야마 조선인묘지는 1945년 조국으로 귀환하는 배를 타고 떠났던 조선인들이 폭풍에 조난당해 죽은 조선인들이 묻혀 있다. 위령비와 안내판이 설치되어 매년 한국인들과 일본내 양심적 시민단체가 모여 추도식을 갖는다. 이는 일본에서 역사의 진실을 증언하고 과거를 반성하는 가교의 역할을 하고 있다.

■ 태평양전쟁 희생자 추모비: 恨의 碑

恨의 碑는 태평양전쟁 기간 오키나와전에 강제징용되어 희생된 조선인들을 기리려 만든 위령비로써 한국과 일본에 세워졌다. 이 한의 비는 일본 시민단체 '평화와 생활을 잇는 모임'의 대표인 마메타 도시키의 노력에 의해 건립되었다. 1999년에 경북 영양군에, 2006년에는 일본 요미탄마을에 각각 위령비를 세웠다. 이 '한의 비'는 단순히 추모의 뜻만 있는 게 아니라 올바른 역사를 전달하고 일본과 한국을 잇는 평화 가교라는 상징성을 띠고 있다.[43]

---

43 『연합뉴스』, 2013.11.26.

■ 츠카댐 조선인 희생자 위령비

이 위령비는 일본 식민지시대 일본의 댐 공사에 강제로 징용된 한국인들의 희생을 기리기 위해 한국과 일본의 공동노력에 의해 건립되었다. 일본 하타시의 고교생 역사동아리 '하타평화세미나회의'와 부산지역 고교생 역사동아리 '공생의 여행'이 일본 고치현 서남부 하타시 츠카댐 건설에 강제징용되었다가 사망한 한국인들의 넋을 기리는 위령비 설립을 함께 추진하였다. 그 결과, 2009년 8월 9일에 제막식을 개최하였다.[44]

또한 하타세미나는 츠카댐 공사에 강제노역하다 희생된 한국인들의 유골을 추적해 신분을 확인하고 나아가 한국의 자손을 찾아 연결해주는 사업을 펼치기도 했다. 그 결과 10명의 주인을 찾아내는 성과를 거뒀으며, 한국을 찾아 무덤 주인의 후손을 찾기도 했다. 그 중 한명은 한국정부로부터 독립유공자로 인정받기까지 했다.

(3) 원폭 희생자 위령비

■ 히로시마 한국인 원폭희생자 위령비

당시 히로시마는 일본의 온갖 군수시설들이 몰려 있었기에 조선인 노동자들도 많이 끌려와 있었다. 제2차 세계대전이 끝날 무렵 히로시마에 사는 조선인은 군인 · 군속 · 노동자 · 일반 시민을 포함해 10만여 명에 달했다. 1945년 8월 6일 오전 8시15분, 일본 히로시마시 중심부 580m 상공에서 원자폭탄이 폭발했다. 원폭의 여파로 그해 12월까지 14만여 명이 숨졌다고 추측되고 있으며, 그 중 2만 명 이상이 조선인이었다고 한다. 위령비는 재일본대한민국민단 히로시마현 지부의 주도로 건립되었고, 1970년 4월 10일에 완공되었다. 히로시마 시의 반대로 한국인 원폭 희생자 위령비가 히로시마 평화기념공원 내 건립이 어려워지자 평화기념공원 앞 하천

---

44 『부산일보』, 2009.2.25.

사진 5.8 한국인 원폭희생자 위령비

건너 혼가와바시 옆 공터에 위령비가 건립되었다. 당시 위령비가 세워진 터는 의친왕의 둘째 아들인 이우가 피폭을 당한 후 발견된 곳이며, 비가 평화공원 안으로 안착한 것은 1999년 7월 21일이었고, 첫 위령제는 그 해 8월 5일에 열렸다.

■ 나가사키 원폭 조선인 희생자 추도비

일제 식민지 말기 나가사키현에는 약 7만 명의 조선인이 있었고, 그 중 약 3만여 명이 나가사키시와 그 주변지역에서 혹독한 강제노역을 하며 살고 있었다. 특히 이들은 주로 강제동원 3대 탄광이라 할 수 있는 사키토, 하시마, 다카시마 등으로 대표되는 미쓰비시 광업의 탄광과 미쓰비시 조선소·제강소·전기·무기공장 등 미쓰비시의 사업소에서 집중 배치되었다. 조선인 노동자뿐만 아니라 나중에 남편을 찾아 나가사키에 오게 된 아내와 그 가족 등이 함께 사는 경우도 적지 않았다. 1945년 8월 9일 나가사키 상공에서 폭발한 원자폭탄에 의해 약 2만 명의 조선인이 피폭되고 그 중 1만 명이 사망한 것으로 추정된다.

1979년 8월 9일 당시 '이름 없는 일본 시민들'이라고 밝힌 '나가사키 조선인의 인권을 지키는 모임'이 비를 세우고, 안내판을 만들었다.[45] 추모비의 뒤쪽에는 "강제연행 및 징용으로 중노동에 종사하던 중 폭사한 조선인과 그 가족을 위해서"라는 글귀가 새겨져 있다. 그리고 비석 앞에 설치된 한국어 안내판에는 "우리들 이름 없는 일본 사람들이 얼마간의 돈을 모아, 이곳 나가사키에서 비참한 생애를 보낸 1만 여 명의 조선 사람들을 위하여 이 추모비를 건설하였다"고 적혀 있다. 매년 8월 9일에 '인권을 지키는 모임' 주최로 추모비 앞에서 조선인 희생자를 기리는 추모제가 개최되고 있다.[46]

히로시마 위령비와 나가사키 위령비간의 차이는 히로시마 원폭 위령비의 경우는 '한국인'으로 명기되어 있으며, 나가사키 위령비는 조선인이란 이름으로 위령비가 서 있다는 점이다.[47]

---

45 『경향신문』, 2010.8.14., http://www.ahimna.net/jbcgi/board/?p=detail&code=scl1&id=46&page=5&acode=&no=, 검색일: 2014.1.3.

46 『오마이뉴스』, http://www.ohmynews.com/NWS_Web/View/at_pg.aspx?CNTN_CD=A0001858544&CMPT_CD=P0001, 검색일: 2013.12.15.

47 『통일뉴스』, 2004.8.16. http://www.tongilnews.com/news/quickViewArticleView.html?idxno=46422, 검색일: 2014.1.3.

(4) 간토(關東)대지진 조선인 추모비

1923년 9월 1일 오전 11시 58분, 규모 7.9의 대지진이 가나가와현에서 발생하여 일본의 수도 도쿄와 요코하마 등 간토지방을 휩쓸고 지나가면서 10만여 명의 사망자가 발생했다. 그런데 이 자연재해는 수천여명의 재일 조선인이 일본인 손에 학살되는 참극으로 이어졌다.[48] 당시 일본 정부는 지진 발생 당일 저녁부터 "조선인이 살인 방화를 하고 있다"는 유언비어를 유포하기 시작했다. 다음날에는 "조선인이 우물에 독을 넣었다," "산업시설을 파괴하고 있다," "약탈, 강간까지 하고 있다"라는 근거 없는 소문이 확산되면서 계엄령을 발동하였으며, 일본 군경과 경찰들에 의해 조선인들은 무차별적으로 죽임을 당하였다. 그러나 이러한 유언비어는 근거 없는 것으로 판명되었으며, 오로지 일본 정부는 국가의 학살 책임을 은폐하는데 급급하였다.[49]

이러한 일본의 무책임한 처사는 현재에 이르기까지도 지속되고 있다. 실제로 학살이 일어난 지역 중 하나인 요코하마시의 교육위원회는 관내 시립 중학교 부교재 '요코하마 알기' 2013년판의 조선인 학살 관련 기술에서 '학살'을 '살해'로 변경하고, 학살의 주체에 대한 기술에서 일본 군대와 경찰을 삭제하였다. 또한 대다수 일본 주류 언론은 간토대지진 90주년을 맞아 일본 정부가 저지른 학살극은 외면한 채 당시의 지진피해를 집중 조명하는데 지면을 할애하고 있다.[50]

간토대지진 당시 희생당한 조선인의 영혼을 기리는 위령비가 일본 곳곳에 건립되어 역사의 한 자료로 활용되고 있다. 일본 지바현 후나바시의

48 국내 한 전문가는 간토대지진을 피해자였던 우리의 입장에서 용어를 새롭게 정립할 필요성이 있다고 하면서 '간토대학살'로 고쳐 부르자고 제기하였다. 『조선일보』, http://news.chosun.com/site/data/html_dir/2013/08/30/2013083000257.html, 검색일: 2013.12.15.

49 『조선일보』, http://news.chosun.com/site/data/html_dir/2013/08/30/2013083000257.html, 검색일: 2013.12.15.

50 『연합뉴스』, http://www.yonhapnews.co.kr/bulletin/2013/08/29/0200000000AKR20130829108700073.HTML?input=1179m, 검색일: 2013.12.20.

마고메 공동묘지에 '간토대지진 희생동포 위령비'가 세워져 있다. 이 위령비는 1945년 일본 패망 이후 재일코리안이 최초로 건립한 추모비이다. 1947년 3월 1일 재일본조선인연맹이 건립하였으며, 이 추모비에는 학살의 주체가 일본 정부였다고 밝히고 있다.[51] 매년 9월 1일 오전 11시 58분이 되면 이곳 추모비 앞에서는 조선인 희생자를 위한 추모행사가 개최되고 있다.

2009년 8월 29일 도쿄 스미다구 야히로에 '간토대지진 한국 조선인 추도지비'가 건립되었다.[52] 이 추도비의 건립은 '간토대지진 때 학살된 조선인 유골을 발굴하고 추도하는 모임'과 '그룹 호센카(봉선화)'에 의해 추진되었다. 이 비는 다른 지역에 세워진 추도비와 달리 조선인 학살의 주체를 명시했다는 점이다. 추도비의 앞면에는 비 앞면에는 슬퍼할 도(悼)가 크게 새겨져 있고, 왼쪽으로 '간토대지지진 때 한국 조선인 추도지비'라고 쓰여 있다. 뒷면에는 다음과 같은 비문이 있다.

> "1923년 간토대지진 때 일본의 군대, 경찰, 유언비어를 믿은 민중에 의해 많은 한국 조선인이 살해당했다. 도쿄의 서민 주거지에서도 식민지였던 고향을 떠나 일본에 와 있던 사람들이 이름도 남기지 못한 채 귀중한 생명을 빼앗겼다. 이 역사를 마음에 새겨 희생자를 추도하고 인권 회복과 두 민족의 화해를 염원하며 이 비를 세운다."

간토대지진 당시 학살된 조선인에 대한 추도식은 1982년 아라카와 방수로가 있는 곳에서 처음 열렸다. 아라카와 방수로 일대에 조선인들을 집단 학살하였다는 증언이 나오면서 유골 발굴 작업을 시작하면서 추도식을 개최한 것이다. 2009년 추도비가 건립되면서부터는 일본인, 재일코리안

---

51 『국민일보』, 2013.12.10., http://news.kukinews.com/article/view.asp?page=1&gCode=kmi&arcid=0007830935&cp=du, 검색일: 2013.12.30.

52 『한겨레』, 2010.1.4

들이 모여서 추도식을 거행하고 있다.

요코하마시 호쇼지에는 간토대지진 당시 가나가와현에서 사망한 한국인희생자를 추도하는 비가 있다. 가나가와현 내의 한국인 희생자는 적게는 2천명, 많게는 4천여 명으로 집계되고 있다. 1971년 9월 한국민단 가나가와 지방본부가 절 경내에 관동대진재한국인위령비를 건립하고 매년 9월 1일에 위령제를 지내고 있다.[53]

(5) 재일학도의용군 한국전쟁 참전 기념비

디아스포라의 지위를 가지고 있는 재일코리안의 집단적 기억은 모국에서도 재현되고 있다. 한국전쟁에 참가한 재일학도의용군동지회에 의해 설립된 한국전쟁 참전 기념비가 그것이다. 이 기념비는 1973년 국립묘지와 1979년 인천 수봉공원, 1989년 재일 민단 중앙본부 부근에 설치되어 있다.

재일학도의용군들은 1950년 한국전쟁이 발발하자 일본 각지에 살고 있던 청년과 학생 642명은 자진해 직장과 학업을 중단하고 의용대를 소집해 전쟁에 참전하였다. 이들은 유엔군의 일원으로 인천상륙작전에 참전하였고, 원산 · 이원상륙작전, 갑산 · 혜산진 탈환 작전, 장진호 전투, 백마고지 전투 등에도 참전하여 135명이 전사하였다. 한국전쟁이 끝나고 1953년 7월 27일 휴전협정이 조인된 후 재일학도의용군들은 일본으로 귀환하려 했으나, 일본정부에서 1952년 4월에 체결된 샌프란시스코 조약을 근거로 입국을 거부하여 242명은 잔류하게 되면서 이산의 아픔을 겪어야 했다.

---

53 『광복회보』 제303호 2008, http://www.kla815.or.kr/sub5/sub5_1.asp?mode=read&IDX=572&Page=&Search_Type=&Search_Value=&Category=&Parent=MZDWB0000062&Cate=&Search_Cate=&menu=&top_menu_num=&Order_Name=Ref&Order_Type=Desc&pSchitem01, 검색일: 2013.12.30.

사진 5.9 재일학도의용군 한국전쟁 참전 기념비(일본 도쿄)

재일학도의용군동지회는 바로 한국 땅에 남은 재일학도의용군들이 조직한 단체이다. 정부에서는 1968년부터 국가유공자로 지정하여 보상을 해주고 있다. 이들은 인천 수봉공원에 설립된 '재일학도의용군참전기념비' 앞에서 매년 기념식을 갖고 있다. 1989년 9월 21일에 일본 도쿄 민단중앙본부 정문 옆에 재일학도의용군 한국동란 참전 기념비를 건립하여 조국사랑의 정신을 계승하고 있다.[54]

---

54 재일학도의용군 나라사랑기념관, http://www.koreansvjmemo.or.kr/index.html, 검색일: 2013. 11.25.

2) 공간을 통한 집단적 기억의 재현

(1) 재일코리안 역사자료관

재일코리안의 박물관을 건립하자는 발상은 1990년에 태동하였다. 1세들의 수가 점점 줄어들면서 1980년대에부터 그들의 삶을 활자로 남기자는 운동이 일어났다. 증언집이나 자서전을 내는 것이 일단락되면서 역사 연구가 박경식을 중심으로 역사자료관을 만들자는 움직임이 일어났다. 하지만 경비문제로 진척을 보지 못하다가 21세기 동포사회의 좌표를 고민하던 민단이 2002년 재정지원을 약속하면서 전기가 마련됐다. 2003년 7월 재일동포와 일본인 연구자 13명으로 '재일코리안역사자료관조사위원회'가 구성되어 밑그림을 그렸다. 그 결과, 재일코리안 디아스포라의 삶의 자취를 한 눈에 볼 수 있도록 한 '재일코리안역사자료관'이 2005년 11월 24일 일본 도쿄 한국중앙회관 별관 2 · 3층에 설립되었다. 역사자료관은 옥외테라스, 도서영상실, 세미나실도 갖추고 있어 재일코리안과 일본사회의 가교 역할을 하고 있다.[55]

〔재일코리안 역사자료관 연혁[56]〕

2005년 11월 24일. 재일코리안역사자료관, 도쿄 미나토구에 개설.
2006년 2월. 첫 기획전 '2·8선언에서 3·1독립운동으로' 개최.
2006년 3월. '토요세미나' 개시.(매월 제 1 토요일)
2007년 5월. 제2회 기획전 '1세들의 전쟁 – 한국·조선인 전 BC급 전범자 문제' 개최.
2007년 6월. 상설전시실 리뉴얼 오픈.
2008년 1월. 제3회 기획전 연속 사진전 '재일·일본에서 늙어' 개최.
2008년 7월. 제4회 기획전 '김학영(金鶴泳)을 아십니까' 개최.
2008년 9월. '오사카 특별전' 개최.(오사카 인권박물관)
2008년 12월. 도록 '사진으로 보는 재일한국인의 100년' 발행.
2009년 9월. 제5회 기획전 '차별과 싸운 시인, 화가, 평론가 – 오임준(吳林俊)전' 개최.
2009년 12월. '나고야 특별전' 개최.(나고야시 박물관)

55 『한겨레』, 2010.1.6.

56 『민단신문』, 2013.11.27.

2010년 4월. 기획전시실 개설.
2010년 5월. 제6회 기획전 '1엔 소송 – 이름은 최창화' 개최.
2010년 9월. 제7회 기획전 '칸토 대지진시의 조선인 학살과 국가·민중' 개최.
2010년 10월. '한국합병' 100년·자료관 개설 5주년 기념 심포지엄(오사카).
'재일한국인의 미래예상도' 개최.(오사카 국제회의장)
2010년 11월. '한국합병' 100년·자료관 개설 5주년 기념 심포지엄(도쿄).
'한국 강제합병 100년, 한일 역사인식의 차이' 개최.(YMCA아시아청년센터). '후쿠오카 특별전' 개최.(후쿠오카시 박물관)
2011년 10월. 제8회 기획전 '하야시 에이다이(林えいだい) 사진전 군칸지마(軍艦島) – 조선인 강제연행의 기억' 개최.
2012년 8월. 서울 특별전 '열도 속의 아리랑'.(서울 역사박물관)
2013년 8월. 제9회 기획전 '칸토 대지진으로부터 90년, 청산되지 않은 과거 – 사진·그림·책으로 보는 조선인 학살' 개최.

사진 5.10 재일한인 역사자료관

사진 5.11 재일코리안 역사자료관 홈페이지

재일코리안 역사자료관은 재일코리안들이 일본으로 이주해온 과정부터 간토대지진 시절의 수난, 강제연행과 황국신민화 교육의 강요 등 식민지 당시의 역사를 비롯해 해방 후 귀국과 잔류, 민족교육의 시작, 차별철폐와 인권옹호운동, 각계에서 활약하는 동포들 등 일제 치하부터 현재에 이르는 '재일 100년'의 기록을 소개하고 있다.[57] 이 중에서 800여점을 추려 60평 규모의 전시실에 내놓고 있다. 재일코리안이 일본에 오게 된 역사적 배경부터 시작해 도항증명서, 협화회 수첩, 신간회를 비롯한 민족단체의 포스터 등 각종 자료, 전후 민족교육을 지키기 위한 운동이나 차별반대 투쟁을 담은 사진 등이 전시되어 있다. 일본 패전 후 비시급 전범으로 몰렸던 조선인들이 기증한 약 40상자 분량의 전범 자료도 비치되어 있다. 또한 1세들이 쓰던 다듬잇돌, 빨랫방망이 등 생활용구도 중요한 전시자료이다.

재일코리안 역사자료관은 일본사회에서 소수자로 살아가고 있는 재일코리안의 민족적 정체성을 확인하고 체험하는 장이 되고 있으며, 일본사회는 이를 통해 과거의 역사적 사실을 인식하고 이문화에 대한 이해를 제고하는데 중요한 교육자료로 활용되고 있다.[58] 그리고 재일코리안역사자

57 『월드코리안』, 2013.12.1.

58 재일한인 역사자료관의 방문자는 재일코리안이 가장 많았으며, 다음은 일본인 그리고 한국인 순으로 나타났다. 방문하게 된 경로를 조사한 자료에 의하면, 민단신문과 민단, 자료관의 홈페이지를 보고 방문한 사람이 35%, 중앙회관에 온김에 들려봤다가 약10%, 일본 미디어를 통해 알았다가 약10%를 차지한다. 흥미로운 것은 지인의 소개로 찾은 사람이 전체의 30%를 넘고 고등학교와 대학 등의

료관은 재일코리안의 디아스포라적 삶과 경험을 재일코리안의 2-3세대와 일본인과 공유하기 위해 각종 자료를 수집 · 정리하고, 여러 테마에 맞춘 소규모의 기획전시와 지방에서의 특별전을 개최해오고 있다. 구체적인 전시행사 현황을 보면 다음과 같다. 2012년 8 · 15 광복절을 맞아 재일동포 100년의 역사를 조명하는 '열도 속의 아리랑' 전시회를 8월 10일부터 9월 30일까지 서울역사박물관에서 개최했다. 동북아역사재단 및 서울역사박물관과 공동으로 개최되는 이번 전시회는 '재일동포 100년의 삶과 꿈,' '근대 일본의 비뚤어진 시선' 등 크게 두 개 주제로 나눠 진행되었다. '재일동포 100년의 삶과 꿈'을 주제로 한 행사에선 일본의 식민지배로 인해 현해탄을 건너갔던 재일코리안의 역사를 조명한다. '근대 일본의 비뚤어진 시선' 행사에선 국내에서 처음으로 전시된 것으로, 식민지배의 근저가 되었던 일본의 역사관을 다색판화(니시키에) 170여 점을 통해 살펴보았다.[59]

최근에는 간토대지진 발발 90년을 맞아 대지진 당시 발행한 조선인 학살사건을 재조명하는 전시회를 개최하였다.[60] 재일코리안 역사자료관은 2013년 8월 31일부터 12월 28일까지 도쿄 미나토구 미나미아자부 소재 자료관 내 기획전시실에서 "간토대지진으로부터 90년, 청산되지 않은 과거"라는 제목으로 전시회를 열고 당시 조선인 학살 관련 사진, 그림, 서적 등을 전시했다. 전시 이외에 '재일을 안다', '일본을 안다', '역사를 안다'를 테마로 매월 '토요세미나'를 개최하고 있다. 각 분야에서 활약하는 강사에 의한 세미나는 현재까지 68회 개최되었다.

서클에서 알게 됐다가 10%를 기록하는 등 구전에 의한 효과가 40%를 차지하고 있다는 점이다. 『민단신문』, http://www.mindan.org/kr/front/newsDetail.php?category=0&newsid=6927, 검색일: 2013.12.30.

59 『월드코리안』, http://www.worldkorean.net/news/articleView.html?idxno=7857, 검색일: 2013.12.30.

60 『연합뉴스』, 2013.8.31.

표 5.8 재일코리안 역사자료관 전시 프로그램 현황

개최장소	개최시기	전시 주제	주요 전시 내용
오사카 인권박물관	2008.9.17-10.5	오사카 특별전 - 재일 100년의 역사를 후세에	사진 등의 판넬 100점, 생활용구 등 500점
서울역사박물관	2012.8.10-9.30.	열도 속의 아리랑	다색판화[61](니시키에) 170여 점 등
자료관 기획전시실	2013.8.31-12.28.	간토대지진으로부터 90년, 청산되지 않은 과거	조선인 학살 관련 사진, 그림, 서적 등

출처: 재일코리안 역사자료관 홈페이지

(2) 2 · 8 독립선언기념관

2 · 8 독립선언은 항일 학생독립운동의 최고봉으로 재일 한인유학생들이 임시로 결성한 『조선청년독립단』명의로 최팔용, 송계백, 김도연, 김상덕 선생 등 11명의 대표위원이 서명하고, 재일 한인유학생 400여 명이 참석한 가운데 1919년 2월 8일, 일본의 심장 도쿄 한복판에서 조국독립을 세계만방에 선포한 사건이다. 2 · 8독립선언은 국내 3 · 1운동의 '도화선'이 되었고, 1920년대 청년 · 학생의 항일투쟁에 결정적인 영향을 주었으며, 국내외에 수많은 독립운동단체가 조직되고 대한민국임시정부가 수립되는 계기를 마련하는 등 항일 독립운동의 불씨를 지폈다.[62]

일본 땅에서 이루어진 항일독립운동의 역사적 의미를 기념하고 계승하기 위해 지난 2008년 5월 17일에 '2 · 8 독립선언기념자료실'을 개설하였다. 이 기념자료실은 재일본한국YMCA 10층에 설치되었으며, 2 · 8독립선언, 3 · 1만세운동, 간토대지진학살사건 증언 및 유품, 독립운동 관련 사진과 서적 등이 전시되고 있다.[63]

61 다색판화는 한국에 대한 일본의 왜곡된 시선과 황국 사관의 형성 과정을 보여주는 중요한 자료로 평가받고 있다.

62 국가보훈처 블로그, http://mpva.tistory.com/853, 검색일: 2013.212.30.

63 『기독교신문』, 2008.5.25.

(3) 가와사키 후레아이관

가와사키에 있는 '후레아이관(ふれあい館)'[64]은 1980년대 이후 올드커머 재일코리안을 중심으로 뉴커머 재일코리안 및 재일외국인들과의 상호 교류를 추진하고, 서로의 역사, 문화 등을 이해하는 것을 목적으로 한 종합 복지시설로써, 1988년에 개설되었다. 올드커머 및 뉴커머 재일코리안, 일

사진 5.12 가와사키 후레아이관

64 후레아이(ふれあい)는 일본어로, '만남,' '접촉'이라는 뜻을 가지고 있다.

본인, 재일 외국인 등이 마음을 열고 상호 교류하는 곳으로 인근 200m 안에 방과후 학교와 보육원, 노인복지시설과 장애인이 운영하는 카페테리아 등이 밀집돼 있다. 후레아이관의 설립초기에는 재일코리안의 민족의식 육성과 일본인과의 공생을 중점 사업으로 진행해왔다. 그러던 것이 국제결혼으로 일본에 온 한국인 여성, 필리핀이나 태국 여성들, 혹은 중국인, 일본계 브라질인, 난민 인정 브라질인 등까지 포함하여 어린이 문화사업 센터, 학동 보육, 사회교육사업 등을 진행하고 있다. 이러한 후레아이관의 공생 사업은 가와사키에 거주하고 있는 재일코리안, 일본인 시민운동그룹, 그리고 가와사키시 당국의 협치를 통해 이루어진 것으로, 일본사회에서 선구적인 재일외국인 시책의 시도로 평가되고 있다.[65]

후레아이관의 사업은 무엇보다 재일코리안이 겪은 조센징이라는 차별과 배제, 그리고 소외의 경험을 바탕으로 모든 사람들이 '차별받지 않는' 환경에서 살아갈 수 있는 상생의 사회를 만드는데 큰 의의를 두고 있다.

(4) 가와사키 재일코리안 생활문화자료관

가와사키시 남부 오우힌지구는 재일코리안의 집단거주지이다. 이 지역은 최근에 후레아이관을 중심으로 재일코리안에 대한 차별반대운동과 인권시민활동 등을 전개하고 있으며, 재일코리안과 가와사키 주민간의 교류활동을 통해 '공생의 마을'로 가기 위하여 노력하고 있다. 이러한 노력의 일환으로 새로운 공생의 시대를 살아가는 시민으로써, 이웃으로써 생활사를 공유하기 위해 '활동과 교류의 장으로써 생활문화자료관'을 개설하였다. 자료관의 운영 방침으로써 재일코리안의 고령자를 포함하여 많은 일본인 시민과 함께 '세대와 민족을 연결하는 학습과 교류 프로그램'을 학습, 실시하고, 세 가지 과제를 중심으로 활동을 벌여가고 있다. 첫째, 세

65 『재외동포신문』, 2012.8.27., http://www.dongponews.net/news/articleView.html?idxno=22058, 검색일: 2014.1.3.

대를 초월한 많은 시민들에게 차별과 전쟁의 비참함을 학습 할 수 있는 장소를 제공으로써 인간을 존중하는 시민사회의 일원으로서의 자기 확립을 할 수 있도록 기여; 둘째, 재일코리안의 3세, 4세의 세대가 재일코리안으로써의 아이덴티티를 확립할 수 있는 장소와 기회를 제공; 셋째, 재일코리안 고령자의 '힘들었지만 후회 없는 인생'을 존중하고 공감관계를 넓힘으로써 '인간본연의 자기회복'을 시도하는데 있다.[66]

가와사키 재일코리안 생활문화자료관은 다른 기관과는 달리 사이버 문화관이다. 시민단체 '가와사키 할머니 · 할아버지와 2000명의 네트워크'가 2006년에 인터넷 공간에서 설립한 것이다(www.halmoni-haraboji.net). 이 온라인 자료관은 주로 가와사키시 남부 오우힌지구에 거주하고 있는 재일코리안 1세대들의 생활사와 역사를 소개하는데 목적을 두고 있다. 이들은 재일코리안 1세들의 생활사를 구술을 통해 기록해왔으며, 1998년에 설립된 '도라지회'라는 재일코리안 고령자 교류클럽에서 약 2년반 동안 찍어온 사진을 전시(가와사키 할머니·할아버지 전)하면서 태동하였다. 이 두 단체의 활동이 모여서 '가와사키 할머니 · 할아버지와 2000명의 네트워크'가 결성되고, 그 바탕위에서 생활문화자료관이 만들어졌다.[67]

이 자료관은 '상설전시실' 4개의 코너로 구성되어 있다. 제1의 문 '겐카이나다(玄界灘)를 건너'에서는 일본으로 건너와 카와사키에 정주하기에 이르기까지의 경위, 간토(關東)대지진의 기억, 전시하의 생활상 등이 묘사된다. 이어서 제2의 문 '먹고 살기 위해 많은 일을 했다', 제3의 문 '인권을 향한 걸음, 재일 2세의 시작', 제4의 문 '자식과 손자가 사는 이 땅에서'로 이어진다.

---

66 가와사키 재일코리안 생활문화자료관 홈페이지, http://www.halmoni-haraboji.net/, 검색일: 2013.12.30.

67 『월드코리안』, 2012.7.10.

3) 의례를 통한 집단적 기억의 재현

(1) 간토대지진 희생자 추모위령제

간토대지진 당시 희생당한 조선인에 대한 영혼을 위로하기 위해 여러 지역에서 위령제가 진행되고 있다. 2012년 9월 1일에는 간토대지진 발생 90주년이 되는 해로 일본을 비롯한 국내에서도 추모위령제가 개최되었다. 간토대지진 90주년을 맞이한 9월 1일에 두 가지의 풍경이 대비되었다. 학살의 주체인 일본정부는 "대지진의 참상을 잊지 말자"며 전국에서 133만명이 참여하는 대규모 재난 훈련을 실시했다. 일본은 이날을 '방재(防災)의 날'로 지정해 각종 행사를 개최했으며, 아베 신조 총리 등 각료들은 새벽부터 총리실로 출근해 훈련을 주도하기도 했다. 이와 반면, 학살의 당사자인 재일코리안과 일본의 양심적 시민들에게 이날은 '조선인 학살'을 추모하는 날로, 이날 오전 11시 도쿄도 스미다구 요코아미쵸 공원에서는 일한협회도쿄도연합회, 재일중국우호협회도쿄도연합회, 카메이도사건추도실행위원회 등으로 구성된 '9 · 1간토대지진 조선인희생자추도식실행위원회' 주최로 조선인 희생자 추도식이 거행됐다. 이와 함께 가나가와현, 치바현, 사이타마현, 도치기현, 군마현 등지에서 10여 개 단체가 각기 추모 행사를 개최했다.[68]

재일본대한민국민단(재일민단) 도쿄본부는 도쿄도 미나토구 소재 민단중앙회관 대회의실에서 제90주년 간토대지진 희생 동포 추념식을 열었다. 오공태 재일민단 단장과 김수길 민단도쿄본부단장 등 150여명이 참석한 이 행사에는 이병기 주일본 대사가 직접 헌화했다. 그간 간토대지진 희생자 추모행사에는 한국대사관 총영사가 참석해 왔다. 그리고 재일본조선인총연합회(재일총련) 도쿄본부도 오후 1시부터 요코아미쵸 공원에서 추도

68 『연합뉴스』, 2013.9.1.

사진 5.13 재일민단

식을 열었다.

일본의 메이지 도오리와 신주쿠 쇼오쿠단 도오리에 위치한 대한불교 조계종 관음사에서는 관동대지진 90주년을 맞아 조선인희생자들을 위령제를 지냈다. 아울러 조선인 학살 장소인 도쿄도의 아라카와 하천부지에서 추모식 '봉선화의 저녁 모임'이 개최되는 등 일본 지역 곳곳에서 조선인 희생자를 기리는 행사가 이루어졌다. 이외에도 군마현 후지오카 성도사에서도 8월 31일에 간토 대지진 조선인 희생자 위령제를 개최했다.

(2) 강제징용 희생자 위령제

■ 하코다테 조선인 위령제

일본에 있는 대한불교 조계종 관음사에서는 1998년부터 매년 홋카이도 하코다테시 후나미쵸에서 '하코다테 조선인 위령제'를 올리고 있다. 하코다테에 있는 조선인 위령탑과 납골당은 일제시대 때 강제징용으로 끌려와 가혹한 노동과 사고, 또는 병으로 인해 희생된 조선인들의 혼백을 달래고자 1990년 재일코리안들의 자발적인 모금으로 건립되었다. 납골당에는 식민지시기 철도부설공사에 종사하면서 숨진 희생자와 위안소에 끌려온 수많은 여성들의 유골이 안치되어 있다. 조계종 관음사는 절차가 제대로 된 위령제를 지내기 위해 한국의 큰 스님들을 초청하여 위령제를 지내기도 한다. 일본에서도 위령제를 하는 스님들이 많지만 이들의 경우 염불이 짧고 알아듣기 힘든 반면, 한국의 스님들은 우리말로 된 한국식 염불로 진행하기 때문에 재일코리안들의 가슴에 큰 울림을 전해주고 있다.[69]

■ '우키시마호' 피해자 추모합동위령제

우키시마호추모협회는 2012년부터 부산 수미르공원에서 우키시마호 피해자들을 추모하는 합동 위령제를 개최하고 있다. 올해로 2회째를 맞은 위령제는 매년 8월 24일에 유족회와 서부산시민협의회를 비롯한 30여 부산지역 시민사회단체가 참석한 가운데 피해자들의 넋을 기리는 진혼곡피 진혼무 공연, 시극, 합동헌화를 진행했다.

68년전인 1945년 8월 19일, 일제의 강제징용에 끌려갔던 조선인 노동자 7000여 명은 광복의 기쁨을 안고 조국으로 돌아오는 우키시마호에 몸을 싣고 부산항을 향했다. 그러나 출발 5일째인 8월 24일 우키시마호는 일본 마이즈루항에 급작스레 기항을 결정하고, 이날 오후 5시 20분 의문의 폭발로 침몰했다. 일본 정부는 태평양 전쟁 도중 미국이 설치해 놓은 어뢰에 배가 폭발했다고 주장했으나 생존자들은 일본이 강제 노역 등의 보상을 피하기 위해 배를 폭파했다고 주장하고 있다.[70] 추모협회는 한일 합동조사단을 구성하여 진상을 조사할 것을 요구하고 있지만 일본정부에서 이를 받아들이지 않고 있는 상황이다.

일본내에서는 교토에서 '우키시마마루(浮島丸) 순난자를 추도하는 모임' 주최로 우키시마마루 순난 68주년 기념 추도 집회를 지난 8월 24일, 순난의 비 앞에서 개최되었다.

■ 후쿠오카현 오무타시 징용 희생자 위령제

일본 후쿠오카현 오무타시 아마기공원에서는 올해 18회째 강제징용 희생자의 넋을 기리는 위령제를 개최하고 있다. 미쓰이석탄광업의 미이케광업소에 약 3천명 이상의 조선인들이 강제징용되어 왔으며, 광복 50주년인 1995년에 재일본대한민국민단 오무타지부 우판근지단장의 노력 끝

69 『대한뉴스』, 2013.11.8.

70 『nsp통신』, 2013.8.24.

에 오무타시와 미쓰이석탄광업미이케광업소 등의 지원을 받아 위령비를 건립했으며, 이후 매년 4월 첫 일요일에 위령제를 지내고 있다.

■ 키타큐슈 와카마츠마을, 오다야마 조선인묘지

1945년 귀국하는 배를 타고 떠났던 사람들이 폭풍에 조난당해 죽은 이들의 묘소를 만든 곳으로 위령비를 건립했다. 매년 재일코리안들과 일본 내 양심적 시민단체가 공동으로 추도식을 개최하고 있다.

■ 히로시마 평화공원 한국인 원폭희생자 위령제

강제징용 등으로 일본에 건너와 히로시마 원폭 투하로 숨진 한국인을 추모하는 위령제는 매년 8월 5일에 히로시마시 나카구(広島市中区)의 평화기념공원에 있는 '한국인원폭희생자위령비' 앞에서 열리고 있다. 2013년 제44회 위령제는 피폭 2세인 신형근 히로시마 주재 한국총영사 등을 비롯한 재일코리안, 한국원폭피해자협회 등 약 220명이 참석하여 개최되었다. 진혼무와 위령가를 부르고, 지난 1년간 피폭 사망자 11명이 추가된 2,682명의 희생자 명부를 봉납했다.[71]

일본 내 양심적인 사람들은 1972년 오사카에서 '한국 원폭피해자를 구원하는 시민 모임'을 결성하여 1970년대 초부터 한국인 원폭피해자 지원 활동을 전개했다. 그 공로로 한국 원폭피해자를 구원하는 시민 모임 히로시마(廣島) 도요나가 게이자부로 지부장이 2011년에 외교통상부 장관 표창을 받기도 했다.[72]

그러나 현재 원폭 66년이 지났지만 한국인 피해자에 대한 치료와 보상 문제는 아직도 진행 중이다. 히로시마, 나가사키에서 원폭으로 4만여 명이 죽었지만 히로시마 위령비에는 2,663명만이 봉헌되었다. 피폭자들의

---

71 『교도통신』, 2013.8.7.

72 『연합뉴스』, 2011.10.5.

처우 또한 논란이다. 한국에 살면서 일본 후생노동성이 발급한 피폭자 건강수첩을 가진 사람은 3,050명에 불과하다. 이들의 의료비는 일본 정부가 일부 부담하지만, 치료를 위해 일본으로 가는 항공료, 교통비 등의 경비는 일체 지원하지 않는다. 이들이 소송을 제기했지만 재판은 아직도 진행 중이다.[73]

■ 나가사키 원폭 조선인 희생자 위령제

1945년 8월 9일 오전 나가사키에 원자폭탄이 투하되면서 22만명 중에서 피폭으로 7만3,884명이 죽고, 7만4,909명이 부상당하였다. 조선인 강제징용자들은 2만여명이 피폭을 당했고, 그중 1만여명이 폭사했다.[74] 나가사키 원폭 희생자에 대한 위령제는 매년 8월 9일에 나가사키시 마츠야마쵸 평화공원에서 실시되고 있다. '나가사키 원폭 희생자 위령 · 평화 기념식'은 나가사키시와 주후쿠오카총영사, 민단 나가사키현 본부 및 부인회 등 일본의 지자체와 재일코리안사회가 공동으로 개최되고 있다.

(3) 항일독립운동관련 기념식

■ 2 · 8독립선언기념식

도쿄 조선유학생들의 2 · 8독립선언은 전 국민이 봉기한 3 · 1독립운동의 선구적 역할을 하였다. 2 · 8독립선언의 역사적 의의는 일제 식민지 시대 조선 백성에게 독립에 대한 희망과 열기를 심어주었고 해외에 한민족의 독립의지를 보여주었으며 3 · 1독립운동의 기폭제가 되었고, 신생국가의 목표를 자유민주 국가체제와 우방국가와의 평화공전에 두는 등 상해

---

73 환경재단, http://www.greenfund.org/greenfund/infomation/environment_view.jsp?pCurrentPage=1&pBBSCode=730&pRowNum=6&pSearchGubun=, 검색일: 2014.1.3.

74 시의 조사에 따르면, 원폭으로 인해 희생된 시내의 재일동포는 1,200명에서 2,000명에 달한다고 한다. 민단신문 2004-08-12, http://www.mindan.org/kr/newspaper/read_artcl.php?newsid=2381, 검색일: 2014.1.3.

임시정부의 뒷받침이 되었고 아세아 각국의 민족자결의지 앙양에 선구적 역할을 하였다.[75] 이러한 뜻을 기리기 위해 한국과 일본에서 매년 2월 8일에 기념식을 개최하고 있다.

기념식을 주최하는 기관은 한국에서의 경우 사단법인 한국독립유공자협회, 국가보훈처, 광복회 등이 있으며, 일본에서는 민단 등이 참여하여 기념식을 거행하고 있다. 2013년 94주년 기념식에서는 일본 도쿄 현지와 서울에서 동시에 개최되었다.

〔2 · 8 독립선언 노래〕

> 천 구백 십 구년 이월 팔일 그렇지 그땐
> 우리에게는 오직 독립뿐 좌도우도 없었다
> 빼앗긴 땅에 봄을 찾고저 젊은 예지들이 올린 봉화
> 삼일절에 앞서 부르던 그 절규를
> 기억하리라 우리 잊지 않으리라
> 그날이 오면 가슴 뜨겁고 이처럼 맑아지는 피를
> 야 - 어찌하리 진정 진정
> 아 - 이거야 어찌 어찌하리

■ 3·1운동 기념식

94년 전 3월 1일 '대한독립 만세'를 외치며 일제의 침략에 비폭력 무저항으로 맞섰던 선조의 뜻을 기리는 기념행사가 재일코리안사회 곳곳에서 열렸다. 재일코리안사회에서는 8.15 광복절 다음으로 중요시하는 행사다. 재일코리안들은 "역사를 잊은 민족에게 미래는 없다"며 차세대에 3 · 1절의 숭고한 뜻을 전할 것을 다짐하기도 했다.

재일대한민국민단중앙회는 1일 오전 11시 동경 중앙본부 회관에서 100여명의 재일코리안이 참석한 가운데 제81회 3 · 1절 기념식을 가졌다. 또 일본에 있는 48개 민단 지역본부도 자체적으로 3 · 1절 기념하는 행사

75 광복회 홈페이지 http://www.kla815.or.kr/dexin.asp, 검색일: 2013.11.25

를 갖고 독립을 요구하며 피를 흘린 선열들의 넋을 위로했다. 조총련도 3 · 1절 기념식전을 개최하고 있다.

(4) 8 · 15 광복절 기념식

재일코리안 사회에서 광복절을 기념하기 위해 민단과 조총련을 중심으로 각 지역에서 내대적인 기념식을 거행하고 있다.

민단 주최 제68회 광복절 중앙기념식전은 15일 민단 도쿄 본부의 주관으로 도쿄 히비야(日比谷) 공회당에서 단원들 및 일본 측 내빈(한일의원연맹, 자민당, 민주당, 공명당, 공산당) 등 약 2,500명이 참가한 가운데 개최됐다. 참가자들은 첫째, 대한민국 건국 65주년을 기하여 조국의 번영에 더욱 기여하고, 한반도의 비핵화와 평화통일 촉진에 적극적으로 참여한다; 둘째, 차세대의 육성과 단원 봉사의 원점으로 돌아가 민단 재생운동에 전력을 다한다; 셋째, 신규 정주자, 일본국적 취득자, 총련 이탈자 등 다양한 동포들을 결집하고, 재일동포사회의 단결과 대통합에 적극적으로 노력한다; 넷째, 지역주민의 권리로서 지방참정권을 반드시 획득하고, 다문화 공생사회의 실현에 기여한다; 다섯째, 한일 우호증진의 가교역할을 강화하는 동시에 지역사회의 발전에 더욱 기여한다는 내용의 결의문을 채택했다.[76] 이와 같이 민단주최의 광복절 기념식은 중앙차원뿐만 아니라 지방본부차원에서도 기념식이 개최되고 있다.

민단과 조총련은 그동안 8 · 15 광복절 기념식을 따로 개최해왔다. 그러다가 6 · 15 남북정상회담 5주년을 맞아 민단과 조총련의 화합을 통해 남북공동선언 정신을 재일코리안사회에도 구현하고자 2004년 제59회 광복절 기념식을 통해 민단은 60주년 광복절 기념식을 공동 개최하자고 조총련에 제의하였다. 그러나 민단과 조총련간의 오랜 대립과 불신, 갈등으

---

76 『민단신문』, 2013.8.29.

로 인해 60주년 광복절 기념식은 공동 개최되지 못했다. 하지만 광복 60주년을 맞아 '재일동포 100년 역사 사진전'을 정부 지원사업으로 확정되어 서울에서 개최되었다.

2000년 6월 13일부터 15일까지 열린 제1차 남북정상회담 이후 남북관계가 화해분위기로 무르익어가면서 재일코리안사회에도 많은 영향을 미쳤다. 그동안 남북대결의 시대 유산으로 재일코리안사회에서도 민단과 조총련으로 구분되면서 많은 갈등과 대립이 지속되어 왔다. 그러던 것이 2006년 5월 17일 도쿄 지요다구 조총련 중앙본부에서 하병옥 민단 단장과 서만술 조총련 의장이 역사적인 회담을 하고 6개항의 공동성명을 발표하면서 동포사회의 오랜 대립을 해소할 수 있는 획기적인 계기를 마련하였다. 공동성명의 내용은 첫째,두 단체의 화해 · 화합 도모 및 교포사회 단합을 위한 협력, 둘째, 6 · 15 민족통일대축전 일본지역위원회 공동 참가, 셋째, 8 · 15 기념 축제 공동개최, 넷째, 교육 · 민족문화 진흥사업 공동노력, 다섯째, 교포사회 복지 · 권익옹호 활동 협력, 여섯째, 합의 이행을 위한 창구 설치 등이다.[77] 하지만 민단 조직 내부의 반발이 대두되면서 민단과 조총련과의 화합은 물거품이 되고 말았다.

(5) 재일학도의용군 한국전쟁 참전 기념식

재일학도의용군은 1950년 6월 25일 전쟁이 발발하자 일본 전역에 거주하는 청년과 학생 642명이 자진하여 직장과 학업을 중단하고 의용대를 소집해 전쟁에 참전한 사람들을 말한다. 이들은 UN군의 일원으로 인천상륙작전에 참전하였고, 원산, 갑산, 백마고지 전투 등에도 참전하였다. 이들의 참전은 1967년 제3차 중동전쟁 당시 세계 각처에 살고 있는 유대인들이 아랍연합군과의 전쟁에서 조국 이스라엘을 구하고자 참전한 때보다

---

77 『프레시안』, http://member.pressian.com/article/article.asp?article_num=40060517173732&section=05, 검색일: 2014.1.4.

17년이나 앞선 것으로 평가되고 있다.[78]

〔재일학도의용군〕

> "유령부대가 한국전쟁에 나타나 UN군과 함께 싸우고 있다고 합니다. 그들의 정체는 일본에서 온 한국인들입니다. 도쿄의 유엔군 사령부는 이들의 존재를 부정하고 있습니다. 그러나 부산과 수원에 파견된 CBS 특파원들은 유령부대가 국적불명의 동양인들로 편성되어 있음을 확인했습니다. 특파원들이 조사한 바에 따르면, 이 유령부대원들은 일본에서 자라거나 일본에서 교육과 훈련을 받은 한국인들입니다".79
>
> - 1952년 9월 29일 미국 CBS, '국전쟁에 출현한 유령부대'-

재일학도의용군들은 총 다섯 차례에 걸쳐 전쟁에 참여했는데, 이들 중 일부는 미군에 배속되어 참전하고, 국군 제9사단에 배속되어 백마고지 전투 등에 참전하게 되었다. 그러다 1950년 11월 27일 중공군의 참전으로 전세가 불리해지자 미군은 재일학도의용군의 해산을 명령하고, 이후 미군부대에 남든지 국군으로 편입하든지 양자택일하라는 선택권이 주어진다. 1951년초부터는 재일학도의용군 중 일부는 부상이나 여러 가지 사정으로 인해 제대를 하면서 일본으로 귀환하기 시작했다. 그러다가 1951년 9월 8일 서명되어 1952년 4월 28일 발효된 미국과 일본간의 '샌프란시스코강화조약'으로 일본으로의 귀환길이 막혀버렸다. 다시 말해, 이 조약으로 인해 일본은 재일학도의용군에 대해 '일본의 허가를 받지 않고 임의 출국한 자들'로 규정하면서 일본 입국을 거부하였다. 일본의 이러한 조치로 인해 642명 중 242명이 귀환하지 못하고 가족들과 생이별을 해야만 하는 아픔을 겪어야 했다.[80]

---

78 『한겨레』, 2008.6.20.

79 재일학도의용군 나라사랑기념관 홈페이지, http://www.koreansvjmemo.or.kr/2_history/sub_01.html, 검색일: 2014.1.3.

80 재일학도의용군 642명 중 135명은 전쟁 중에 전사하거나 행방 불명 되었으며, 265명은 일본으로 귀환하였다.

남겨진 재일학도의용군 중 일부는 1959년 북송저지공작대로 활동함으로써 다시 한번 역사의 소용돌이에 휘말렸다. 당시 경찰관 시험에 응시했던 민간인 25명과 함께 총 66명으로 구성된 북송저지공작대는 2개월 동안 특수훈련을 받고 1959년 12월 초부터 비밀리에 일본에 잠입해 재일교포 북송저지 공작 활동을 벌였다. 이 과정에 공작선 명성호가 시모노세키 앞바다에서 침몰하면서 7명이 사망했다.[81]

재일학도의용군동지회는 휴전 당시 일본으로 돌아가지 못하고 남아있는 재일학도의용군들의 권익보호를 위해 1965년 10월 22일 설립하였다. 1967년 1월 18일에 무공훈장(현 보국포장) 317명이 수령받았으며, 1968년 7월 10일에 국가유공자로 규정되었다. 1973년 6월 6일에 국립묘지에 재일학도의용군 전몰용사 위령비가 건립되었으며, 1979년 10월 2일에 인천 수봉공원에 재일학도의용군참전기념비가 건립되었다. 이후 9월 30일에 인천 수봉공원에서 참전 기념식 행사를 개최하고 있다. 1989년 9월 21일에 일본 도쿄 민단중앙본부 정문 옆에 재일학도의용군 한국동란 참전기념비 제막식을 거행했다. 2006년 10월 2일에는 망향의 동산에 있는 재일학도의용군 묘역에 위령비를 건립하였다.

(6) 제주 4 · 3사건 희생자 위령제

오사카 이쿠노쿠는 제주도 출신들이 상당수를 차지하고 있다. 제주-오사카 정기여객선 개설과 함께 4 · 3사건의 영향 때문이다. 오사카 이쿠노쿠에서 '제주 4 · 3사건 희생자 위령제'는 1996년부터 시작되었으며, '재일본제주4 · 3사건유족회'와 '제주도4 · 3사건을생각하는모임'이 주관하여 매년 개최되고 있다. 또한 4 · 3사건 유족회원들은 제주에서 열리는 4 · 3사건 희생자 위령제에 참가하기도 한다. 오사카 이쿠노쿠 거주 재일코리

---

81 『신동아』, 통권587호 2008, http://shindonga.donga.com/docs/magazine/shin/2008/08/02/200808020500007/200808020500007_5.html, 검색일: 2014.1.3.

안들은 이 위령제를 통해 디아스포라적 위치에서 4 · 3사건에 대한 기억을 재현하고 있으며, 모국과 소통을 이루는 계기가 되고 있다.

사진 5.14 2014년 제66주년 재일본 제주 4 · 3사건 위령제

제6장 맺음말

이 책은 19세기 중엽부터 시작된 동북아시아 코리안 디아스포라의 민족집거지 형성 과정을 살펴보고, 코리안 디아스포라의 집거지의 공간구조에 대해서 살펴보았다. 아울러 새로운 정착지에서 경험한 코리안 디아스포라의 집단적 기억이 거주국과 모국에서 어떻게 재현되고 있는지 기념물(비, 탑), 기념 공간, 의례 등을 통해 살펴보았다. 이러한 목적을 달성하기 위해 연구자들은 기존에 출간된 자료의 검토와 현지 방문 조사 및 구술조사 등 다양한 방법을 활용했다. 현지조사는 중국 길림성 아라디마을과 금풍촌, 러시아 연해주 우정마을과 고향마을, 일본 오사카를 직접 방문하였으며, 심층인터뷰를 통해 그들의 이주 과정 및 집거지 형성에 관한 구술자료를 채록하였다.

이 책의 주요 내용을 요약하면 다음과 같다.

첫째, 동북아시아지역에 거주하고 있는 코리안 디아스포라의 민족집거지는 일정한 지역을 기반으로 집중 거주지를 형성하고 있으며, 민족의 고유한 전통문화와 정체성을 유지·계승하기 위한 다양한 장치들을 마련하고 있다.

중국 조선족은 동북3성 지역을 중심으로 민족집거지를 형성하여 항일독립운동의 기지 역할을 수행하면서 민족의 문화와 정체성을 유지해오고 있다. 특히 조선족은 일제 식민지 시기와 사회주의 혁명 및 건설시기에 소수민족이지만 수많은 혁명열사들을 배출하면서 중앙정부로부터 민족의 자치권을 부여받게 되었다. 이러한 민족자치권의 실현은 민족집거지내에서 조선족의 언어, 문화, 풍습 등을 향유할 수 있는 든든한 배경이 되었으며, 조선족특색의 정체성을 확립하는데 크게 기여했다. 1990년대 중국의 개혁개방 정책이 본격화되고, 한·중관계가 정상화되어 중국 내륙 및 연해지역의 대도시지역으로의 이주가 급증하면서 새로운 집거지가 형성되고 있다. 또한 모국인 한국을 비롯하여 미국, 일본, 유럽, 러시아 등 글로벌 이주가 이루어지면서 초국적 형태의 집거지가 형성되고 있다. 그러나 이러한 조선족의 이주 확장은 조선족 공동체 발전에 부정적인 영향을 미치고 있다는 점에서 경계해야 한다. 북경이나 청도지역과 같은 신집거지는 전통적 집거지의 공동체와 달리 주류민족인 한족의 커뮤니티가 지배하고 있는 공간으로 한족사회의 영향을 받을 수밖에 없다. 그리하여 신집거지에 살고 있는 조선족들은 민족 문화적 특성들을 상실해가면서 급속하게 한족사회에 동화될 가능성이 높아지고 있다.[82]

러시아 연해주 고려인은 1937년 중앙아시아에로의 강제이주 이전까지 연해주 지역을 중심으로 지신허, 연추, 신한촌 등의 대규모 집거지를 형성하여 항일독립운동의 전진기지 역할을 담당하였다. 반면, 1990년대 소연방의 해체와 독립국가의 등장으로 우즈베키스탄, 카자흐스탄 등에서 거주하던 고려인들이 반세기 지나 자신 또는 부모세대의 고향인 연해주지역으로 재이주하여 정착하였다. 즉 연해주 고려인들은 과거와 단절된 공간에 정착한 관계로 대부분은 '보이지 않는' 정주를 하고 있으며, 몇몇 지역에 한해서 '계획' 마을(우정마을, 고향마을 등)을 조성하여 고려인들의 안정적인 정착과 적응을 시도하고 있다. 특히 계획마을에 거주하고 있는 고려인들은 동북아평화연대의 도움을 받아 비닐하우스, 청국장 사업 등 농업 사업을 벌여나가고 있다. 이러한 사업을 통해 고려인들은 고려인의 역사적 고향인 한국과 끊임없는 교류를 시도하고 있다.

재일코리안은 일본의 주요 대도시 지역을 중심으로 민족집거지를 형성하였다. 이러한 사실은 중국조선족이나 러시아 연해주 고려인과 다른 큰 차이점이다. 이는 무엇보다 일제 식민지 지배의 직접적 산물이다. 중국조선족이나 러시아 연해주 고려인의 경우는 지리적으로 인접한 국경과 맞닿은 곳을 중심으로 집거지를 형성하여 점차 내륙지역으로 확장해갔다. 반면, 재일코리안은 식민지시대 강제동원 정책으로 인해 대도시 주변

82 배규식 외, 『중국 조선족 청년의 이주와 노동시장 진출 연구』, 서울: 대외경제정책연구원, 2013, p.234.

의 공장이나 탄광에서 강제노역을 담당하였기 때문에 이들 지역을 중심으로 집거지를 형성하기에 이르렀다. 특히 재일코리안은 일제 식민지배의 직접적인 대상이 되어 형언할 수 없는 차별과 배제를 경험해야 했으며, 일부의 경우는 주류사회에 진출하기 위하여 일본인과 결혼을 하거나 국적을 취득하기에 이르렀다. 그러나 2000년대 초 일본에서 한류 붐이 확산되면서 재일코리안 사회는 새로운 변화를 경험하고 있다. 오사카 이쿠노쿠 코리아타운은 재일코리안의 경제생활의 거점이 되어가고 있으며, 한류 문화의 전파자로써 역할을 하고 있다. 특히 이쿠노쿠 코리아타운은 재일코리안과 일본인 간의 공생 및 상호문화 이해 증진을 위한 다양한 프로그램을 통해 폐쇄적인 민족집거지에서 다문화 공생의 집거지로 변모하고 있다.

둘째, 중국조선족, 재일코리안, 연해주 고려인들은 디아스포라적 삶과 경험이 내장된 집단적 기억을 다양한 형태 - 기념비(탑), 기념관, 자료관, 박물관, 민속촌, 기념행사 등 - 로 재현하고 있으며, 거주국의 사회 구성원과 공유하고 있음을 알 수 있다. 그런데 중국조선족, 재일코리안, 러시아 연해주 고려인의 디아스포라적 경험과 집단적 기억에 대한 재현은 조금씩 다른 양상을 보이고 있다.

중국조선족은 일제 식민지시대 항일독립운동과 신중국 건설에 적극적으로 참여한 관계로 집거 지역 내에서 다양한 유형의 기념물 및 기념관을 건립하고, 의례 행사들을 개최해오고 있다. 특히 조선족민속원, 연변박물관 등을 통해 조선족 디아스포라의 역사와 집단적 기억에 대해 조선족뿐만 아니라 거주국의 사회구성원과 향유하고 있음을 알 수 있다.

러시아 연해주 고려인들은 중국조선족과는 달리 주로 항일독립운동시기의 경험과 기억들을 재현하고 있다. 연해주 고려인들은 4월 참변 추모제, 고려인 문화의 날 등과 같은 의례를 통해 거주국사회의 구성원들과 적극적인 교류와 소통을 추진하고 있다. 특히 연해주 고려인들은 매년 8월 15일에 광복절 기념식을 개최하면서 항일독립운동에 관한 집단적 기억을 공유하고 있다는 점에서 특이할만하다.

재일코리안은 중국조선족과 러시아 연해주 고려인과는 달리 일제 식민지시대에 이루어진 강제동원의 희생에 관한 기념물 및 기념관을 건립하고, 위령제와 같은 의례 행사를 통해 집단적 기억을 재현하고 있다. 또한 재일코리안 사회에서 이루어지고 있는 집단적 기억의 재현은 1945년 8월 15일 해방 이후 모국의 정치상황과 밀접한 연관이 있다. 즉 '제주 4·3사건희생자 위령제'와 '재일학도의용군 한국전쟁 참전 기념식'은 직접적으로 남북 분단의 현실을 반영한 것이라 할 수 있다.

이러한 연구결과를 바탕으로 연구자들은 한국정부 차원에서 동북아 코리안 디아스포라를 포함하여 전 세계에 거주하고 있는 코리안 디아스포라의 삶과 기억을 재현하고 공유할 수 있는 '국립재외동포박물관'(가칭) 건립의 필요성을 제기하고자 한다. 국립재외동포박물관은 세계 180여개 국가에서 거주하고 있는 재외동포의 이주 역사와 생활 문화 등을 전시하고, 경제·교육·문화 등 다양한 영역에서 네트워크를 구축하여 국가의 경쟁력을 강화하는데 크게 기여할 것이다.

이 연구는 동북아지역 코리안 디아스포라의 민족집거지 형성 및 집단적 기억의 재현에 대해 현지조사를 통해 이루어진 연구이긴 하나, 특정 지역을 대상으로 진행된 연구이다 보니 코리안 디아스포라의 집거지 및 정체성의 특성을 밝혀내는데 한계가 있을 수밖에 없음을 밝혀둔다. 이러한 한계들은 이에 대한 보다 더 많은 사례들을 수집하고 조사하는 추가적인 연구를 통해 밝혀질 것으로 기대한다.

향후 연구과제는 중국조선족, 러시아 연해주 고려인, 재일코리안을 대상으로 코리안 디아스포라의 문화영토에 대해 조명할 것이다. 구체적으로 코리안 디아스포라가 거주국사회에서 문화영토를 어떻게 구현해왔는지 주요 집거지에서 이루어지고 있는 민속문화와 민속놀이, 그리고 축제 등을 조사, 분석할 것이다. 이러한 연구는 코리안 디아스포라의 삶에 녹아 있는 문화정체성의 특성을 파악하고, 디아스포라적 위치에서 사회구성원과 소통의 방식 및 구조를 규명하는데 기여할 것으로 보인다.

| 참고문헌 |

강재언·김동훈 지음, 하우봉·홍성덕 옮김(2000), 『재일한국·조선인-역사와 전망』, 서울: 소화.

강진웅(2012), "디아스포라와 현대 연변조선족의 상상된 공동체: 종족의 사회적 구성과 재영토화", 『한국사회학』제46집 4호.

경상북도/(사)인문사회연구소(2011), 『중국, 경상도 마을을 가다』, 경상북도.

고정자·손미경(2010), "한국문화 발신지로서의 오사카 이쿠노쿠 코리아타운", 『글로벌문화콘텐츠』제5호.

구지영(2011), "이동하는 사람들과 국가의 길항관계", 『동북아문화연구』27.

국립민속박물관(2002), 『일본관서지방 한인동포의 생활문화』, 서울: 국립민속박물관.

권태환·박광성(2007). "세계화시대 중국조선족 노동력의 국제이동과 사회변화."『한국사회학 50년 정리와 전망』, 전기 사회학대회자료집.

길림성 영길현 아라디촌인민정부 편집(1995), 『아라디촌지』, 길림성 영길현.

김경학 외(2005), 『귀환의 신화: 해외 인도인의 이주와 정착』, 서울: 경인문화사.

김경학(2006), 『국제이주와 인도인 디아스포라』, 서울: 집문당.

김광열(2010), 『한인의 일본 이주사 연구: 1910-1940년대』, 서울: 논형.

김남일·서경석 외(2007), 『분단의 경계를 허무는 두 자이니치의 망향가』, 서울: 현실문화연구.

김승근(2007), "러시아 연해주(沿海州)지역의 고려인(高麗人)마을: 우스리스크 우정마을을 중심으로", 『한국농촌건축학회논문집』제9권 2호.

김승제(2001), "중국 조선족 하동향의 마을구성에 관한 조사연구", 『대한건축학회논문집』제17권 2호.

김영필(2014), 『조선족디아스포라의 만주아리랑』, 서울: 소명출판.

김재기(2005), "중국 조선족 농촌 집거구 해체 위기와 '집중촌' 건설", 『통일문제연구』제44호.

김현미(2009). "방문취업 재중동포의 일 경험과 생활세계." 『한국문화인류학』42(2).

김현선(2010). "한국체류 조선족 밀집거주 지역과 정주의식." 『사회와 역사』87.

노성태(2013), 『만주연해주답사기: 독립의 기억을 걷다』, 서울: 한울.
도노무라 마사루, 신유원 · 김인덕 옮김(2010), 『재일조선인 사회의 역사학적 연구』, 서울: 논형.
문재원 · 박수경(2011), "이카이노의 재현을 통해 본 재일코리안 디아스포라 공간의 로컬리티", 『로컬리티 인문학』5.
배규식 외(2013), 『중국 조선족 청년의 이주와 노동시장 진출 연구』, 서울: 대외경제정책연구원.
박경식 · 박경옥 옮김(2008), 『조선인 강제연행의 기록』, 서울: 고즈윈.
박경식(1979), 『재일조선인운동사: 8 · 15해방 전』, 동경: 삼일서방.
박광성(2007). "중국조선족의 초국적 인구이동과 경제생활의 변화."『재외한인연구』18.
______(2010). "초국적인 인구이동과 중국조선족의 글로벌 네트워크."『재외한인연구』21.
박배균, "초국가적 이주와 정착에 대한 공간적 접근: 장소, 영역, 네트워크, 스케일의 네 가지 공간적 차원을 중심으로," 최병두 외(2011), 『지구 · 지방화와 다문화공간』 서울: 푸른길.
박세훈(2010), "한국의 외국인 밀집지역: 역사적 형성과정과 사회공간적 변화,"『도시행정학보』제23집 제1호.
박세훈 · 이영아(2010), "조선족의 공간집적과 지역정체성의 정치", 『다문화사회연구』3(2).
박수경(2010), "재일코리안 축제와 마당극의 의의: 生野民族文化際를 중심으로", 『일본문화학보』45.
박승희(2012), "연변지역 경상도 마을 이주사 연구: '아라디 마을'을 중심으로", 『동북아문화연구』 제31집.
박태규 외(2005), 『러시아 한류에 관한 연구조사 및 진흥방안』, 국회문화관광위원회.
보리스 박 · 니콜라이 부가이 지음, 김광환 · 이백용 옮김(2004), 『러시아에서의 140년간』,서울: 시대정신.
선봉규(2011), "근 · 현대 재일코리안 디아스포라의 이주와 재영토화 연구: 오사카와 도쿄를 중심으로", 『한국동북아논총』제16집 제3호.
______(2014), "중국 연변조선족의 9 · 3절 기념 축제의 콘텐츠와 정체성 연구", 『평화학연구』제15권 3호.
선봉규 · 전형권(2012), "러시아 연해주 고려인의 디아스포라적 삶에 관한 연구: 구술사

연구방법론의 관점에서", 『한국동북아논총』제17집 제4호.
설동훈(2011), 『노동력의 국제이동』, 서울: 서울대학교 출판부.
신주백(1999), 『만주지역 한인의 민족운동사(1920~45)』, 서울: 아세아문화사.
심승우(2012), "이주민의 포용과 다문화 정치통합의 전략", 『디아스포라연구』제6권 2호.
안재섭(2009), "서울시 거주 중국 조선족의 사회·공간적 연결망: 기술적 분석을 중심으로," 『한국사진지리학회지』19(4).
양영희, "이쿠노 마을 이야기," 김남일·서경석 외(2007), 『분단의 경계를 허무는 두 자이니치의 망향가』, 서울: 현실문화연구, 2007.
예동근(2011), "한국의 지역 다문화공간에 대한 비판적 접근", 『동북아연구』, 27.
윤인진(2003), 『코리안 디아스포라: 재외한인의 이주, 적응, 정체성』, 서울: 고려대학교 출판부.
윤황·김해란(2011), "한국거주 조선족 이주노동자들의 법적·경제적 사회지위연구", 『디아스포라연구』제5권 1호.
윤휘탁(1996), 『일제하 '만주국' 연구』, 서울: 일조각.
이광규(1983), 『재일한국인: 생활실태를 중심으로』, 서울: 일조각.
______(2009), 『우리에게 연해주란 무엇인가』, 성남: 북코리아.
이민주(2007). "재중동포의 상업 활동과 정체성 형성-가리봉동 현장 연구를 중심으로." 연세대학교 석사학위 논문.
이상봉(2010), "디아스포라와 로컬리티 연구: 재일코리안을 보는 새로운 시각", 『한일민족문화연구』18.
_____(2011), "오사카 조선시장의 공간정치: 글로벌화와 장소성의 변용," 『한국민족문화』 41.
이영민 외(2012), "중국 조선족의 트랜스이주와 로컬리티 변화연구: 서울 자양동 중국음식문화거리를 사례로", 『한국도시지리학회지』15(2).
이재혁(2010), "러시아 사할린 한인 이주의 특성과 인구발달," 『국토지리학회지』제44권 2호.
이채문·박규택(2003), "중앙아시아 고려인의 러시아 극동지역 귀환 이주", 『한국지역지리학회보』 9권 4호.
이창익(2014), "재일한국인 개념의 일고찰: 渡日의 역사성과 호칭을 통해," 『大丘史學』 114.
이창호(2007), 『한국 화교의 사회적 공간과 장소: 인천 차이나타운을 중심으로』, 한국학중앙연구원 한국학대학원 인류학전공 박사학위논문.
이태정(2005), "국경없는 마을 공동체와 이주노동자," 정건화 외, 『근대 안산의 형성과 발전』, 서울: 한울.
임계순(2003), 『우리에게 다가온 조선족은 누구인가』, 서울: 현암사.
임석회, "전문직 이주자 현황과 지리적 분포 특성," 최병두 · 임석회 · 안영진 · 박배균 공저(2011), 『지구 · 지방화와 다문화 공간』, 서울: 푸른길.
임승연(2010), 『재일코리안타운의 사회-공간적 재구성과 정체성의 정치: 오사카 이쿠노를 사례로』, 이화여자대학교 대학원 석사학위논문.
임승연 · 이영민(2011), "오사카 한인타운의 장소성과 재일코리안 정체성의 관계적 특성 연구", 『로컬리티 인문학』5.
임영상(2005), 『고려인 사회의 변화와 한민족』, 서울: 한국외국어대학교출판부.
임채완 · 선봉규(2014), "디아스포라적 문화접변과 동반성장에 관한 연구: 일본 오사카 지역 재일코리안을 중심 으로", 『민족연구』60호.
임채완 · 이장섭 외(2012), 『연변조선족 기업의 형성사』, 성남: 북코리아.
장윤수 · 임채완 외(2005), 『재외한인 집거지역 사회경제』, 서울: 집문당.
장윤수(2010), 『코리안 디아스포라와 문화네트워크』, 성남: 북코리아.
전병칠(1999), 『20세기 중국조선족 10대사건』, 서울: 환경공업출판사.
전형권(2008), "국제이주에 대한 이론적 재검토: 디아스포라 현상의 통합모형 접근", 『한국동북아논총』제13권 제4호.
전형권 · 이소영(2012), "사할린 한인의 디아스포라 경험과 이주루트 연구", 『OUGHTOPIA』27(1).
정희숙 · 이영미(2012), "중국의 신 농촌건설과 길림시 아라디 민속촌", 『재외한인연구』26.
조현미(2000), "재일동포의 집주지역 형성과 민족 정체성의 변화: 요세바 고도부키를 중심으로", 『대한지리학회지』제35권 제1호.
주성화(2007), 『중국 조선인 이주사』, 파주: 한국학술정보.
중국조선민족발자취 총서 편집위원회(1995), 『중국조선민족발자취 총서 2: 불씨』, 중국 북경: 민족출판사.
지충남 · 정소영(2013), "재한조선족의 이주와 집거지 형성에 관한 고찰 : 서울 구로구 가리봉동을 중심으로," 한국평화연구학회 국제학술회의 자료집.
진희관(1999), "재일한국인 사회형성과 조총련 결성배경 연구", 『통일문제연구』통권 제31호.

최석신 · 임채완 외(2005), 『재일코리안사회의 경제환경』, 서울: 집문당.
한성미 · 임승빈(2009), "소수민족집단체류지역(Ehnic Enclave)으로서의 옌볜거리의 장소성 형성 요인 분석", 『한국조경학회지』36(6).
황영삼 · 이병조(2005), 연해주의 고려인, 조선족 및 한국인: 협력과 갈등, 『고려인 사회의 변화와 한민족』서울: 한국외국어대학교 출판부.

Abrahamson, M(1996), *Urban Enclaves: Identity and Place in America*, New York: St Martin's Press.
Brigitte Bonisch-Brednich & Catherine Trundle(2010), *Local Lives: Migration and the Politics of Place*, Ashgate.
Caroline Brettell(2003), *Anthropology and Migration*, Altamira Press.
Douglas. S. Massey(1985), "Ethnic Residential Segregation : A theoretical synthesis and empirical review," *Sociology and Social Research*, 69(3).
Gold, S. J(1992), *Refugee Communities: A Comparative Field Study*, Newbury Park, CA: Sage.
Gordon, M. M(1964), *Assimilation in American Life*, New York: Oxford University Press.
Handlin, O(1951), *The Uprooted*, Boston: Little, Brown & Co, 1951.
Park, R. E(1952), *Human Communities*, New York: Free Press.
Stephens Castles and Mark J. Miller(1996), *The Age of Migration*, London: Macmillan Press Ltd., 2009; 한국이민학회 옮김(2013), 『이주의 시대』, 서울: 일조각.

〈홈페이지〉
가와사키 재일코리안 생활문화자료관 홈페이지.
광복회 홈페이지.
국가보훈처 훈터 홈페이지.
다음 백과사전 홈페이지.
독립기념관 홈페이지.
동북아평화연대 홈페이지.
사단법인 대한민국임시정부기념사업회 홈페이지.
(사)고려인돕기운동본부 홈페이지.
안전행정부 홈페이지.

연변생태문화예술협회 홈페이지.
외교부 홈페이지.
원 코리아 페스티벌 홈페이지.
위키백과 홈페이지.
일본 도쿄도 홈페이지.
일본 독립행정법인 통계센터 홈페이지.
일본 오사카부청 홈페이지.
재일본한국인연합회 홈페이지.
재일학도의용군 나라사랑기념관 홈페이지.
재일코리안역사자료관 홈페이지.
조선족사이버박물관 홈페이지.
한국민족문화대백과사전 홈페이지.
KIN(지구촌동포연대) 홈페이지.

〈언론기사〉
『경인일보』, 2006.9.1.
『경향신문』, 2009.2.4, 2010.8.14, 2013.8.12.
『교수신문』, 2006.1.10.
『국민일보』, 2013.12.10.
『국방일보』, 2013.8.13.
『기독교신문』, 2008.5.25.
『길림신문』, 2006.9.26, 2008.4.14, 2009.3.14, 2009.4.7, 2009.7.9, 2010.8.10, 2011.4.11, 2012.8.27, 2012.9.2., 2012.8.7.
『뉴시스』, 2013.8.26.
『대한뉴스』, 2013.11.8.
『동포투데이』, 2013.7.14.
『매일경제』, 2011.2.14.
『민단신문』, 2004.8.12, 2013.8.29, 2013.11.27.
『부산일보』, 2009.2.25.
『서울신문』, 1996.9.12.
『세계일보』, 2013.11.3.
『시사저널』, [348호] 1996.6.27, [558호] 2000.7.6.

『연변인터넷방송』, 2009.7.21, 2009.8.12.
『연변일보』, 2007.7.24., 2007.10.17.
『연합뉴스』2004.6.16, 2011.10.5, 2012.5.22, 2013.8.31, 2013.9.1, 2013.9.27., 2013.11.13, 2013.11.26.
『영남일보』, 2009.5.10.
『오마이뉴스』, 2003.6.3.
『월드코리안』, 2012.6.11.
『월드코리안』, 2012.7.10., 2013.12.1.
『일요주간』, 2013.8.16.
『재외동포신문』, 2004.11.8, 2010.2.22, 2012.8.27.
『중국조선어방송넷』, 2014.1.6.
『통일뉴스』, 2004.8.16, 2007.10.23.
『통일뉴스』, 2013.5.19.
『한겨레』, 2008.6.20, 2010.1.14, 2010.1.6.
『BBC』, 2011.1.23.
『nsp통신』, 2013.8.24.
『YTN』, 2013.2.16.

찾아보기

(ㄷ)

(ㄹ)

(ㅁ)

(ㅂ)

(ㅅ)

(ㅇ)

(ㅈ)

(ㅊ)

(ㅋ)

(ㅌ)

(ㅍ)

(ㅎ)

〈기타〉